Günther W. Gellermann
Tief im Hinterland des Gegners ...

Günther W. Gellermann

Tief im Hinterland des Gegners ...

Ausgewählte Unternehmen deutscher
Geheimdienste im Zweiten Weltkrieg

Bernard & Graefe Verlag

Herstellung und Layout: Walter Amann, München
Satz: B. Krahmer, München
Reproduktionen: Repro GmbH, Ergolding
Druck- und Bindung: Wiener Verlag, Himberg
Printed in Austria

ISBN 3-7637-5998-0

Inhaltsverzeichnis

Einleitung

Unter dem Begriff des Agenten stellt sich der Laie gemeinhin für ihren Beruf sehr gut ausgebildete und vorbereitete, mit allen Tricks des geheimdienstlichen Gewerbes vertraute Frauen und Männer vor.

Auf den Gedanken, daß es sich hierbei auch um sehr erfolgreiche Geschäftsleute handeln könnte, die nur sehr unzureichend auf ihre Agententätigkeit vorbereitet waren und diese daher häufig nur als Nebentätigkeit ausübten, würde so leicht niemand kommen.

Ein sehr wichtiges Auswahlkriterium für ihre Tätigkeit durch die Abwehr bestand in der vaterländischen Gesinnung, die sie durch ihre Teilnahme am Ersten Weltkrieg, zumeist als Offiziere, unter Beweis gestellt hatten. Hinzu kam ihr Wunsch, im Kriegsfall für das weit entfernte, bedrohte Vaterland etwas tun zu können.

Solche Agenten setzte das Amt Ausland/Abwehr vornehmlich in Brasilien ein, dem, wie sich später herausstellte, für die deutsche Nachrichtenbeschaffung aus dem gesamtamerikanischen Raum wichtigsten Land.

Als ihre Gegner standen diesen deutschen Agenten gut ausgebildete, mit allen technischen Möglichkeiten und großen finanziellen Mitteln ausgestattete Profis gegenüber. Die Abwehragenten mußten sich gegen diese und eine – durch die politische Entwicklung bedingt – Deutschland gegenüber immer feindlichere Umgebung behaupten. Dieses gelang ihnen länger als zunächst vermutet werden konnte.

Das Schicksal der beiden zu Hochseeseglern umgebauten Kriegsfischkuttern (KFK) 203 und 204 bleibt geheimnisumwittert. Dieses insbesondere deshalb, weil sich offensichtlich Großadmiral Dönitz, der Oberbefehlshaber der Marine, noch im Februar 1945 die Erteilung des Auslaufbefehls für den KFK 203 selbst vorbehielt. Allein die Tatsache, daß sich der höchste Offizier der Kriegsmarine um das Auslaufen dieses von der Größe völlig unbedeutenden Kutters kümmerte, wirft viele Fragen nach dem tatsächlichen Auftrag dieses Schiffes auf.

Das »Unternehmen Schamil« wurde sehr sorgfältig vorbereitet. Es sollte dazu dienen, Aufstände gegen die Sowjets unter den im Kaukasus lebenden Völkern zu entfachen. Nach den späteren Berichten des Kommandoführers warteten die kaukasischen Stämme offensichtlich darauf, sich gegen ihre von ihnen nie akzeptierten »russischen Unterdrücker« erheben zu können. Vielleicht wären größere Aufstände in diesem Gebiet für den Gesamtverlauf des Ostfeldzuges nicht unwichtig gewesen.

Die Abwehrunternehmen gegen die Schweiz verfolgten wahrscheinlich das Ziel, diesem Land seine Abhängigkeit von Deutschland nach dem Westfeldzug 1940 vorzuführen. Die Schweiz war nach diesem Feldzug territorial völlig von Deutschland und Italien eingeschlossen. Der bis dahin letzte von Deutschland nicht kontrollierbare

Zugang über französisches Staatsgebiet konnte jetzt bei Bedarf leicht abgeschnitten werden. Die Schweiz war daher hinsichtlich ihrer dringend benötigten Ein- und Ausfuhren von Deutschland völlig abhängig. Überdies bereitete es der Abwehr offensichtlich auch keine Schwierigkeiten, innerhalb des Schweizer Staatsgebietes Beschädigungen an Exportgütern vornehmen zu lassen. Ein Ergebnis entsprechender Abwehrunternehmen stellte sich sehr schnell ein: Die Schweizer beendeten fast schlagartig den Export kriegswichtiger Güter an die Kriegsgegner des Deutschen Reiches.

I. Deutsche Abwehrunternehmen gegen die Schweiz

Im Fall einer deutsch-französischen Auseinandersetzung rechnet die Schweizer Regierung damit, daß Deutschland versuchen könnte, die französische Maginotlinie im Norden und im Süden zu umgehen. Ein südlicher Vorstoß der deutschen Truppen mußte dann durch Schweizer Gebiet führen. Aus diesem Grund vertiefte der Schweizer Generalstab bereits bestehende Kontakte zu den Franzosen, um für den befürchteten Fall eines deutschen Vorstoßes eine gewisse Zusammenarbeit vorzubereiten. Ähnliche Absprachen hatte es bereits während des Ersten Weltkrieges gegeben.[1]

Nachdem Henri Guisan am 30. August 1939 zum General und Oberkommandierenden der Schweizer Armee gewählt worden war, ließ er die zu den Franzosen bereits bestehenden Kontakte durch Offiziere seines Stabes weiter vertiefen. In der Folgezeit besprachen daher Offiziere beider Armeen eine mögliche militärische Kooperation für den Fall eines deutschen Angriffs auf Schweizer Gebiet. Die französischen Generale akzeptierten hierbei ausdrücklich die Auffassung der Schweizer Offiziere, daß die französischen Truppen ohne ausdrückliches Verlangen des Schweizer Oberkommandos kein Schweizer Staatsgebiet betreten durften.

Obgleich bei diesen Kontakten keine schriftlichen Vereinbarungen notifiziert wurden, befürchtete die Schweizer Seite stets, daß die deutsche Regierung etwas über diese Kontakte erfahren könnte.

Nach der Niederlage Frankreichs erbeuteten die Deutschen am 16. Juni 1940 in La Charité sur Loire einen Güterwagen voller geheimer französischer Dokumente. Hierunter befanden sich auch Aufzeichnungen und Karten über die französisch-schweizer Gespräche. Aus diesen Unterlagen ging unter anderem hervor, daß, wenn die deutsche Wehrmacht die Maginotlinie südlich von Basel umgangen hätte, die 8. Französische Armee im Gegenzug bis auf die Jurahügel südlich des Rheinknies vorgestoßen wäre. Die Schweizer Luftwaffe wäre dem französischen Oberkommando unterstellt worden. Ebenso war auch ein Verstoß der 6. Französischen Armee durch die Westschweiz vorgesehen, um einen möglichen deutschen Vorstoß abfangen zu können.

Die deutsche Regierung verfügte nunmehr über ein Druckmittel gegenüber der Schweiz, das geschickt ausgespielt vielleicht sogar zum Sturz des einflußreichen, nicht sehr deutschfreundlichen Schweizer Oberkommandierenden General Guisan führen konnte.[2]

---

1 Vgl. hierzu insgesamt: Schwarz, Urs, Vom Sturm umbrandet. Der Preis der Unabhängigkeit der Schweiz im Zweiten Weltkrieg, Stuttgart 1981, S. 35 ff.
2 Vgl. Schwarz, a.a.O., S. 73 ff.

Vielleicht sind auch vor diesem Hintergrund die Aufzeichnungen Gen.Maj. Lahousens[3] und die späteren vom deutschen Geheimdienst gesteuerten Aktivitäten gegen Ziele in der Schweiz verständlich.

So wurde bereits am 25. Januar 1940 der Befehl an Major Hans Dehmel (Abwehr II) erteilt, die für Sprengaktionen in der Schweiz in Betracht kommenden Betriebe zu erkunden. Hierbei sollten ausschließlich solche Unternehmen ausgespäht werden, die vornehmlich für die Alliierten arbeiteten.[4]

1. Unternehmen »Adler«

Am 3. Juni 1940 erhielt Abwehr II auf Wunsch des Oberbefehlshabers der Luftwaffe, Göring, den Befehl, Schweizer Jagdflugzeuge auf ihren Fliegerhorsten zu sprengen.[5] Göring verlangte diesen Einsatz offenbar deshalb, weil Flugzeuge der deutschen Luftwaffe bei der Verletzung des Schweizer Luftraums von Schweizer Jagdflugzeugen angegriffen und auch abgeschossen worden waren. Bei einem solchen Zwischenfall in den ersten Maitagen 1940 war ein deutscher Bomber zur Notlandung gezwungen worden. Ein weiterer entkam schwerbeschädigt auf deutsches Gebiet. Am 1. Juni 1940 schossen die Schweizer einen deutschen Bomber bei Neuchâtel ab.[6]

Die Abwehr bereitete daraufhin das »Unternehmen Adler« mit zehn Saboteuren vor. Es waren dieses die Schweizer Staatsbürger Felix Weber und Erwin Leu sowie die deutschen Reichsangehörigen Peter Burg, Wilhelm Brüning, Georg Freiberger, Heinrich Karten, Berthold Loos, Johann Teufel, Helmut von Thadden und Peter Schagen. Die Männer wurden in der Nähe von Berlin und Stuttgart in der Herstellung und Anwendung von Sprengstoffen sowie im Gebrauch von Geheimtinte unterwiesen. Ferner wurden sie im Pistolen- und Maschinenpistolenschießen ausgebildet. Die Ausrüstung: Jeder der Saboteure bekam 500 Franken, eine Büchse mit Sprengstoff, eine Schnur mit Haken zur Befestigung des Sprengkörpers, eine automatische Pistole Marke FN mit 40 Patronen, einen Dolch, einen Feldstecher sowie Drahtschere, Kompaß, Taschenlampe und eine Karte von der Schweiz. Der Auftrag: Die Saboteure sollten in der Nacht vom 16. zum 17. Juni 1940 gleichzeitig[7] auf den Flugplätzen Lausanne, Payerne, Biel und Spreitenbach-AG Militärflugzeuge mit Sprengkörpern zerstören. Vor ihrem Einsatz hatten sie eine Schweigeverpflichtung zu unterschreiben, die es ihnen bei Todesstrafe verbot, zu Außenstehenden über ihren Einsatz zu sprechen.

---

3   Lahousen, Erwin, Abteilungschef der Abwehrabteilung II, Amt Ausland/Abwehr 1939-1943.
4   Vgl. Tagebuch Lahousen von 25.1.1940/BA-MA RW 5/499.
5   Vgl. ebenda von 3.6.1940.
6   Vgl. Schwarz, a.a.O., S. 62 ff.
7   Vgl. Antidemokratische Tätigkeit in der Schweiz während des Zweiten Weltkrieges, Bd. 1 S. 119 ff. Schweizerisches Bundesarchiv, Bern.

Die Männer reisten am 11. Juni 1940 abends von Berlin ab. Ihr Grenzübertritt am 13./14. Juni sollte von den Hauptleuten Karl Strojil und Hellwig von der Abwehrstelle Stuttgart überwacht werden.[8]

Der Zugbegleiter bemerkte, daß alle neun Männer den gleichen Rucksack und dieselbe Art von Schuhen trugen. Er verständigte die Polizei, von der die Verdächtigen verhaftet wurden.

Der zehnte Saboteur, Peter Schagen, überschritt die Schweizer Grenze mit einem gültigen brasilianischen Reisepaß auf den Namen Coreira di Barro Umberto zwischen Remüs und Punt Russena in der Nacht vom 13. Zum 14. Juni 1940. Da gegen ihn nichts vorlag, wurde er über den Grenzübergang Martinsbruck wieder nach Deutschland abgeschoben. Erst später fanden die Schweizer Sicherheitsorgane im Wald versteckt auch seinen Koffer mit der gleichen Ausrüstung wie sie auch von den anderen Saboteuren mitgeführt worden war.[9]

Oberst Lahousen unterrichtete Ende Oktober das Auswärtige Amt über das »Unternehmen Adler« und teilte gleichzeitig mit, daß gegenüber der deutschen Gesandtschaft in Bern und der Schweizer Regierung weiterhin die Version, daß die Adler-Saboteure keinerlei Verbindung zu offiziellen deutschen Stellen gehabt hätten, aufrecht erhalten werden sollte.[10]

Die neun verhafteten Saboteure wurden vom Territorialgericht 2 am 16. November zu lebenslänglichem Zuchthaus verurteilt.[11]

Im Dezember 1940 bat die Abwehr das Auswärtige Amt, bei der Schweizer Regierung einen Antrag auf Auslieferung der neun Saboteure, die als »Desserteure des Heeres« bezeichnet wurden, zu stellen. Dieser Antrag wurde von der Bundesregierung in Bern abgelehnt.[12]

2. Unternehmen »Tintenfisch«

Offensichtlich wurden von der Abwehr II auch Unternehmen gegen den Schweizer Export durchgeführt. Die Zielsetzung dabei war es, die Ausfuhr dieses Landes in Gegnerstaaten Deutschlands zu unterbinden. Gleichzeitig sollte aber der Schweizer Regierung auch deutlich gemacht werden, wie export- und importabhängig das Land von den Achsenmächten war. Im März 1942 wurden daher unbemerkt an der schweizerisch-französischen Grenze plombierte, wertvolle, für England und die USA bestimmte Warensendungen gegen wertlose Dinge ausgetauscht.[13] Es handelte sich dabei um sieben Kisten mit insgesamt 26 Schiffschronometern im Werte von 26.000 Franken und zwei Kisten mit Saphirlagersteinen im Wert von 56.000 Franken.[14]

8   Tagebuch Lahousen, a.a.O. v. 11.6.1940.
9   Vgl. Antidemokratische usw. a.a.O.
10 Vgl. Tagebuch Lahousen v. 28.10.1940.
11 Vgl. Antidemokratische Tätigkeit, a.a.O.
12 Vgl. Tagebuch Lahousen v. 18.12.1940.
13 Vgl. Tagebuch Lahousen v. 16.3.1942.
14 Vgl. ebenda v. 18.5.1942.

In der Nacht vom 28. Zum 29. April 1942 wurden wiederum elf Kisten mit für deutsche Gegner bestimmten Chininpräparaten im Wert von 86.000 Franken vertauscht.[15] Im August 1942 gelang es aber offensichtlich Schweizer Abwehrorganen, Dr. Lomberger, einen Gelegenheits-V-Mann der Abwehrstelle Stuttgart, und seine Sekretärin, Fräulein Boub, sowie einen Bahnbeamten in der Schweiz zu verhaften. Alle Festgenommenen hatten eine Verbindung zum »Unternehmen Tintenfisch«. Mit der Verhaftung dieser Personen, die wahrscheinlich als Informanten für die Abwehr II gearbeitet hatten, war dieses Unternehmen beendet.[16]

Weitere deutsche, in der Schweiz tätige Agenten, hatten den Auftrag, von der Armee zur Sprengung vorbereitete Objekte zu erkunden wie Brücken, Gas-, Wasser- und Elektrizitätswerke. Weiterhin sollten sie die Lage von Sprengstoff-, Munitions-, Lebensmittel- und Futtermittellagern feststellen und davon Skizzen sowie Fotos anfertigen. Zwei von den Schweizer Sicherheitsorganen festgenommene Agenten, Reutlinger und Gröbli, wurden vom Territorialgericht 3a am 3. und 4. Mai 1943 zum Tode durch Erschießen verurteilt.[17]

3. Unternehmen »Wespennest I«

Am 25. Juni 1940 befahl der Generalstab des Heeres der Abwehr, die einzige noch zwischen der Schweiz und Frankreich bestehende Bahnverbindung zwischen La Roche und Annecy auf dem Gebiet des unbesetzten Frankreichs nachhaltig zu zerstören.[18] Hierdurch sollte die Ausfuhr von Oerlikonwaffen, die über Lissabon nach England gingen, verhindert werden.[19] Bereits einen Tag später meldete die Abwehr, daß das befohlene Unternehmen angelaufen sei.[20]

Am 25. Juni erhielt Hauptmann Hans-Jochen Rudloff von Major Erwin Stolze von der Abwehr II den zunächst telefonischen Befehl, die Führung eines Sonderunternehmens zu übernehmen.[21] Einen Tag später, in Freiburg, empfing der Hauptmann durch Kurier den schriftlichen Befehl über die Durchführung des Unternehmens. Hierzu wurde ihm eine Gruppe von französisch sprechenden Soldaten des Lehrregimentes Brandenburg unterstellt.

Nachdem die Einsatzgruppe am 29. Juni Lyon erreicht hatte, mußte Rudloff feststellen, daß der Ic (Feindlageoffizier) des dort liegenden Armeeoberkommandos der 12. Armee (AOK 12), Major i.G. Erich Schmidt-Richberg, über seinen Einsatz nicht informiert war. Der Hauptmann konnte auch dort keinerlei Auskünfte über sein Einsatzgebiet bekommen. Am Nachmittag dieses Tages erreichte Rudloff über den Ic

15 Vgl. Tagebuch Lahousen v. 29.4.1942.
16 Vgl. ebenda v. 14.8.1942.
17 Vgl. Antidemokratische Tätigkeit, a.a.O.
18 Vgl. Tagebuch Lahousen v. 25.6.1940.
19 Vgl. ebenda v. 11.10.1940.
20 Vgl. ebenda v. 27.6.1940.
21 Vgl. Bericht Hptm. Rudloff in BA-MA RW 5/497,

des AOK 12 ein Fernschreiben des Amtes/Ausland-Abwehr, daß »die Wespen nicht stechen, sondern erkunden« sollten.[22]

Am 30. Juni gelangte der Einsatzleiter zur 13. Infanteriedivision (I.D.) nach Aix les Bains. Dort erhielt er ein weiteres Fernschreiben der Abwehr II, daß »die Wespen schnellstens stechen sollten«.[23] Rudloff antwortete sofort: »Wespen stechen am 1. Juli«[24]

Der Hauptmann wurde am gleichen Tag durch den Kommandeur des III. Bataillons des Infanterieregiments (I.R.) 93, der mit seinen Soldaten den für Rudloff wichtigen Grenzabschnitt besetzt hielt, in die Gepflogenheiten des Grenzverkehrs zwischen dem besetzten und unbesetzten Teil Frankreichs eingewiesen.

Die Einsatzgruppe bezog jetzt ein Waldlager bei St. Germain, hart an der Grenze zur Demarkationslinie. Die in Zivil gekleideten Soldaten der Einsatzgruppe erhielten von Rudloff folgenden Befehl: »Es sind Schienensprengungen in den Tunnelkurven so nachhaltig durchzuführen, daß durchfahrende Züge entgleisen.« Bei evtl. Gefangennahme sollte jede Verbindung zur Wehrmacht geleugnet werden. Die Soldaten mußten in diesem Fall angeben, daß sie belgische Flüchtlinge wären, die ihre Verwandten in Savoyen besuchen wollten.[25]

Die erste Gruppe wurde am 1. Juli um 20.30 Uhr in Richtung Annecy in Marsch gesetzt. Wegen starker Kontrollen erreichte sie das Ziel nicht und kehrten daher ins Waldlager zurück. Um 23.30 Uhr marschierte sie erneut los. Sie erreichte das Ziel aus gleichen Gründen wieder nicht und kehrte ohne Ergebnis zum Stützpunkt zurück.[26]

Die zweite Gruppe verließ das Lager am 2. Juli um 0.30 Uhr in Richtung La Roche. Auch sie kehrte wegen der starken Kontrollen unter Zurücklassung des Gepäcks und der Sprengstoffe, beides wurde vergraben, gegen 24.00 Uhr in das Waldlager zurück.[27]

Die dritte Gruppe verließ das Lager am 2. Juli um 0.30 Uhr in Richtung La Roche. Nachdem die Männer die Gegend von Groisy erreicht hatten, versteckten sie ihr Gepäck und versuchten, an das Ziel heranzukommen, was sich wegen des starken militärischen Streifenverkehrs als unmöglich erwies. In La Roche stellten die Soldaten eine große Zahl französischer Alpenjäger fest. Ein weiterer Versuch, an das Objekt heranzukommen, schlug ebenfalls fehl. Die Männer versteckten sich und warteten, um später zurückzukehren. Um 22.30 Uhr unternahmen sie einen letzten Versuch, an das Objekt, den Tunnel, heranzukommen. Sie fanden den Tunnel unbewacht. Die Soldaten legten im Tunnel an einer Krümmung acht Sprengpatronen an der äußeren und drei an der inneren Schiene in Abständen von je zwei Metern. Nachdem sie die Ladung gezündet hatten, beobachteten sie eine 150 Meter lange Stichflamme, verbunden mit einer großen Explosion. Die Männer vermuteten aufgrund der Explosionsstärke, daß der Tunnel eingesackt sein müßte. Zehn Minuten nach der

---

22 Vgl. ebenda.
23 Vgl. ebenda.
24 Vgl. ebenda.
25 Vgl. ebenda.
26 Vgl. Meldung Uffz. Zeyen v. 2.7.1940 in BA-MA RW 5/497.
27 Vgl. Meldung Ewald Hermann, Heinrich Schiefen v. 3.7.1940 BA-MA RW 5/497.

Da der Erkundungsvortrupp keinerlei Bewachung der Angriffsobjekte festgestellt hatte und die Männer auf ihrer Fahrt zum Zielgebiet nur einmal, sehr oberflächlich, von der französischen Gendarmerie kontrolliert worden waren[38], konnte von einem ungehinderten Zugang zu den vorgesehenen Sprengstellen ausgegangen werden.

Das gesamte Unternehmen wurde als Hilfsaktion des »Belgischen Roten Kreuzes« für die Nachsuche und Rückführung belgischer Flüchtlinge im unbesetzten Frankreich getarnt. Hierzu war zu Beginn der Planungen eine entsprechende Bescheinigung des Präsidiums des belgischen Roten Kreuzes beschafft worden. Zur Ausstattung der Busse gehörten daher auch, zu Tarnungszwecken, Lebensmittel und Sanitätsmaterial. Gleichzeitig hatte Hotzel die beiden Busse so umbauen lassen, daß in den Fahrzeugen die große Sprengstoffmenge, die in Blechkanistern untergebracht war, versteckt werden konnte.

Am 2. September 1940 begann das Unternehmen. Die »Vorhut« des Sprengkommandos bildeten zwei PKWs. Durch deren Fahrer sollte die in den nachfolgenden Bussen reisende Einsatzgruppe vor möglichen Schwierigkeiten rechtzeitig gewarnt werden. Diese Gruppe passierte den französischen Kontrollpunkt an der Demarkationslinie problemlos.

Etwa eine Stunde später fuhr ein weiterer mit zwei Personen besetzter PKW in den unbesetzten Teil Frankreichs. Diese beiden Belgier hatten die Aufgabe, in Lyon, zu Tarnungszwecken, Kontakte zu französischen Behörden wegen der Übernahme belgischer Flüchlinge aufzunehmen.

Nach der Sprengstoffentladung am Einsatzort hatten die Fahrer der Busse den Befehl, zu den in Lyon wartenden beiden belgischen Kameraden Kontakt aufzunehmen und zusammen mit diesen, möglichst mit Flüchtlingen besetzt, zurück in den von Deutschland beherrschten Teil Frankreichs zu fahren.[39]

Die Papiere des Sprengkommandos wurden etwa 10 km nach Passieren der Demarkationslinie durch die französische Gendarmerie kontrolliert. Wenig später[40] fand eine zweite Kontrolle durch einen Gendarmen statt. Gegen 15.00 Uhr dieses Tages erreichte die Gruppe den durch die Erkundung ausgemachten Lagerplatz. Es handelte sich hierbei um ein durch Wald begrenztes Kleefeld. Hier, auf einem kleinen Weg, stellten die Männer die beiden PKWs ab, von denen bei einem ein Achsenbruch vorgetäuscht wurde. Danach wurden die beiden Busse entladen, die im Anschluß daran sofort nach Lyon geschickt wurden. Die Männer trugen das Sprengmaterial zunächst durch das Kleefeld zum Waldrand. Der Führer der Gruppe suchte dann den Besitzer des Kleefeldes, einen Bauern auf und zahlte ihm eine Entschädigung für den möglichen Schaden an dem Feld. Hierbei erzählte er dem Landwirt, daß er Schriftsteller sei und Eindrücke für ein neues Buch sammeln wollte, daher die Einsamkeit suchte und nicht gestört zu werden wünschte.

Am 3. September begannen die sieben Männer, die 1100 kg Sprengstoff zu den Brückenpfeilern zu tragen, die gesprengt werden sollten. Hierzu hatten sie von ihrem Lager am Waldrand 100 Meter zum Talgrund hinabzusteigen, in dem ein Bach floß,

---

38 Vgl. Erkundungsbericht, L. v. Cayzeele BA-MA RW 5/499.
39 Vgl. Einsatzbefehl Maj. Hotzel BA-MA RW 5-/99.
40 Vgl. L. v. Cayzeele, Bericht über die Expedition Fleuries/Übersetzung BA-MA RW 5/499.

der eine Höhe von 30 cm hatte. Die Männer mußten im Bachbett watend ihre Last bergan tragen. Der Gruppe gelang es bis 18.00 Uhr, den Sprengstoff bis zu einer Höhle des felsigen Bachufers zu bringen, die 60 Meter von den Brückenpfeilern entfernt war. Nach Einbruch der Dunkelheit trugen die Männer das Sprengmaterial über den Rest der Strecke bis zum Fuß der Brückenpfeiler. Danach wurde der Sprengstoff verdämmt und die Zeitzünder so eingestellt, daß die Sprengung etwa drei Stunden, nachdem die Gruppe dieses Gebiet verlassen hatte, erfolgen mußte.

Die Sprengvorbereitungen waren um 3.35 Uhr beendet. Um 4.10 Uhr begann der Rückmarsch. Auf ihrem Weg zur Demarkationslinie wurde die Gruppe einmal von französischen Gendarmen kontrolliert. Am 4. September 1940 erreichte die Einsatzgruppe um 6.30 Uhr den deutschen Kontrollpunkt an der Demarkationslinie. Gegen 7.00 Uhr hörten die Männer in der Ferne, es waren 55 km bis zur Sprengstelle, eine Explosion. Die Brücke war gesprengt.

Nach zwei Ruhetagen am 5. und 6. September und einer »Erfolgsfeier« in Schloß Neuron fuhr die »Baukolonne Dr. Hoffmann« in vier Marschgruppen aufgeteilt nach Antwerpen zurück.

Noch am 5. September hatte Major Hotzel an die Abwehr II nach Berlin gemeldet: »Bauauftrag restlos und nachhaltig am 4. September durchgeführt. Zum Richtfest lade ich bestens ein. Dr. Hoffmann.«[41]

Der Chef von Abwehr II, Lahousen, beglückwünschte den Major über die Abwehrstelle Dijon durch Fernschreiben am gleichen Tag: »Bestätigung über Erfolg Bauvorhabens eingegangen. Glückwunsch und Anerkennung.«[42]

Die offizielle französische Stellungnahme lautete zunächst so, daß die Zerstörung durch eine Selbstzündung der seit Kriegsbeginn in der Brücke befindlichen Sprengladung verursacht worden sei.[43]

Die Schweizer Presse brachte in ersten Stellungnahmen englische Agenten, französische Anarchisten und Schweizer Kommunisten mit dem Anschlag in Verbindung. Letztere deshalb, weil der Schweizerische Bundesrat kurz zuvor die Kommunistische Partei in der Schweiz verboten hatte.[44] Als Grund für die Sprengung wurde auch vermutet, daß die Schweiz gezwungen werden sollte, bestimmte Zulieferungen nur noch über Deutschland und Italien laufen zu lassen und sich enger den Achsenmächten anzuschließen. Italienische oder deutsche Agenten wurden jedoch nicht mit dem Anschlag in Verbindung gebracht. Tage später tauchten in der Schweizer Presse die ersten Vermutungen auf, wonach es sich bei den Attentätern wahrscheinlich um acht Personen gehandelt habe, die sich vor der Sprengung zwei Tage in der Gegend aufhielten, unmittelbar vor der Explosion verschwanden und Kraftwagen mit belgischen Zulassungsnummern benutzt hatten.[45]

Wenig später nahm eine Genfer Zeitung[46] an, daß neun Angehörige einer belgischen humanitären Organisation die Täter sein könnten. Als Motiv hierfür wurde vermu-

---

41 Vgl. Abwehrabt. II/OvD Spannungsmeldung v. 4.9.-5.9. v. 5.9.40 BA-MA RW 5/499.
42 Vgl. Fernschr. o. Nr. v. 5.9.40/BA-MA RW 5/499.
43 Vgl. Sch-Bericht aus Genf v. 11.9.40 Nr. 74/BA-MA RW 5/499.
44 Vgl. ebenda.
45 Vgl. ebenda.
46 Vgl. Journal Francaise v. 13.9.70.

tet, daß der Anschlag gegen die Schweiz gerichtet war, um ihre Lebensmittelzufuhr über die französischen Mittelmeerhäfen zu unterbinden.[47] Auch jetzt wurde weder Deutschland noch Italien öffentlich mit dem Anschlag in Verbindung gebracht, wenngleich die in der Presse geäußerten Vermutungen im Hinblick auf belgische Täter durchaus einen solchen Verdacht rechtfertigen konnten. Welches Interesse hatten Belgier daran, Schweizer Verkehrsverbindungen zu unterbrechen, wenn nicht in deutschem Auftrag? Ein solcher Verdacht wurde jedoch in keiner Zeitung geäußert. Am 7. September meldete der deutsche Militärattaché aus Bern: »...Infolge Unterbruchs zwischen Evires und St.Laurent (Haute Savoie) an der Bahnlinie Annemasse-Annecy mußte am 4. September der gesamte Güterverkehr mit Frankreich und darüber hinaus mit Spanien und Portugal bis auf weiteres eingestellt werden ... der durchgehende Personenverkehr wird mittels Autocars auf der Straße La Roche sur Foron und Evires aufrechterhalten...«[48]

Wichtige Importe wie Lebensmittel und Benzin wurden jetzt mit Hilfe von Lastkraftwagen von Annecy in die Schweiz gefahren. Hierbei stellte sich die ausreichende Versorgung mit Treibstoffen als besonderes Problem heraus, da die hierfür zur Verfügung stehenden Tankwagen den Bedarf zu decken nicht in der Lage waren.

Mitte September war es, trotz umfangreicher Absperrungen des Gebietes, Major Hotzel gelungen, Aufnahmen vom Umgang der Zerstörung der gesprengten Brücke zu beschaffen.[49] Aufgrund dieser ließ der Ic der Heeresgruppe A[50] ein Gutachten von Fachleuten über die mutmaßliche Wiederherstellungsdauer der Brücke anfertigen.[51] Die Fachleute gaben die Bauzeit mit 17 Wochen an.[52] Die deutsche Seite mußte hiernach also mit der Wiederinbetriebnahme der Brücke im Dezember rechnen. Tatsächlich aber erhielt die Abwehrstelle Dijon bereits am 6. November eine V-Mann-Meldung, daß der Verkehr über die Brücke schon seit dem 15. Oktober wieder aufgenommen worden war, der Viadukt aber jetzt durch die Garde Mobile scharf bewacht würde.[53]

Die Frage, ob es angesichts dieser kurzen Wiederherstellungszeit überhaupt sinnvoll gewesen war, die Sprengung durchzuführen, wurde vom Chef des Amtes Ausland/Abwehr, Admiral Canaris, bereits am 12. Oktober 1940 in einer Vortragsnotiz beantwortet: »Aus dem Bericht eines erprobten V-Mannes geht hervor, daß die Schweizer Regierung in Bern die weitere Ausfuhr für England bestimmter Oerlikon-Geschütze über Genf nach Lissabon aufgrund der Sprengung des Eisenbahnviaduktes an der Bahnstrecke Annecy-La Roche verboten hat. Die S-Aktion auf die Eisenbahnstrecke hat also zu einem vollen Erfolg geführt.«[54]

---

47 Vgl. DNB Nr. 254 v. 14.9.1940.
48 Der Militärattaché bei der deutschen Gesandtschaft in Bern v. 7.9.40/BA-MA RW 5/499.
49 Vgl. BA-MA RW 5/499, S. 148/149.
50 Major Hotzel war zwischenzeitlich zur HGr.A versetzt worden.
51 Vgl. HGr.A. Ic v. 3.10.1940 BA-MA RW 5/160.
52 Vgl. ebenda.
53 Vgl. V-Mann-Meldung – Frankreich/Anl. zu Ast Dijon Nr. 865/40 I H g. v. 6.11.1940 BA-MA RW 5/166.
54 Vortragsnotiz Nr. 1374/40 Abw.II/LA gKdos v. 12.10.1940 BA-MA RW 5/166.

Bestand also der Zweck dieser Sprengung ausschließlich darin, Geschützexporte nach England zu verhindern? Sicherlich nicht! Es ging der deutschen Seite mit Sicherheit auch darum, die Schweiz exemplarisch auf die Verwundbarkeit ihrer Zufahrtswege hinzuweisen, die es den Achsenmächten jederzeit möglich machte, auch politischen Druck auf das Land auszuüben.

Überdies war die Sprengung für die deutsche Abwehr fast risikolos gewesen, da die Franzosen, was gänzlich unverständlich war, auch nach dem ersten Anschlag keinerlei Bewachung ihrer wichtigen Eisenbahnanlagen vornahmen.

Mit der Vortragsnotiz des deutschen Abwehrchefs, Admiral Canaris, vom 12. Oktober 1940 schien das »Unternehmen Wespennest II« erfolgreich beendet zu sein. Am 14. Oktober 1940 erhielt Major Hotzel, nunmehr beim Ic der Heeresgruppe A in Paris tätig, allerdings unangenehme Nachrichten über das abgeschlossene Unternehmen.[55] Die Abwehrstelle Belgien hatte bereits am 11. Oktober Indiskretionen einiger am »Unternehmen Wespennest II« beteiligter Belgier gemeldet, obgleich sich diese schriftlich zu absolutem Stillschweigen verpflichtet hatten.[56] Insbesondere war der Führer der Sprenggruppe, Leo van Cayzeele, durch Prahlereien nach einer ausgedehnten Trinkerei in einem Café in Brüssel aufgefallen.[57] In ihrer Trunkenheit hatten er und andere an dem Unternehmen Beteiligte anwesenden Gäste ihre Pistolen gezeigt und erzählt, daß sie für das Oberkommando der Wehrmacht tätig wären.[58] Wenig später meldete der Leiter der Abwehrleitstelle Paris, Oberstleutnant Friedrich Rudolph, daß ein Beauftragter des Sicherheitsdienstes (Sureté) der Vichy-Regierung im Auftrag dieser Regierung den Antrag gestellt habe, in den deutsch-besetzten Gebieten nach einem gewissen Leo van Cayzeele und dem PKW/V 8 Ford mit der belgischen Zulassungsnummer 125800 fahnden zu dürfen. Dieser Mann sei nach französischen Erkenntnissen dringend verdächtig, an dem Anschlag gegen die Brücke bei La Roche beteiligt gewesen zu sein.[59] Dem französischen Beamten wurde zunächst mitgeteilt, daß der Gesuchte den deutschen Behörden nicht bekannt sei.

Major Hotzel war klar, daß der Belgier mit seinem PKW aus dem deutsch-besetzten Gebiet möglichst bald entfernt werden mußte, um ihn dadurch dem Zugriff der Sureté zu entziehen. Der deutsche Verbindungsbeauftragte zum Innenministerium der Vichy-Regierung, Kriminalrat Boemelburg, wurde gleichzeitig angewiesen, Näheres über das bisherige französische Ermittlungsergebnis in Erfahrung zu bringen. Im Anschluß daran sollten weitere Maßnahmen festgelegt werden, um die persönliche Sicherheit des Leo van Cayzeele sowie die weitere Geheimhaltung des Unternehmens zu gewährleisten.[60] Offensichtlich entschloß sich die Abwehr, nicht nur Leo van Cayzeele nach Deutschland zu bringen, sondern dazu weitere Mitglieder der von ihm geleiteten flämischen Nationalistengruppe. Dieses deshalb, weil Major Hotzel offenbar befürchtete, daß aus dem Kreis dieser Flamen, die bislang alle für die Ab-

---

55 Vgl. Maj. Hotzel/VO Abw.II/HGr.A (Ic) Br.B.Nr. 6440/gKdos v. 15.10.1940/BA-MA RW 5/166.
56 Vgl. Abwehrstelle Belgien Gr. Ii/BR.B.Nr. 638/40 v. 11.10.1940 BA-MA RW 5/166.
57 Ebenda.
58 Ebenda.
59 Vgl. Maj. Hotzel/VO Abw.II HGr.A (Ic) a.a.O.
60 Vgl. ebenda.

wehr als V-Männer tätig gewesen waren, weitere Tatsachen über das »Unternehmen Wespennest II« verbreitet werden könnten, was wiederum für die Franzosen Anlaß zu noch intensiveren Nachforschungen sein würde.[61]
Diese Belgier wurden zunächst in der Josef-Goebbels-Jugendherberge in Düsseldorf-Oberkassel untergebracht.[62] Drei Soldaten des Lehrregimentes Brandenburg wurden in Zivil dorthin zu ihrer Beaufsichtigung abkommandiert. Gleichzeitig wurde mit Hilfe des Direktors des Düsseldorfer Arbeitsamtes versucht, den Flamen, gemäß ihren Wünschen, Arbeit zu beschaffen. Der Leiter der Düsseldorfer Gestapo setzte sich wegen der Erledigung der erforderlichen polizeilichen Formalitäten mit dem dortigen Polizeipräsidenten in Verbindung. Die Abwehr konnte daher davon ausgehen, daß ihre V-Leute innerhalb kurzer Zeit untergebracht sein würden.
Am 23. November fand bei Major Hotzel eine Besprechung über das bisherige Ergebnis der Nachforschungen der Sureté statt. SS-Sturmbannführer und Kriminalrat Carl Boemelburg, dem Leiter der Gestapo in Frankreich, war es gelungen, den Ermittlungsbericht des französischen Kommissars Bélin zu beschaffen, dessen Ergebnisse für die Abwehr sehr beunruhigend waren. Hotzel befahl die in dem Bericht genannten Personen, soweit sie sich noch in Antwerpen aufhielten, so abzusichern, daß die Sureté nicht noch mehr erfuhr, als sie ohnehin bereits ermittelt hatte. Weitere noch in der Stadt befindliche Teilnehmer an dem »Unternehmen Wespennest II« mußten sofort aus der Stadt entfernt werden. Aus den Wohnungen der Beteiligten sollte alles Belastende, wie damals getragene Bekleidung, die in dem französischen Bericht genannt worden war, weggebracht werden. Mit den in Antwerpen verbliebenen Angehörigen des Sprengkommandos mußten die Aussagen festgelegt werden, die sie bei Befragen durch den französischen Beamten zu machen hatten.[63]

Welche Sachverhalte hatte der französische Kommissar zwischenzeitlich ermittelt? Durch Zeugenvernehmungen vor Ort enthielt der Bericht recht genaue Personenbeschreibungen der Angehörigen des Sprengkommandos sowie der Bekleidung, die sie getragen hatten. Die als Zeugen vernommenen Anwohner hatten auch die Anfahrt der aus PKWs und Bussen bestehenden Kolonne am 2. September um 19.30 Uhr beobachtet. Sie konnten daher Angaben über die Fahrzeugtypen wie auch ihre Zulassungsnummern machen. Der Gendarm, der die beiden Busse in Annecy kontrolliert hatte, gab eine weitere Beschreibung und den Hinweis, daß die Fahrer mit belgischem Akzent sprachen.
Ferner stellte der französische Kommissar fest, daß in der Zeit vom 20.–22. September ein gewisser Leo van Cayzeele im Hotel du Nord in Annecy gewohnt und sich mit Personalpapieren, die auf diesen Namen lauteten, ausgewiesen hatte. Er fuhr einen Wagen mit einer Zulassungsnummer, die mit einem der Fahrzeuge an der Sprengstelle identisch war. Er wurde dabei beobachtet, wie er in der Gegend von Evires herumfuhr und auch den Eingang des Tunnels aufmerksam betrachtete. Van Cayzeele, der mit verschiedenen Personen in dieser Gegend sprach, betonte dabei

61 Stellvertr. Gen.Kdo. VI A.K., Sonderstelle Köln Nr. 393/11/40/II v. 6.11.1940/BA-MA RW 5/166.
62 Vgl. ebenda.
63 Vgl. Major Hotzel/VO-OKW Abw.II-HGr.A /Ic) 23.11.1940/BA-MA RW 5/166.

immer, daß er belgischer Staatsbürger sei und von den deutschen und belgischen Behörden mit der Rückführung von Landsleuten beauftragt wäre. Dabei rühmte er die Verdienste Hitlers.

Ferner hatte der französische Kriminalbeamte in Paris festgestellt, daß van Cayzeele mit anderen, späteren Angehörigen des Sprengkommandos im August im Pariser Hotel Bellechase abgestiegen war. Mitte September hatte er dort noch einmal gewohnt. Beide Male hatte van Cayzeele den bei der Sprengung benutzten PKW mit der nunmehr den Franzosen bekannten Zulassungsnummer benutzt. Hierbei führte das Fahrzeug auf der Windschutzscheibe einen in deutscher Sprache abgefaßten Passierschein, wie ihn alle zivilen im Besatzungsgebiet gefahrenen Fahrzeuge benutzten. Van Cayzeele wurde in dieser Zeit häufig in der Gegend des Bahnhofs d'Orsay beobachtet. Er unterhielt gute Beziehungen zu deutschen Behörden und wurde oft von deutschsprechenden Personen teils in Zivil und teils in Uniform begleitet.[64]
Der französische Beamte ließ überdies die Identität der mit van Cayzeele in dem Pariser Hotel abgestiegenen Personen überprüfen, wodurch er weitere Namen von Angehörigen des Sprengkommandos erfuhr.
Kriminalrat Boemelburg, von Bélin mit den Ergebnissen von dessen Nachforschungen konfrontiert, erklärte dem Franzosen, diese Belgier wären englische Agenten. Sie hätten sich unter dem Deckmantel, in Belgien eine nationale Erneuerung durchführen zu wollen, das Vertrauen deutscher Behörden erschlichen und diese getäuscht. Boemelburg erklärte Bélin weiter, daß er bereit sei, diesem zur weiteren Untersuchung in Antwerpen deutsche Beamte zur Verfügung zu stellen.[65]
Am 23. November erfuhr Major Hotzel in Paris, daß sich die nach Deutschland verlegten Angehörigen des Sprengkommandos wegen der zu langen Trennung von ihren in Belgien lebenden Familien »auflehnen«[66] würden. Unter Hinweis darauf, daß eine Rückkehr in ihre Heimat in acht Tagen möglich sein würde, gelang es aber, die Männer zu beruhigen.[67]
Ende November 1940 befahl Major Hotzel, daß die gesamte Betreuung der an dem »Unternehmen Wespennest II« beteiligten Flamen von der Abwehrleitstelle Paris, die für alle Einsatzgruppen im Westen zuständig war, übernommen werden sollte. Die wirtschaftliche Betreuung der Teilnehmer übertrug Hotzel der Abwehrstelle Belgien. Hiervon ausgenommen wurde L. van Cayzeele. Dieser, bereits mit einer neuen Identität ausgestattet, er hieß jetzt Bollinger, lebte in Stuttgart. Für ihn war daher die Abwehrstelle Stuttgart zuständig.[68] Die von der Abwehr genehmigten Untersuchungen des französischen Kommissars Bélin machten es erforderlich, daß vier weitere mit dem »Unternehmen Wespennest II« in Verbindung stehende Flamen zeit-

---

64 Offensichtlich war van Cayzeele den Franzosen schon seit längerer Zeit verdächtig und wurde daher durch die Sureté beobachtet.
65 Vgl. I. Sektion: Attentat auf ein Eisenbahngeleise in der Gegend von Annecy/Der Divisionskommissar an Herrn Inspecteur General, chargé des Service des Poice Criminelle, Vichy d. 13. September 1940/BA-MA RW 5/166.
66 Maj. Hotzel/3.11.1940/BA-MA RW 5/166. Welcher Art diese Auflehnung war, wird nicht angegeben.
67 Vgl. ebenda.
68 Vgl. Abwehrstelle Belgien v. 28.11.1940/Br.B.Nr. 819/40 II geh./BA-MA RW 5/166.

weise die Stadt verlassen mußten, um auf diese Weise einer möglichen Befragung durch den französischen Beamten zu entgehen.[69]

Ende November stellte es sich heraus, daß durch die Untersuchungen Bélins in Antwerpen auch die belgische Polizei auf das Sprengunternehmen aufmerksam geworden war und daher selbst inoffizielle Ermittlungen in dieser Sache eingeleitet hatte. Die Abwehrstelle Belgien war daher der Meinung, daß die jetzt in Deutschland befindlichen aktiven Angehörigen des »Unternehmens Wespennest II« noch lange im Reich verbleiben und daher ihre Familien nachgeführt werden sollten.[70]

Anfang Dezember teilte der Leiter der Abwehrleitstelle Paris dem Abteilungschef Abwehr II, Lahousen, mit, daß seine Abwehrstelle weder über das Personal noch über die Geldmittel verfüge, um das »Unternehmen Wespennest II« schnell und endgültig abzuwickeln, zumal hierbei große Eile geboten sei. Dieses insbesondere deshalb, weil Kriminalrat Boemelburg pflichtgemäß seinen Chef über die Angelegenheit informiert hatte. Es mußte daher damit gerechnet werden, daß das Reichssicherheitshauptamt jederzeit die Reichsregierung auf die unerwünschten Folgeerscheinungen des Unternehmens hinweisen konnte.[71]

Ferner informierte Kommissar Bélin die Regierung von Vichy über das Ergebnis seiner Ermittlungen. Es konnte davon ausgegangen werden, daß diese wegen des Sprengunternehmens bei der Reichsregierung vorstellig werden würde.

»Diese Schwierigkeiten waren entstanden, weil das gesamte Unternehmen wenig professionell vorbereitet worden sei. Die Auswahl der Flamen sei wenig sorgfältig gewesen. Ferner habe man die Leute nicht mit falschen Pässen und falschen Autonummern ausgestattet, so daß sie durch Hoteleinträge unter ihren richtigen Namen durch Belin sehr schnell identifiziert werden konnten. Die Befragung einer Nachbarin des van Cayzeele durch Belin habe ergeben, daß bei dem V-Mann ständig deutsche Militärpersonen verkehrt hätten. Nachdem er selbst im September verschwunden sei, habe sie auch seine Frau mit den beiden Kindern seit Oktober nicht mehr gesehen. Die Möbel der Familie wurden im gleichen Monat durch deutsche Militärlastwagen abgeholt.«[72]

Der Leiter der Pariser Leitstelle schlug zur Lösung des Problems daher umfassende Sicherungsmaßnahmen vor:

»Sämtliche Beteiligten und Mitwisser sollten ins Reich verbracht, um dort mit einer neuen Identität und der deutschen Staatsangehörigkeit ausgestattet zu werden. Ihnen müßte im Osten des Reiches (Warthegau) Arbeit verschafft und sie dort unter eine ständige Aufsicht der Kontrollorgane[73] einschließlich einer Postüberwachung gestellt werden. Eine absolute Unterbindung des Postverkehrs zwischen diesem Personenkreis und ihren in Belgien verbliebenen Angehörigen könnte allerdings nicht gewährleistet werden.«

69 Vgl. ebenda.
70 Vgl. Abwehrstelle Belgien Gruppe II, Br.B.Nr. 612/40 geh. v. 30.11.40/BA-MA RW 5/166.
71 Vgl. Abwehrleitstelle Frankreich 149/40 II gKdos v. 8.12.40/BA-MA RW 5/166. Ein solcher Hinweis war bei der Gegnerschaft RSHA/Abwehr für diese sehr unangenehm.
72 Vgl. ebenda.
73 Welche Kontrollorgane hier gemeint sind, wird nicht angegeben. Wahrscheinlich aber die Gestapo.

Der Abteilungschef Abwehr II schloß sich der Auffassung des Pariser Abwehrchefs nicht an. Lahousen war der Ansicht, daß lediglich die unmittelbar am Sprengunternehmen beteiligten Flamen durch Übersiedlung nach Deutschland einem Verhör oder einer Fahndung durch die französische und belgische Polizei entzogen werden müßten. Mitwisser, die lediglich durch »Hörensagen« von der Angelegenheit Kenntnis erhalten hätten, könnten unberücksichtigt bleiben. Hotzel befahl daher, daß lediglich drei der französischen Polizei namentlich bekannten Angehörigen des Sprengkommandos in Deutschland verbleiben sollten.

Alle anderen konnten nach eingehender Ermahnung, auch künftig ihre Schweigeverpflichtung zu beachten, nach Belgien zurückkehren.[74]

Zur weiteren Absicherung gegen die Nachforschungen der französischen Polizei verfügte Hotzel Anfang Januar 1941, daß weitere enge Freunde des L. van Cayzeele nach Deutschland gebracht werden sollten. Andere zur flämischen Nationalistengruppe des van Cayzeele gehörende Personen, deren Wunsch es war, im Reich zu verbleiben oder dorthin übergesiedelt zu werden, konnten in Deutschland angesiedelt werden. Van Cayzeele, der zwischenzeitlich eine deutsche Identität mit dem Namen »Bollinger« erhalten hatte, mußte in jedem Fall in Stuttgart bleiben, er sollte auch dort beruflich eingegliedert, seine Familie und Möbel dorthin nachgeführt werden.[75]

Am 7. Januar meldete die Abwehrstelle Belgien, daß ein aus Deutschland zurükkgekehrter Angehöriger des Sprengkommandos seiner Braut über das »Unternehmen Wespennest II« berichtet hatte, was diese weitererzählt habe. Der Flame wurde daraufhin sofort von der Geheimen Feldpolizei verhaftet und in Untersuchungshaft genommen.[76]

Ende Februar 1941 berichtete die Abwehrstelle Belgien über ein Gespräch eines Abwehrangehörigen mit einem flämischen V-Mann. Der Flame trug vor, daß das »Unternehmen Wespennest« in Antwerpen »Stadtgespräch« sei. Außer Bollinger habe ein weiteres Gruppenmitglied bereits Mitte September im Café Dillen in Antwerpen über den Anschlag und seine Verbindungen zum deutschen OKW gesprochen. In der Stadt wisse daher ein großer, wenig deutschfreundlicher Personenkreis von den Zusammenhängen. Über Bollinger gäbe es das Gerücht, daß er nach Deutschland gebracht und dort erschossen worden sei.[77]

---

74 Vgl. Aktennotiz Maj. Hotzel v. 17.12.1940/BA-MA RW 5/166.
75 Vgl. ebenda.
76 Vgl. Gruppe II/Abwehrstelle Belgien Nr. 9/41 II geh. v. 7.1.41/BA-MA RW 5/166.
77 Vgl. Gruppe II/Abwehrstelle Belgien/BR.B.Nr. 117/41 geh. v. 20.2.1941/BA-MA RW 5/166. Hier enden die Akten über das »Unternehmen Wespennest«. Es kann daher nicht festgestellt werden, wie das Unternehmen tatsächlich endgültig abgewickelt worden ist. Ob die Regierung in Vichy tatsächlich wegen dieses Vorfalls bei der Reichsregierung vorstellig wurde, konnte nicht nachgewiesen werden.

II. Einsatzziel Irland –
Das Unternehmen »Mainau«

Die Versuche der deutschen Abwehr, einen ständigen Funkkontakt zu der »Irish Republican Army« (IRA), zu der bereits im Februar 1939 Verbindungen geknüpft worden waren, aufzunehmen, waren nicht sehr erfolgreich gewesen.[78] Die IRA konnte für die deutsche Kriegführung aber nur von Nutzen sein, wenn es gelang, ihre Führung davon zu überzeugen, den nach deutscher Meinung unnützen Kampf gegen die Regierung der irischen Republik einzustellen und ihre gesamten Kräfte ausschließlich gegen England einzusetzen. Hierbei sollten insbesondere Ziele wie Häfen und Militäranlagen in Ulster aber auch in England selbst angegangen werden. Von deutscher Seite mußte aber alles unterbleiben, wodurch die Neutralität der irischen Republik gefährdet werden konnte, weil sonst die Gefahr eines britischen Einmarsches in das Land heraufbeschworen wurde. Dadurch wäre es den Engländern auch möglich gewesen, die für die Bekämpfung deutscher U-Boote dringend benötigten irischen Häfen Berehaven in der Bantry Bay, Cobh in der Nähe von Cork und Lough Swilly im Norden in Besitz zu nehmen. Hierdurch wäre der Aktionsradius ihrer Zerstörer um 640 km vergrößert worden.[79]

Nur wenn die IRA den deutschen Einsatzwünschen folgte, konnte sie aber mit Unterstützung rechnen. Hierzu wiederum war das Bestehen einer ständigen Funkverbindung, die nur kurzfristig im Oktober 1939 bestanden hatte, eine Voraussetzung. Während dieser kurzen Zeit mußte die deutsche Abwehr aber feststellen, daß die IRA auf dringende deutsche Vorstellungen, ihren Streit mit der irischen Regierung zu beenden, nicht reagiert hatte.

Überlegungen, ob der möglichen Niederwerfung Frankreichs eine Invasion Englands folgen sollte, wiesen auch Irland eine noch wichtigere Rolle als bisher zu. In diesem Fall mußte die deutsche Führung damit rechnen, daß die geschlagenen britischen Truppen auf die grüne Insel zurückfallen und diese ohne Rücksicht auf die irische Neutralität, als ihre letzte europäische Bastion, verteidigen würden. In diesem Fall kam der IRA eine wichtige Rolle zu, als man ihr bislang in deutschen Überlegungen eingeräumt hatte. Nur sie war unter Umständen in der Lage, einen Volkskrieg gegen die Engländer zu entfesseln und so eine Verteidigung Irlands erheblich zu erschweren. Aufgrund der zunehmenden Komplexität der Aufgaben in Irland bestimmte die Abwehr als nächsten Agenten, der dort abgesetzt werden sollte, einen Offizier, den Hauptmann Dr. Hermann Görtz.[80]

---

78 Vgl. Gellermann, Günther W., Der andere Auftrag, Agenteneinsätze deutscher U-Boote im Zweiten Weltkrieg, Bonn 1997, S. 9 f.
79 Vgl. ebenda, S. 8.
80 Vgl. hierzu insgesamt Stephan, Enno, Geheimauftrag Irland, Oldenburg 1961. Görtz wird in den Telegrammen des deutschen Gesandten Kruse und Brandy genannt. Im Tagebuch Lahousen wird er ständig als »Leutnant« bezeichnet. Dieses wahrscheinlich deshalb, weil Görtz ein Soldbuch auf den Namen »Leutnant Krause« mit sich führte. Sein Deckname lautet hier: »Gilka«.

Dr. Görtz wurde am 15. November 1890 in Lübeck geboren. Er war daher zu Beginn seines Einsatzes bereits fünfzig Jahre alt und für ein solches Unternehmen zu alt. Er stammte aus einer wohlhabenden Lübecker Anwaltsfamilie und studierte Jura in Heidelberg. Im Ersten Weltkrieg bereits zum Offizier befördert und mit dem Eisernen Kreuz ausgezeichnet, war er zunächst als Infanterist eingesetzt. Nach einer schweren Armverwundung und einer Lungenerkrankung meldete er sich nach seiner Genesung zur Fliegertruppe. Später wurde er als Vernehmungsoffizier für kriegsgefangene Engländer und Amerikaner verwendet. Nach dem Ende des Krieges beendete er seine juristische Ausbildung und trat danach in die Anwaltskanzlei seines Vaters ein. Später arbeitete er als Syndikus eines Unternehmens in Hannover. Mitte der zwanziger Jahre ging er in die USA, um dort Kenntnisse im internationalen Recht zu erwerben. Im Anschluß daran arbeitete er zeitweise als Anwalt in England. Görtz fühlte sich in seinem Beruf unzufrieden und stellte sich daher 1935 der neuaufgestellten Luftwaffe zur Verfügung. Da er während seiner Tätigkeit als Anwalt in England dieses Land sehr gut kennengelernt hatte, begann sich die Abwehr für ihn zu interessieren. Sie schickte ihn im Sommer 1935 mit dem Auftrag nach England, Informationen über die britische Luftwaffe zu beschaffen. Kurz nachdem er nach Erledigung seines Auftrages England verlassen hatte, um der Abwehr Bericht zu erstatten, bemerkte er, daß er einige Dinge in dem von ihm gemieteten Bungalow zurückgelassen hatte. Auf einer Postkarte bat er die Vermieterin, diese Sachen bis zu seiner Rückkehr für ihn zu verwahren. Die Dame durchsuchte die zurückgelassenen Gegenstände. Sie fand dabei eine Reihe von Notizen militärischer Natur. Daraufhin verständigte sie die Polizei, die Görtz bei Wiederbetreten britischen Bodens im November 1935 sofort verhaftete. Er wurde in einem Prozeß, der Anfang März 1936 stattfand, wegen Spionage zu einer vierjährigen Haftstrafe verurteilt. Im Februar 1939 wurde Görtz wegen guter Führung vorzeitig entlassen. Nach einem Erholungsurlaub von fünf Monaten trat er seinen Dienst beim fliegenden Personal der Luftwaffe wieder an. Er hatte sich nicht, was möglich gewesen wäre, zur Abwehr versetzen lassen.[81]

Da Dr. Görtz nunmehr in England als »verbrannt« gelten mußte, konnte er dort als Agent nicht mehr eingesetzt werden. Da die Abwehr offensichtlich nicht darüber informiert war, wie eng der britische und der irische Geheimdienst im Krieg zusammenarbeiteten, hätte es die Vorsicht geboten, in England »verbrannte« Agenten auch nicht in Irland einzusetzen.[82] Offensichtlich verfügte aber die Abwehr über keinen anderen Agenten für diesen sehr komplizierten Irlandeinsatz. Trotzdem mußte es mehr als fragwürdig erscheinen, einen »verbrannten« Offizier dieses Alters mit einer solchen Aufgabe zu betrauen, selbst wenn er sich für Irland interessierte und sich einige Kenntnisse über dieses Land angeeignet hatte. Hierzu gehörte ein Kontakt, den er während seines USA-Aufenthaltes zu dem damaligen Vorsitzenden der Iren-Vereinigung, Joseph McGarity, bekommen hatte, über den er einiges über die politischen Verhältnisse in Irland erfahren haben dürfte.[83]

81 Vgl. Dr. Hermann Görtz, Mission to Ireland, in: Irish Times, Dublin, August 1947. Aufzeichnung über
    den in den Telegrammen aus Dublin mit »K« bezeichneten V-Mann vom 3.13.12.1941/Pol.Archiv/AA.
82 Vgl. Gellermann, a.a.O., S. 15.
83 Vgl. Dr. Görtz, Mission to Ireland, a.a.O. und Stephan, a.a.O.

1927 hatte er mit seiner Frau eine Reise nach Irland unternommen. Während seines Gefängnisaufenthaltes in Maidstone hatte er einiges von dort auch einsitzenden IRA-Angehörigen über die irischen Verhältnisse erfahren. Aufgrund dieser Eindrücke schlug er der Abwehr nach seiner Rückkehr vor, doch IRA-Angehörige in England als Spione einzusetzen und überdies in Ulster durch die IRA einen Volksaufstand zu entfachen. Wahrscheinlich wurde er daraufhin im Januar 1940 wiederum zur Abwehr abkommandiert. Dort erhielt er das Angebot, obgleich er »verbrannt« war, nach Irland zu gehen. Dr. Görtz zeigte Interesse an dieser Aufgabe und erbat sich eine Vorbereitungszeit von drei Monaten. Zunächst erhielt er eine Einweisung in Sabotagetechniken und Partisanenkrieg bei der Bau-Lehrkompanie z.b.V. 800 in Brandenburg a.d.Havel.[84]

Gleichzeitig bemühte sich Görtz bei in Deutschland lebenden Iren um Informationen über ihr Land. Einer von ihnen war der an der Berliner Universität tätige Francis Stuart. In diesen Gesprächen wurde Görtz bereits darauf hingewiesen, nicht zuviel von der IRA zu erwarten. Das Auswärtige Amt warnte davor, durch Agententätigkeit in der Irischen Republik die Neutralität dieses Staates zu gefährden. Ein eigentlich überflüssiger Hinweis, denn Admiral Canaris hatte bereits im Dezember 1939 befohlen:

»... die Entwicklung der politischen Lage in Irland zwingt dazu, die Entsendung von V-Leuten aufs äußerste einzuschränken bzw. in Fällen dringend notwendiger Einreisen die größte Vorsicht obwalten zu lassen ... insbesondere muß unter allen Umständen vermieden werden, daß nach Irland entsandte V-Leute in diesem Land mit den deutschen diplomatischen oder konsularischen Vertretungen Verbindung aufnehmen, oder die Vertretungen sonstwie in Anspruch nehmen...«[85]

Als Transportmittel nach Irland wählte der Hauptmann kein U-Boot, sondern ein Flugzeug. Aufgrund der Sorge des Auswärtigen Amtes vor einem Zwischenfall und der Weisung von Canaris hätte Görtz eigentlich nur in Ulster irischen Boden betreten dürfen. Aus diesem Grund versuchte er auch, in seinen späteren Vernehmungen den Eindruck zu erwecken, daß er über Ulster in der Grafschaft Tyrone abgesprungen sei.[86] Tatsächlich beabsichtigte er aber, sich in voller Uniform über der Irischen Republik absetzen zu lassen. Er wollte dadurch verdeutlichen, daß er der deutsche Verbindungsoffizier zur IRA war und zusammen mit dieser Organisation mit der Waffe in der Hand für die Vereinigung des Landes und die Unabhängigkeit Irlands kämpfen wollte.[87] Sein ihm von der Abwehr erteilter Auftrag bestand darin, die Aktivitäten der IRA gegen die nordirischen Häfen zu lenken, um den Engländern insbesondere dort Schwierigkeiten zu bereiten. Ferner sollte er versuchen, die IRA zu veranlassen, in Ulster einen Partisanenkrieg zu entfachen. Hierdurch wären die Bri-

---

84 Es handelt sich hier um die späteren »Brandenburger«.
85 Amt Ausl./Abw.Abt.Z/ZO Nr. 299/42 gKdos v. 5.5.42. Diese hier zitierte Weisung von Adm. Canaris ist eine Wiederholung einer bereits Ende 1939 erlassenen fast gleichlautenden Anordnung, auf die zwar in einigen Dokumenten verwiesen wird, die aber nicht mehr erhalten ist.
86 Vgl. Stephan, a.a.O., S. 118.
87 Vgl. Stephan, a.a.O., S. 118.

ten gezwungen worden, ihre Truppen in Nordirland zu verstärken. Dieses hätten sie nicht ohne gleichzeitige Schwächung ihrer anderen Fronten durchführen können. Beim Ausbruch größerer Unruhen, so sicherte ihm die Abwehr zu, könnte er mit der Zuführung weiterer im Partisanenkrieg ausgebildeter Unterführer sowie leichter Waffen rechnen. Mit der Entsendung deutscher Truppen sei aber in keinem Fall zu rechnen, weil ihr Transport dorthin sowie ihre Versorung unmöglich sei. Görtz war verboten worden, irgendwelche politischen Verhandlungen zu führen.[88] Mitte April war der Hauptmann einsatzbereit.

Am 20. April meldete sich ein Kurier der IRA bei der Abwehr in Hamburg. Es war der in Dublin wohnende, vermögende Unternehmer Stephen Caroll Held.[89] Er überbrachte einen dilettantischen Plan zur Invasion Irlands. Danach sollten deutsche Truppen bei Londonderry landen und zusammen mit der IRA Ulster erobern. Dieser Plan erhielt bei der Abwehr den Decknamen »Kathleen«. Im Auswärtigen Amt wurde er als »Artus« bezeichnet. Die Abwehr begegnete Held zunächst, was sich später als unberechtigt erwies, mit großem Mißtrauen. Aus diesem Grund brachte sie ihn nicht mit Görtz zusammen. Held verließ Deutschland bereits wieder am 23. April.

Am 3. Mai traf der frühere Stabschef der IRA, Sean Russel, der aus den USA zunächst nach Italien gereist war, in Berlin ein. Er hatte vorher anfragen lassen, ob Deutschland ihm Asyl gewähren würde, was ihm zugesagt worden war.[90] Görtz erhielt keine Gelegenheit, mit Russel zusammenzutreffen, um sich von ihm über die IRA informieren zu lassen. Die Abwehr versäumte so zwei wichtige Chancen, ihren Agenten mit wesentlichen Informationen über die IRA, aber auch über das aktuelle Leben in Irland, auszustatten. Dieses sollte sich später als schwerer Fehler erweisen.

Am 5. Mai 1940 startete Görtz von Fritzlar aus mit einer schwarz gestrichenen He-111 des Versuchsverbandes des Oberbefehlshabers der Luftwaffe, die von Oberleutnant Edmund Gartenfeld geflogen wurde.[91] Dieser hatte bereits mehrfach ähnliche Aufträge über England und Irland erledigt und galt daher als sehr erfahrener Pilot. Es war dieses der dritte Versuch, den Hauptmann über Irland abzusetzen. Die beiden ersten konnten trotz sorgfältiger Vorbereitung aufgrund der ungünstigen Wetterlage nicht ausgeführt werden. Görtz sprang in der Nähe der Stadt Trim aus einer Höhe von 1500 Metern oberhalb einer geschlossenen Wolkendecke ab. Hierbei verlor er seinen Lastenfallschirm, an dem das Funkgerät hing. Nach seiner Landung war die Suche nach diesem Fallschirm vergeblich. Er war zu weit abgetrieben worden und das Gerät verloren gegangen.[92] Der Hauptmann hatte somit keine Möglich-

---

88 Vgl. Kees v. Hoek: Secret Agents in Ireland, in: Sunday Chronicle London, London May 1954.
89 Vgl. Stephan, a.a.O.
90 Vgl. Gellermann, a.a.O., S. 15.
91 Vgl. Gellermann, G.W., Moskau ruft Heeresgruppe Mitte – Was nicht im Wehrmachtsbericht stand: Die Einsätze des geheimen Kampfgeschwaders 200, Koblenz 1988, S. 27 und S. 212.
92 »Gemäß Meldung des nach Kassel entsandten Sonderführers Haller teilt die Dienststelle der Luftwaffe mit, daß das Unternehmen »Mainau« am 5. Mai gestartet ist. Lt. Goerz, Deckname »Gilka«, ist, soweit die Beobachtungen des Flugzeuges ergaben, mit Erfolg abgesetzt.« Tgb. Lahousen vom 6. Mai 1940. Es ist merkwürdig, daß der Name des Agenten falsch geschrieben worden ist.

keit, eine Funkverbindung zu seiner Dienststelle aufzunehmen. Daher war zunächst wiederum keine Übermittlung von Nachrichten über die IRA an die Abwehr möglich, weswegen Görtz eigentlich auch nach Irland geschickt worden war.[93]
Der Hauptmann war 60 km weit entfernt von seinem Ziel abgesetzt worden. Er entschloß sich, zu dem Haus der Frau Stuart in Laragh zu marschieren, deren Ehemann Francis Stuart er bereits in Deutschland kennengelernt hatte. Auf dem Weg dorthin wurde ihm sehr schnell deutlich, daß es zu lange dauern würde, wenn er sein Ziel ohne Nahrungsmittel nur in Nachtmärschen erreichen wollte. Er hatte zwar ausreichend englisches Geld, aber keine irischen Zahlungsmittel bei sich. Keiner aber hatte ihm in Deutschland mitgeteilt, daß er in Irland auch mit britischem Geld bezahlen konnte. Er wäre daher, was er nicht wußte, durchaus in der Lage gewesen, sich Nahrungsmittel zu kaufen.

Görtz vergrub auf seinem Weg nach Laragh die Fliegerkombination und seinen Waffenrock sehr sorgfältig, in der Hoffnung, beide Uniformteile später wiederzufinden. Seine Militärmütze und die Auszeichnungen behielt er bei sich.[94] Am vierten Tag nach seiner Landung erreichte er das Haus von Frau Stuart. Hier schlief er sich zunächst aus. Seine Gastgeberin kaufte für ihn während dieser Zeit in Dublin Zivilsachen und benachrichtigte den Haupt-V-Mann der Abwehr in Eire, Jim O'Donovan.[95] Dieser holte wenig später den Hauptmann bei seiner Gastgeberin ab und brachte ihn, unter Hinweis darauf, daß er ihm bald dem Stabschef der IRA, Stephen Hayes, vorstellen würde, zunächst bei sich selbst unter. Nach wenigen Tagen wurde Görtz von der IRA in ein neues Quartier gebracht. Es war das Haus von Held, den die IRA am 20. April als Kurier nach Deutschland geschickt hatte. Wenige Tage später traf der Hauptmann den Stabschef der IRA Hayes. Görtz forderte von ihm die sofortige Einstellung aller Aktivitäten der IRA gegen die Regierung der Irischen Republik und die Bündelung aller Kräfte der Organisation zum Kampf gegen England in Ulster. Hayes versprach Görtz, sofort die entsprechenden Befehle zu geben. Seine Stellung innerhalb der IRA war aber wohl zu schwach, um diese durchzusetzen. Im Zusammenhang mit einer Diskussion, die er mit Hayes über den Plan »Kathleen« führte[96], erfuhr der Hauptmann, daß die IRA über nicht genügend Waffen zur Durchführung größerer Aktionen verfügte. In diesen von Görtz geführten Gesprächen wurde auch deutlich, daß sich die Abwehr hinsichtlich der Einsatzfähigkeit und Stärke der IRA Illusionen machte. Es handelte sich hier nicht um eine straff gegliederte und geführte gut bewaffnete Organisation, die ohne Schwierigkeiten in der Lage war, einen Volksaufstand in Ulster zu organisieren. Görtz verfügte allerdings wegen des Verlustes seines Funkgerätes nicht über die Möglichkeit, seine nicht unwichtigen Feststellungen der Abwehr in Berlin mitzuteilen.
Am 22. Mai wurde das Haus von Held von der Polizei umstellt und durchsucht.[97]

---

93 Vgl. Gellermann, Der andere Auftrag, a.a.O., S. 11 u. 15.
94 Vgl. Mission to Ireland, a.a.O. und Stephan, a.a.O.
95 Vgl. Gellermann, Der andere Auftrag, a.a.O., S. 99 ff.
96 Vgl. Mission to Ireland, a.a.O.
97 Vgl. Irish Press v. 25. Mai 1940, aber auch Hempel an AA Nr. 314 v.24.5.1940/ADAP/
    Serie D Bd. IX.

Görtz und Held befanden sich zu diesem Zeitpunkt im Garten des Anwesens.[98] Beiden gelang es daher zu entkommen. Bei der Durchsuchung des Hauses fanden die Beamten 20.000 US-$ in einem Safe, ein Funkgerät[99], eine deutsche Militärmütze, deutsche Orden sowie militärische Aufzeichnungen. Held ging erst spät abends in sein Haus zurück. Er erzählte den Polizisten eine Geschichte über einen Heinrich Brandy, dem Verwandten eines ehemaligen Geschäftsbesitzers in Dublin, der ihn um Quartier gebeten habe. Diesem hätte er das Zimmer vermietet, in dem die verdächtigen Gegenstände gefunden worden waren. Wo sich Herr Brandy jetzt aufhalte, wisse er nicht. Held wurde verhaftet und unter Anklage gestellt.

Der Unterstaatssekretär im Auswärtigen Amt, Woermann, teilte dem dt. Gesandten in Dublin, Dr. Eduard Hempel, in dieser Angelegenheit mit, daß B. »mit besonderen Aufträgen ausschließlich gegen England betraut war und ihm irgendeine gegen die irische« Regierung gerichtete Tätigkeit ausdrücklich untersagt worden sei.«[100] Wenige Tage später wies Woermann Hempel an, einen vorsichtigen Versuch zu unternehmen, die irische Regierung zu veranlassen, bei der Anklage im Held-Prozeß Zurückhaltung zu üben. Als Hempel am 21. Juni in einem Gespräch mit Staatspräsident de Valera diese deutsche Anregung vortrug, ging der Politiker darauf nicht ein.[101]

Am 26. Juni 1940 wurde Held zu einer Haftstrafe von fünf Jahren verurteilt.[102]

Die Abwehr hatte Görtz zu diesem Zeitpunkt offensichtlich bereits aufgegeben:

»... aus einer Rundfunknachricht der Agenzia Stefani und feindlicher Rundfunknachrichten geht hervor, daß das ‚Unternehmen Mainau' zu einem Mißerfolg geführt hat. Demnach scheint Gilka tatsächlich seinen Bestimmungsort erreicht zu haben. Der mitgeführte Rundfunksender[103], einige Ausrüstungsstücke und die mitgeführten Devisen wurden jedoch – anscheinend durch die Ungeschicklichkeit eines irischen V-Mannes – in der Wohnung dieses Iren beschlagnahmt. Unglücklicherweise hat dieser Ire außerdem noch Aufstandspläne in Verwahrung gehabt, die nicht mit dem Unternehmen ›Mainau‹ im Zusammenhang stehen. Nachrichten über den Verbleib von Gilka liegen noch nicht vor. Durch die Entdeckung seines Senders und des Geldbetrages ist aber seine weitere Tätigkeit, selbst für den Fall, daß er nicht so schnell verhaftet wird, unmöglich gemacht. Durch das Zusammentreffen des Fundes seiner Utensilien mit der Entdeckung von Plänen der IRA ist Gilka bei seiner etwaigen Verhaftung außerordentlich gefährdet. Für die Zukunft ist durch den Mißerfolg des Unternehmens ›Mainau‹ einstweilen von der Überführung weiterer Personen durch Fallschirmabsprung nach Irland abzusehen...«[104]

98 Vgl. Mission to Ireland, a.a.O.
99 Vgl. Bericht Irish Press v. 25. Mai 1940/Funkunterlagen und einen Sender, der für den Funkverkehr mit Deutschland aber nicht geeignet war, hatte die IRA Görtz zwischenzeitlich zur Verfügung gestellt.
100 Woermann an Hempel Nr. 361 v. 1. Juni 1940/ADAP Serie D Bd. IX.
101 Vgl. Woermann an Hempel Nr. 437 v. 15. Juni 1940 und Hempel an AA Nr. 2506 v. 21.6.1940/ADAP/Serie D Bd.IX.
102 Vgl. Irish Press v. 27.6.1940/Hempel an AA Nr. 35 v. 27.6.1940/ADAP/Serie D Bd. IX.
103 Die Abwehr ging hier davon aus, daß es sich hierbei um das Funkgerät von Görtz handelte, über dessen Verlust sie nicht informiert war.
104 Tgb. Lahousen v. 25.5.1940.

Görtz war es aber gelungen, seinen Verfolgern zu entkommen. Er ging zunächst zu dem Haus von Frau Stuart, ohne zu wissen, daß auch sie sich bereits in Untersuchungshaft befand. Eine Freundin von ihr, Frau Maloney, hütete das Haus und versprach dem Hauptmann, ihm zu helfen. Görtz tauchte dann mit Hilfe dieser Dame und ihrer Freunde in Dublin unter. Von der IRA erhielt er keine Unterstützung. Ihr Stabschef von seinen Helfern darauf angesprochen gab lediglich zu verstehen, daß er nicht helfen könne.[105] Ein weiteres Indiz für Görtz dafür, wie bedeutungslos diese Organisation eigentlich war. Auch diese seine für die Abwehr wichtigen Erfahrungen konnte er seiner Dienststelle nicht mitteilen, weil er über kein Funkgerät verfügte.

Entgegen den Befürchtungen des deutschen Gesandten in Dublin, Dr. Hempel, schien die irische Regierung nicht daran interessiert zu sein, die Held-Affäre hochzuspielen, obgleich einiges für die Iren auf eine deutsche Beteiligung hinweisen mußte. Die irische Regierung tat so, als habe es sich hier um ein britisches Komplott gehandelt, um keine politischen Spannungen in das deutsch-irische Verhältnis zu bringen.[106] Insoweit wurde das Verhältnis der beiden Länder durch die Landung von Dr. Görtz in der Irischen Republik nicht belastet. Hierbei mag allerdings auch eine Rolle gespielt haben, daß der Hauptmann bislang nicht von den irischen Sicherheitsorganen festgesetzt worden war. »Nach einer Drahtung des Gesandten Hempel befindet sich Görtz noch in Freiheit...«[107]

Wie aber war es dem Hauptmann möglich gewesen, sich solange in Freiheit zu behaupten? Von Frau Maloney und ihren Freundinnen wurde Görtz, der noch einiges Geld bei sich hatte, als Herr Robinson bei einer Frau Coffey in einem Vorort von Dublin untergebracht. Er mietete sich aber gleichzeitig in einem anderen Teil der Stadt ein Haus, in dem er sich zwei bis drei Tage in der Woche aufhielt, um dort Besucher zu empfangen, die über seine zweite Wohnung nicht informiert waren. Später wechselte er mehrfach den Wohnsitz, um bei verschiedenen älteren Damen zu wohnen.[108] Diese waren zwar alle nicht Mitglieder der IRA, kämpften aber auf ihre Weise für die Wiedervereinigung ihres Landes, die herzustellen aber auch mit der Auftrag des deutschen Offiziers war. Später wurde er, als ihm das Geld ausgegangen war, von Frau Brugha, der Witwe eines irischen Freiheitskämpfers, finanziell unterstützt.

Görtz hatte in der Zwischenzeit eine Menge Material über die Verhältnisse in Irland, insbesondere aber über die IRA, gesammelt. Hierbei mußte er feststellen, daß diese Organisation nicht so einsetzbar war, wie es sich die Abwehr wünschte.[109] Seine Bemühungen, diese Nachrichten mit Hilfe der Damen über Matrosen neutraler Schiffe nach Berlin zu übersenden, scheiterten. Aus diesem Grund beschloß der Hauptmann, den Versuch zu unternehmen, mit einem Boot Deutschland zu erreichen. Der deutsche Gesandte in Dublin informierte das Auswärtige Amt durch verschlüsselten Funkspruch:

105 Vgl. Stephan, a.a.O., S. 184.
106 Vgl. Hempel an A.A. Nr. 320 v. 17.6.1940 ADAP Serie D Bd. IX.
107 Tgb. Lahousen v. 24.8.1940.
108 Vgl. Stephan, a.a.O.
109 Vgl. Kees v. Hoek, a.a.O.

»... daß Lt. Görtz beabsichtige, in einem gecharterten Motorboot nach dem besetzten Frankreich zu fahren und teilte gleichzeitig die ungefähre geplante Reiseroute mit. Der Gesandte wies auf die erhebliche politische Gefahr hin, die sich bei einer Verhaftung des Genannten ergeben würde. Er hat jedoch für alle Fälle um gewisse Schutzmaßnahmen auf See gebeten...«[110]

Wie aber konnte Dr. Hempel einen Funkspruch dieses Inhalts absetzen, der die Absichten von Görtz wiedergab? Diesem war doch jeder Kontakt zur deutschen Gesandtschaft verboten. Der Hauptmann hatte Dr. Hempel offensichtlich einen Brief geschrieben, was den Gesandten veranlaßt hatte, nach einer Möglichkeit zu suchen, Görtz unauffällig zu treffen.[111] Aus diesem Grund veranstaltete Dr. Hempel in seinem Haus eine große Party, zu der auch Görtz eingeladen wurde.[112] Bei dieser Gelegenheit erfuhr der Gesandte von der Absicht des Hauptmanns, zur persönlichen Berichterstattung nach Berlin zurückzukehren. Diese Absicht teilte Dr. Hempel dem Auswärtigen Amt mit, das wiederum die Abwehr II unterrichtete. Abwehr II antwortete auf dem Funkweg:

»... daß der Gesandte versuchen möge, wenn ihm dies bei der schwierigen Verbindung von ihm zu Görtz noch möglich wäre, die Abreise des Lt. Görtz zu verhindern. Vorsorglich wurde jedoch mit der Seekriegsleitung wegen etwaiger Erleichterung der Rückkehr des Lt. Görtz Fühlung aufgenommen. Auch wurde die Abwehrnebenstelle Brest gebeten, an Ort und Stelle durch Verständigung der örtlichen Marinebehörden, evtl. Entsendung eines Kutters usw. eine etwaige Ankunft des Lt. Görtz zu erleichtern...die Seekriegsleitung hat auf Antrag der Abwehr II dem Marinebefehlshaber West Anweisung gegeben, entsprechende Maßnahmen zur Erleichterung der Rückkehr des Lt. Görtz aus Irland zu treffen. Abwehrnebenstelle Brest ist zur Unterstützung der entsprechenden Seestreitkräfte eingeschaltet. Die Abreise wird am 1. oder 2.10. erwartet. Neue Nachrichten vom deutschen Gesandten in Dublin sind nicht eingetroffen.«[113]

Den Bleibebefehl erhielt der Hauptmann noch rechtzeitig. Wenig später kaufte er ein Fischerboot, um Freiwillige der IRA mit einer verschlüsselten Nachricht nach Frankreich zu schicken. Auch dieses Unternehmen scheiterte aufgrund von Streitereien der Freiwilligen untereinander. Um den Kontakt zur IRA neu aufrechtzuerhalten, besuchte er Hayes in unregelmäßigen Abständen. Bei diesen Gesprächen stellte er fest, daß seitens der Organisation gegen die Engländer in Ulster nichts geschah. In Eire wurde aber weitergekämpft. Görtz mußte feststellen, daß er daher Wesentliches seiner Ziele nicht erreicht hatte.

Nun genügte es sicherlich nicht, Dr.Görtz nur zu befehlen, in Irland zu bleiben. Abwehr II mußte versuchen, ihren Agenten auch mit den notwendigen finanziellen Mitteln, insbesondere aber auch mit einem neuen Funkgerät und Schlüsselmitteln auszustatten. Ein solches Unternehmen gelang offenbar erst am 14. November 1940.

110 Tgb. Lahousen v. 29.9.1940.
111 v. Hoek, a.a.O. und Stephan, a.a.O.
112 Auf welche Weise Dr. Görtz diese Einladung erhielt, war nicht zu ermitteln.
113 Tgb. Lahousen v. 29. u. 30.9.1940.

»Die von Abwehr II von Spanien aus England entsandte Irin V. Margarete ist lt. Meldung eines Stützpunktes der Abwehr II in Spanien wohlbehalten an ihrem Reiseziel angekommen und hat eine Zusammenkunft mit dem Haupt-V-Mann[114] der Abwehr II in der IRA erfolgreich durchgeführt. Nähere Nachrichten werden demnächst noch über Spanien erwartet. V-Margarete wird in Kürze nach Spanien zurückkehren...«[115]

Wer aber war die Irin mit dem Decknamen »Margarete«? Ihr Name war Daly. Sie lebte als Erzieherin in Spanien und erhielt im November 1940 Gelegenheit, mit dem japanischen Dampfer »Fushimi Maru« zu reisen, der in Irland lebende japanische Staatsbürger evakuieren sollte.[116] Für Dr. Görtz brachte sie Geld, einen Funkschlüssel und unsichtbare Tinte nach Irland. Diese Dinge wurden dem Hauptmann von Jim O'Donovan ausgehändigt. Gleichzeitig nahm sie Mitteilungen des Agenten an seine Dienststelle mit zurück nach Spanien.[117]

Die Berichte von Dr. Görtz erreichten erst am 14. Januar 1941 Abwehr II in Berlin:

»Auf Umwegen über Spanien durch eine irische V-Person (V-Margarete) sind eine Reihe von Berichten von V-Gilka (Lt. Görtz) aus Irland eingetroffen. Hierin gibt Gilka an, daß er durch die Unvorsichtigkeit seines irischen V-Mannes fast in Gefangenschaft geraten wäre. Hierbei ist, wie bereits bekannt, der übermittelte[118] Betrag, der mitgeführte Sender[119] usw. in den Besitz der irischen Polizei gefallen. Gilka befindet sich jetzt nach seiner Annahme in ziemlicher Sicherheit. Die Arbeit der IRA gegen England wurde erfolgreich fortgesetzt.[120] Dies stimmt mit den vielfachen Berichten über Sabotage-Fälle in England überein, die von dort herkamen.[121] Gilka hat um weitere Übersendung von Mitteln zur Unterstützung der IRA gebeten.[122] Es erging meine Entscheidung darüber, daß zunächst versucht werden soll, V-Mann Gilka wieder mit einem AFU-Sender[123] auszurüsten. Solange nicht durch einen wechselseitigen Funkverkehr die Möglichkeit der unmittelbaren Einwirkung und Steuerung von Berlin aus gegeben ist, kommt die Aufwendung beträchtlicher Mittel für die IRA nicht ohne weiteres in Frage...«[124]

---

114 Dieses war Jim O'Donovan, der nicht zur IRA gehörte.

115 Tgb. Lahousen v. 14. November 1940.

116 Vgl. Stephan, a.a.O., S. 192 und von Hoeck, a.a.O.

117 Ebenda. »Margarete« war bereits am 20. Dezember 1940 nach Madrid zurückgekehrt. Vgl. Tgb. Lahousen v. 20. Dezember 1940.

118 Es müßte hier heißen »mitgeführten Betrag«.

119 Es ist kaum vorstellbar, daß Dr. Görtz seiner Dienststelle verschwieg, daß er seinen Sender bereits beim Absprung verlor.

120 Diese Eintragung ist wohl für die vorgesetzte Dienststelle »geschönt« worden. Es ist nicht anzunehmen, daß Dr. Görtz in seiner Berichterstattung der Abwehr II solche Erfolge meldete. Es kann unterstellt werden, daß er seine negativen Erfahrungen mit dieser Organisation auch nach Berlin weitergegeben hat.

121 Entsprechende Tagebucheintragungen gibt es bei Lahousen nicht. Es liegen auch keine anderen diesbezüglichen Aufzeichnungen vor.

122 Es ist nicht denkbar, daß der Hauptmann aufgrund seiner negativen Meinung und Erfahrung mit der IRA weitere Mittel für diese Organisation angefordert hat.

123 Agentenfunk-Sender.

124 Tgb. Lahousen v. 14. November 1941. Diese Einschränkung widerspricht der in Anm. 43 und 44 genannten Berichterstattung.

Die sehr kritische militärische Situation Englands gegen Ende des Jahres 1940, die insbesondere durch die deutschen U-Boot-Erfolge bedingt war, ließen Churchill die irischen Häfen als Stützpunkte für seine Geleitzerstörer schmerzlich vermissen.[125] Dieses besonders deshalb, weil Irland weiterhin streng an seiner Neutralität festhielt und daher für England keine Möglichkeit der Nutzung dieser Häfen bestand. Aufgrund der hieraus resultierenden schweren Verstimmung der Briten wurde ihr Ton gegenüber Irland schärfer. Dieses wiederum hatte in Irland die Furcht vor einer handstreichartigen Inbesitznahme der Häfen durch die Engländer zur Folge. Diese Befürchtung führte in irischen Regierungskreisen zu der Überlegung, ob in einem solchen Fall nicht um deutsche Hilfe gebeten werden sollte.[126] Auf deutscher Seite wurde nunmehr darüber nachgedacht, wie man Irland nach Eingehen eines solchen Unterstützungsersuchens helfen könnte. General Walter Warlimont[127] gab an, daß eigene Luftlandetruppen aufgrund fehlender Nachschubmöglichkeiten nicht eingesetzt werden könnten. Nur deutsche Luftangriffe auf die von England besetzten Häfen wären durchführbar. Eigene U-Boote könnten außerdem vor diesen Häfen zusammengezogen werden, um den Schiffsverkehr nachhaltig zu stören.[128] Weitere Überlegungen gingen dahin, die Iren mit in Frankreich erbeuteten britischen Waffen zu unterstützen, was aufgrund der von England blockierten Seewege sehr schwierig war.

Am 3. Dezember wurde das Irlandproblem im Führerhauptquartier besprochen:

»Was die Frage der Unterstützung Irlands gegen England anbelange, so sei die Entsendung eines Expeditionskorps und die Besetzung der irischen Insel angesichts der überlegenen feindlichen Seemacht, der ungünstigen geographischen Gegebenheiten und der Unmöglichkeit der Zuführung von Nachschub nicht möglich, die in Irland gelandeten Truppen würden ohne Verpflegungs-, Waffen- und Munitionsnachschub in kürzerer oder längerer Zeit von einem Gegner, dessen dauernde Verstärkung nicht verhindert werden könne, vernichtet werden. Möglich werde es sein, in den Wintermonaten einzelne Blockadebrecher mit Waffen und Munition in irische Häfen und Buchten zu bringen, solange noch keine Feindseligkeiten zwischen England und Irland bestünden, und sofern die Iren mitwirkten.
Der Führer stimmt dieser Beurteilung der Lage zu und erklärt, daß eine Unterstützung Irlands nur in Frage komme, wenn dieses Deutschland zur Hilfe rufe. Zunächst müsse durch den deutschen Gesandten in Dublin festgestellt werden, ob de Valera Unterstützung wünsche, z.B. Verstärkung seiner Rüstung durch erbeutete englische Waffen und Munition, die ihm dann auf einzelnen Dampfern zuzuführen wären. Für die Luftwaffe sei Irland als Basis für Angriffe auf die Häfen Nordwest-Englands

---

125 Vgl. Der Zweite Weltkrieg, Memoiren, Winston Chruchill, Bd. 2, S. 84, Ullstein Berlin 1985.
126 Vgl.Hempel/A.A. Nr. 713 v. 7.11.1940; Hempel/A.A. Nr. 714 v. 10.11.1940;
   Hempel/A.A. Nr. 715 v. 11.11.1940; Weizsäcker/Hempel v. 13.11.1940 ADAP Serie D Bd. IX.
127 Stellvertr. Chef des Wehrmachtführungsstabes.
128 Vgl. hierzu auch Ribbentrop an Hempel/streng geheim Nr. 422 v. 5.12.1940/ADAP Serie D Bd.
   IX. Vgl. hierzu auch: Aufzeichnung des Botschafters Ritter Nr. 154 ADAP/Serie D Bd. XIII v. 13.
   März 1941.

wichtig. Der Besitz Irlands könne kriegsbeendigend wirken. Zunächst seien Erkundigungen einzuziehen.«[129]

Der deutsche Gesandte meldete am 29. November 1940 aus Dublin, daß die irischen Verteidigungsvorbereitungen weiterliefen.[130] Gleichzeitig teilte er mit, die Gerüchte über britische Angriffsabsichten könnten auch vom englischen Geheimdienst mit der Zielsetzung verbreitet worden sein, die Iren, aber auch Deutschland, zu Neutralitätsverletzungen zu provozieren, um dann die gewünschten Häfen besetzen zu können. Ein sicherlich nicht abwegiger Gedanke.

Der Reichsaußenminister ließ am 5. Dezember 1940 an Dr. Hempel die Weisung funken[131], weiterhin die Haltung der Iren gegenüber einem deutschen Hilfsangebot bei einem britischen Angriff auf Eire zu sondieren. Gleichzeitig sollte der Gesandte den Iren kostenlos größere Mengen erbeuteter britischer Waffen anbieten, die ihnen jederzeit zur Verfügung gestellt werden könnten. Am 17. Dezember teilte Hempel mit, daß die Iren die Hilfsbereitschaft Deutschlands zwar begrüßten, jedoch im Augenblick an Waffenlieferungen, die überdies von den Engländern nicht unbeobachtet erfolgen könnten, nicht interessiert wären, zumal sich die Lage auch entspannt hätte.[132]

Von der IRA waren in dieser Zeit wiederum kleine Unternehmen gegen die Engländer, wie Görtz sie angeregt hatte, durchgeführt worden. Diese Erfolglosigkeit seines Auftrages drängte den Hauptmann offenbar dazu, entgegen dem Befehl in Irland zu bleiben, einen weiteren Versuch zu unternehmen, Deutschland mit einem Fischerboot zu erreichen.[133] Er hatte die Absicht, der Abwehr einen mündlichen Bericht über den Zustand der IRA, von der keine Aktionen gemäß den Vorstellungen der Abwehr zu erwarten waren, zu erstatten.[134] Da Dr. Görtz nicht in der Lage war, das für diese Fahrt in Aussicht genommene Fischerboot allein nach Frankreich zu bringen, plante er das Unternehmen zusammen mit der IRA, die ihm hierfür zwei Seeleute zur Verfügung stellte. Das Unternehmen wurde verraten und schlug daher fehl. »Gemäß Funkmeldung aus Dublin ist V-Mann Gilka (Lt. Görtz) nicht abgereist, da kurz vor seiner geplanten Abfahrt die beiden für die Motorbootfahrt bestimmten Begleiter verhaftet wurden.« Gilka konnte bis zum Abgang des Funkspruchs an den bisherigen sicheren Unterkunftsort noch nicht zurückkehren.[135]

»Aus einem Telegramm des deutschen Gesandten in Dublin geht hervor, daß die Abreise Gilkas mit einem Kutter von der westirischen Küste durch das Eingreifen der irischen Polizei, die offenbar von der Absicht Gilkas Kenntnis erhalten hatte, ver-

---

129 KTB/OKW Bd. I Frankfurt/M. 1965, S. 197 f. – Es erscheint fraglich, ob Hitler, wenn sich eine Möglichkeit ergeben hätte, in Irland Fuß zu fassen, daran überhaupt interessiert gewesen wäre. In dieser Zeit versuchte er noch, mit England zu einem Frieden zu kommen und hätte daher sicherlich alles unterlassen, wodurch solche Versuche gestört worden wären. Vgl. hierzu: Gellermann, Günther W., Geheime Wege zum Frieden mit England, Ausgewählte Initiativen zur Beendigung des Krieges 1940/42, Bonn 1995.
130 Vgl. Hempel an AA v. 29.11.1940 ADAP Serie D, Bd. IX.
131 Vgl. Ribbentrop an Hempel Nr. 402 v. 5. Dezember 1940 ADAP Serie D Bd. IX
132 Vgl. Hempel an AA Nr. 825 v. 17. Dezember 1940 ADAP Serie D Bd. X.
133 Vgl. Mission to Ireland, a.a.O.
134 Vgl. ebenda.
135 Tgb. Lahousen v. 4.3.1941.

hindert wurde. Während seine beiden Begleiter verhaftet wurden, scheint Gilka selbst in Sicherheit zu sein, jedoch hat der Gesandte gegenwärtig noch keine Verbindung mit ihm.«[136]

Am Morgen nach dem Scheitern seines Auslaufens beobachtete Dr. Görtz vor dem Hafen außerhalb der Dreimeilenzone ein britisches Patrouillenboot.[137] Diese Beobachtung in Verbindung mit der Verhaftung seiner beiden Reisegefährten verstärkten seinen Verdacht nach Verrat bis hinauf in die höchste Führungsspitze der IRA. Wenige Tage nach diesen Ereignissen stellte ihm die Organisation allerdings einen Funker, zu dem er nur über Dritte Kontakt hielt, mit einem Funkgerät zur Verfügung. Auf diese Weise war es dem Hauptmann jetzt möglich, eine lockere Funkverbindung zu seiner Dienststelle herzustellen.[138]

Am Mai 1941 wurde der IRA deutscherseits wiederum eine größere Bedeutung beigemessen: »Bei der in Agram stattgehabten Rücksprache zwischen Sonderführer Haller und SS-Standartenführer Dr. Veesenmayer[139] wurde besprochen, daß die Übersendung von Geld sowie einer kompletten Funkausrüstung nach Irland für Zwecke der IRA durch Wasserflugzeug versucht werden soll...«[140].

»In mehreren Besprechungen mit dem Auswärtigen Amt (Unterstaatssekretär Woermann) ist der Abwehr II die Zusammenarbeit mit der IRA, die zeitweilig auf das geringstmögliche Maß beschränkt worden war, wieder verstärkt freigegeben worden, womit sich das Auswärtige Amt ausdrücklich einverstanden erklärt hat...«[141]

Diese Änderung der deutschen Haltung wurde durch die immer stärkere Unterstützung Englands durch die USA veranlaßt.

Bereits am 29. Januar 1941 hatten in Washington geheime britisch-amerikanische Generalstabsbesprechungen für den Fall eines Kriegseintritts der USA begonnen. Ende März schlossen die beiden Mächte das ABC 1 Staff-Agreement ab, in dem die Leitlinien eines künftigen Koalitionskrieges festgelegt wurden. Diese Absprache war bereits ein inoffizielles Bündnis zwischen den beiden Mächten. Als eine Folge dieser Abmachung befahl der amerikanische Präsident am 26. April 1941 die Ausdehnung der eigenen Sicherheitszone bis 26 Grad West und 20 Grad Süd. Innerhalb dieses Gebietes wurden von den Amerikanern England begünstigende »Neutralitätspatrouillen« gegen deutsche Kriegsschiffe eingesetzt.

Am 14. Juni erließ Roosevelt eine Verordnung, die das Einfrieren deutscher Guthaben in den USA ermöglichte. Einen Monat später wurden sämtliche deutschen Konsulate in den Vereinigten Staaten geschlossen.

---

136 Ebenda, v. 6. März 1941.
137 Vgl. Stephan, a.a.O., S. 206.
138 Vgl. ebenda. Dieser Funker wurde Anfang 1942 verhaftet. Bis zu diesem Zeitpunkt hatte Dr. Görtz offensichtlich Funkverbindung mit Abwehr II. Keiner seiner Funksprüche konnte allerdings in Archiven nachgewiesen werden.
139 Sonderbeauftragter Ribbentrops für Irland.
140 Tgb. Lahousen v. 21. und 22.5.1941.
141 Ebenda v. 23. Mai 1941 aber auch: »Der Herr Reichsaußenminister hat entschieden, daß auf geeignetem Weg der IRA Geld und ein Funkgerät zur Verfügung gestellt werden könne...« UST.S.Pol. Nr. 476 v. 31. Mai 1941/POL IM/R101850 Pol.Archiv d. AA, Bonn.

US-Truppen besetzten Anfang Juli 1941 Island. Roosevelt erließ am 11. September 1941 den Schießbefehl für amerikanische Kriegsschiffe auf Schiffe der Achsenmächte, die sich innerhalb der von den USA einseitig beanspruchten Sicherheitszone befanden. Im gleichen Monat sicherte eine US-Escort-Group einen britischen Geleitzug im Mittelatlantik. Hiermit beteiligten sich die Vereinigten Staaten aktiv am Krieg.

Die Reichsregierung befürchtete nunmehr, daß die Amerikaner zunächst auch Nordirland und später Eire besetzen könnten. Der einzige mögliche deutsche Bundesgenosse auf der irischen Insel war aber, unbeschadet seines inneren Zustandes, die IRA. Aus diesem Grund wurde Dr. Görtz, der einzige Agent der Abwehr mit direkten Kontakten zur IRA, zu einer zentralen Figur. Nur über ihn konnte die IRA unterstützt werden. Aufgrund dieser Situation erhielt Görtz im Frühjahr 1941 auch den Befehl[142], einen Bericht über die Stärke und den Zustand der irischen Streitkräfte nach Berlin zu funken. Die Abwehr wollte wissen, wie lange die irischen Streitkräfte ihr Land gegen ein Eindringen der Amerikaner und Engländer würden erfolgreich verteidigen können. Der deutsche Gesandte in Dublin berichtete dem Auswärtigen Amt etwa zur gleichen Zeit, »... daß die Armee in Form eines Guerilla-Krieges zusammen mit der nationalen Bevölkerung bei einem Angriff starken Widerstand zu leisten bereit wäre...«[143]

Die Abwehr schlug nunmehr vor, Geld und einen Funker mit Funkgerät durch ein Wasserflugzeug nach Irland zu fliegen.[144] Der hierzu angesprochene Fliegerführer Atlantik, Oberstleutnant Martin Harlinghausen, hatte zugesagt, einen solchen Flug trotz des dann schlechter werdenden Wetters nicht nur bis zum September, sondern auch später durchzuführen.[145]

Zwischenzeitlich hatte der Sonderbeauftragte des Reichsaußenministers für Irland, Dr. Edmund Veesenmayer, das »Unternehmen Seeadler« konzipiert, das den Einsatz weiterer deutscher Agenten auf der Insel vorsah.« Dieses Unternehmen ist in vollem Umfang an das Auswärtige Amt abgetreten. Abwehr II leistet dem AA lediglich Hilfestellung bezüglich der technischen Durchführung.«[146] In dieser Angelegenheit hatte bereits am 21. Juni 1941 eine Besprechung zwischen Dr. Veesenmayer, Admiral Canaris und Oberst Lahousen stattgefunden. Hierbei hatte sich Admiral Canaris »in entgegenkommenster Weise sofort bereit erklärt, Herrn Helmut Clissmann und den Funker Rieger für die Dienstleistung beim Auswärtigen Amt freizugeben. Er betonte, daß ein diesbezüglicher Antrag des Auswärtigen Amtes gar nicht notwendig und seine Zusage bindend wäre. Er bat Veesenmayer nur, gelegentlich dem Herrn Reichsaußenminister davon Kenntnis zu geben, daß er in allen Dingen bereit sei, loyalste Mitarbeit zu leisten.«[147]

Dr. Veesenmayer suchte am 21. August erneut Oberst Lahousen auf, um mitzuteilen, daß der Reichsaußenminister im Gegensatz zu seiner früheren Absicht, das ge-

142 Vgl. Mission to Ireland, a.a.O.
143 Hempel an AA Nr. 261 v. 23. Mai 1941 ADAP Serie E, Bd. I.
144 OKW/Ausl./Abwehr Nr. 1120/41 gKdos Abwehr II W v. 31.5.1941/Pol IM/Pol.Arch. d.AA.
145 Vgl. U.St.S.Pol. Nr. 848 v. 9. September 1941/Pol.IM/R 101850 Pol.Archiv d. AA, Bonn.
146 Tgb. Lahousen v. 7.7.1942.
147 Vermerk Dr. Veesenmayer v. 21. Juni 1941/POL.IM/R 101850/Pol.Arch. des AA, Bonn.

plante Irlandunternehmen ausschließlich in der Verantwortlichkeit des Auswärtigen Amtes durchzuführen, nunmehr Wert darauf legen würde, daß sich auch die Wehrmacht durch Herstellung von Funkverbindungen zur IRA daran beteiligen sollte. Der Reichsaußenminister beabsichtige ferner, dem Führer vorzuschlagen, neben den dem Auswärtigen Amt zur Verfügung gestellten Abwehrangehörigen Clissmann und Rieger auch Frank Ryan[148] nach Irland zu schicken. Insbesondere Ryan sollte im Fall einer Besetzung Irlands durch die USA und England die IRA, aber auch das gesamte irische Volk zum Widerstand gegen die Truppen der Alliierten aufrufen.[149]

Das »Unternehmen Seeadler« wurde nicht durchgeführt, die drei in Aussicht genommenen V-Leute daher nicht in Irland abgesetzt. Es ist nicht auszuschließen, daß eine Warnung der deutschen Gesandtschaft in Dublin zur Aufgabe des geplanten Unternehmens führte: »...daß vorläufig dringend von etwaiger Entsendung eines neuen Beauftragten zu K[150] widerraten wird...K soll...wegen der sehr kritischen inneren Lage der bekannten irischen Organisation in ernster Gefahr schweben, bloßgestellt zu werden...«[151]

Dr. Görtz hatte zwischenzeitlich erfahren[152], daß der Stabschef der IRA, Stephen Hayes, verhaftet worden war, wodurch eine große Unsicherheit in der gesamten Organisation entstand. Der Hauptmann beschloß daher, dieses wichtige Ereignis, was auf eine sehr kritische innere Lage der IRA hinwies, nicht durch einen Funkspruch nach Berlin zu übermitteln, sondern dieses persönlich mitzuteilen, weil die deutsche Seite offensichtlich immer noch Illusionen über diese Organisation hatte, wie die Vorbereitung des »Unternehmens Seeadler« deutlich machte. Dr. Görtz hatte sich ein kleines Boot beschafft, mit dem er am 13. August nach Frankreich segeln wollte. Diese Absicht hatte er vorher durch Funk seiner Dienststelle in Berlin mitgeteilt.[153] Die Abwehr II informierte das Auswärtige Amt darüber, daß K Irland am 25. August[154] verlassen hatte. Auch dieser Versuch des Hauptmanns, Frankreich zu erreichen, scheiterte wegen eines Motorschadens.[155] Er teilte der Abwehr aber gleichzeitig mit, daß er am 20. September einen weiteren Versuch unternehmen würde, Frankreich mit einem Motorboot zu erreichen. Außerdem fragte er bei seiner Dienststelle an, ob er nicht mit einem Flugzeug zurückgeholt werden könnte. »Da sich die Entsendung eines Flugzeugs nicht durchführen lassen dürfte, wurde es Gilka überlassen, erneut den Versuch mit einem Motorkutter durchzuführen.«[156] Dr. Görtz teilte der Abwehr II mit, daß seine Stellung in Irland zunehmend schlechter werden würde, da bei seinen irischen Freun-

---

148 ehem. Mitglied der IRA, vgl. hierzu: Gellermann, Der andere Auftrag, a.a.O., S. 16.
149 Vgl. Tgb. Lahousen v. 21.8.1941.
150 K/Kruse einer der Decknamen für Dr. Görtz.
151 POL.IM Nr. 2456 g.Rs. v. 22.8.1941/Pol.Arch. d. AA, Bonn.
152 Vgl. Stephan, a.a.O., S. 263.
153 Vgl. Tgb. Lahousen v. 15.8.1941.
154 Es wird nicht klar, weshalb die Abwehr dem AA hier ein anderes Datum mitteilt.
155 Vgl. Tgb. Lahousen v. 17.9.1941.
156 Ebenda. Es bleibt unklar, weshalb die Abwehr Dr. Görtz nicht mit einem Wasserflugzeug zurückholen wollte. Es wurden mehrfach deutsche Agenten mit entsprechenden Maschinen vor der britischen Küste abgesetzt. Auch die Planungen für das »Unternehmen Seeadler« sahen den Einsatz eines Wasserflugzeugs für das Absetzen der weiteren Agenten in Irland vor.

den der Eindruck entstanden sei, daß in Deutschland kaum Interesse an der irischen Frage bestehe, da weder er noch die IRA in den vergangenen Monaten fühlbare Unterstützung aus Deutschland erhalten habe.[157]

Dr. Görtz unterließ den für den 20. September geplanten weiteren Versuch, Frankreich mit dem Boot zu erreichen. Ein wahrscheinlicher Grund dafür waren die überall in Verbindung mit der Verhaftung des Stabschefs der IRA, Stephen Hayes, durchgeführten Razzien und Durchsuchungen durch die irische Polizei. Hierdurch wurde der Hauptmann gezwungen, sich noch vorsichtiger als sonst zu verhalten, da doch bereits viele seiner irischen Freunde, wie der Haupt-V-Mann der Abwehr in Irland, Jim O'Donovan, im Rahmen dieser Polizeiaktion verhaftet worden waren. Im Oktober hatte Dr. Görtz wiederum eine Möglichkeit, mit einem Motorboot nach Frankreich zu fahren.[158] Er lehnte ab, da es ihm gelungen war, Kontakte zu Offizieren der irischen Armee[159] herzustellen. Hierdurch verstieß er eindeutig gegen seinen Auftrag, der es ihm strikt verbot, sich in die inneren Angelegenheiten Eires einzumischen, um die Neutralität des Landes nicht zu gefährden. Dr. Görtz rechnete damit, durch diese Verbindung auch die Möglichkeit zu erhalten, mit einer irischen Militärmaschine nach Frankreich fliegen zu können.[160] Für die Gesandtschaft, die ihm 500 Pfund auszahlen sollte, war der Hauptmann in dieser Zeit nicht erreichbar.[161] Zwischen Dr. Görtz und der Abwehr bestand allerdings bis Anfang November 1941 eine Funkverbindung.[162]

Am 24. November hatte Dr. Veesenmayer aufgrund der Gesandtschaftsberichte aus Dublin aber auch der Funksprüche von Dr.Görtz für den Unterstaatssekretär im AA Woermann, eine längere Stellungnahme zur Situation in Irland abgegeben.[163] Hierin stellte er fest:

»...daß die IRA nach wie vor eine Organisation von außerordentlicher Wichtigkeit repräsentiert...sicherlich hat jedoch der englische Geheimdienst durch die Geständnisse von Hayes wertvolle Einblicke erhalten, die befürchten lassen, daß er nunmehr auch über das Vorhandensein von Kruse und dessen Querverbindungen informiert ist...warum wurde Kruse von den Engländern nicht beseitigt?

Kruses Beziehungen sind sehr einseitig und damit...wertloser Natur. Da sowohl die irische als auch die englische Geheimpolizei von seinem Vorhandensein informiert ist, steht er unter doppelter Bewachung und ist damit ungefährlich.

---

157 Vgl. Ausl./Abwehr Nr. 1690 gKdos v. 29.9.41/POL.IM/Pol.Arch. d. AA, Bonn.
158 Vgl. Stephan, a.a.O., S. 263.
159 Vgl. OKW/Ausland/Abwehr/Abw.Abt.II Nr. 2596/41 gRs.Abw.II/Chef v. 1.12.1941/Nr. 302030/POL.IM/Pol.Arch. d. AA, Bonn.
160 Vgl. ebenda.
161 Vgl.Hempel an AA Nr. 307 v. 29.9.1941/Nr. 302009/POL.IM/Pol.Arch. d. AA, Bonn.
162 Vgl. OKW/Ausl.Abwehr/Abw.Abt. II Nr. 25/96/41, a.a.O.
163 Veesenmayer an Woermann v. 24.11.1941/1014107 POL.IM/Pol.Arch. d. AA, Bonn. Die deutliche Kritik, die Dr. Veesenmayer hier insbesondere an der mangelnden Vorbereitung des Hauptmanns auf seinen Irlandeinsatz äußert, ist berechtigt. Nach der harten Beurteilung des Wertes der von Dr.Görtz nach Deutschland abgesetzten Funksprüche, hätte die Abwehr II den Hauptmann sofort aus Irland zurückziehen müssen.

Seine Beweglichkeit ist außerordentlich beschränkt und dementsprechend auch die Möglichkeit, Erkenntnisse in Irland zu sammeln, um sie nach Deutschland zu berichten. Tatsächlich sind auch alle seine Funksprüche im Ganzen gesehen von geringem Wert sowohl in militärischer als auch in politischer Hinsicht. Kruse ist...mit rein militärischen Aufgaben...nach Irland gebracht worden, ohne...eine gründliche Schulung über die irischen Verhältnisse genossen zu haben. Selbst wenn er drüben manches hinzugelernt hat, kann er infolge seiner mangelnden Beweglichkeit niemals jene Übersicht gewonnen haben, die es ihm ermöglichen würde, seine begrenzten Erkenntnisse elastisch und geschickt auszuwerten...es liegt der Schluß nahe, daß der englische Geheimdienst sich Kruse in Reserve hält, um ihn erst zum geeigneten Zeitpunkt auffliegen zu lassen...Abschließend möchte ich über Kruse sagen...wenn auch nur ein Teil meiner Annahmen zutreffen, der Wert seiner Tätigkeit bzw. seines Aufenthaltes in Irland...auf den Nullpunkt gesunken ist...Es scheint zweifelhaft, ob Kruse sich der außerordentlich gefährlichen Lage, in der er sich befindet, überhaupt bewußt ist. Es wäre daher ratsam, wenn irgend möglich, ihn nach Deutschland zurückzubringen, da er in Irland unter den gegebenen Umständen keinen nützlichen Dienst irgendwelcher Art leisten, zu einem späteren Zeitpunkt aber eine je nach dem recht unangenehme Belastung bedeuten kann.«

Aufgrund dieser Stellungnahme teilte Unterstaatssekretär Woermann Dr. Veesenmayer bereits am 29. November mit: »...wir[164] sind hier nun auch der Ansicht, daß K. so schnell als möglich zurückkommen müßte. Nur das wie bereitet noch Schwierigkeiten..«[165] Jetzt erst erkannte auch die Abwehr II offensichtlich die Dringlichkeit des Rücktransportes von Dr. Görtz. Dr.Hempel hatte dem Auswärtigen Amt bereits von der Kontaktaufnahme des Hauptmanns zu Offizieren der irischen Armee berichtet.[166] Die Abwehr nunmehr zur Stellungnahme zum Verhalten ihres Agenten vom AA aufgefordert, teilte diesem mit:

»...daß Hauptmann Dr. Görtz nicht nur keinerlei politische Aufträge erhalten hat, sondern ihm ausdrücklich auferlegt wurde, sich jeder politischen Tätigkeit zu enthalten. Aus der Verbindungsaufnahme zu General O'Duffy und den mit diesem geführten Verhandlungen über die Gestellung eines irischen Militärflugzeugs geht unter anderem hervor, daß Hauptmann Dr.Görtz ohne Rücksicht auf politisch nachteilige Folgen sich verzweifelt um eine neue Transportmöglichkeit zur Abreise nach Deutschland bemüht, die er nahezu seit Jahresfrist anstrebt... Die Abwehrabt. II hält es für dringend erforderlich, Hauptmann Dr.Görtz baldmöglichst mit einem Wasserflugzeug in der Nähe der irischen Küste abzuholen.«[167]

Die Abwehr bat das AA, die Bemühungen um die Gestellung eines Wasserflugzeugs zu unterstützen und ferner mitzuteilen, ob die Absprachen über das Abholen des

---

164 Woermann an Vesenmayer vom 29. November 1941/Nr. 101408/POL.IM/Pol.Arch. d. AA, Bonn.
    Woermann versteht hier unter »wir« sicherlich nur das AA.
165 Ebenda.
166 Vgl. Aufzeichnung über die Vorschläge des Gesandten Hempel für seine Sprachregelung im Fall K:
    o.D.Pol.IM/Pol.Arch. d. AA, Bonn.
167 OKW/Amt Ausl.Abwehr Abwehrabt.II Nr. 2596/41 g.Rs.Abw.II/Chef
    v. 1.12.1941/POL.IM/Pol.Arch. d. AA, Bonn.

Hauptmanns aus Irland von der Gesandtschaft mit Dr. Görtz verabredet werden könnten, da die Abwehr II seit Beginn des Monats November keine Funkverbindung mehr zu Dr. Görtz habe. Gleichzeitig sollte die Gesandtschaft nach eigenen Vorschlägen zum Abtransport des Hauptmanns befragt werden.[168]

Oberst Lahousen, der Abteilungschef von Abwehr II, bat das AA außerdem, da Dr. Görtz vom englischen Geheimdienst überwacht werden könnte, zur Vermeidung eines politisch folgenschweren Zwischenfalls »... zu erwägen, ob und inwieweit die irische Regierung von der Abholaktion in Kenntnis und ihre Mithilfe dabei sichergestellt werden soll, damit eine englische Einwirkung auf die Überführung vermieden wird.«[169]

Ende November 1941 wurde Dr. Görtz von der irischen Polizei festgenommen. Durch diese Verhaftung wurde eine hektische Aktivität der Gesandtschaft in Dublin verursacht. Da der verhaftete Stabschef der IRA, Hayes, seinen Vernehmern über die angeblich sehr engen Verbindungen des Hauptmanns zu dieser Organisation berichtet hatte, wertete die irische Regierung die Tätigkeit von Dr. Görtz als deutsche Einmischung in die inneren Angelegenheiten von Eire, aber auch als deutsche gegen die Neutralität des Landes gerichtete Aktivität.[170] Der Gesandte wurde vom AA angewiesen, die Angelegenheit »K« herunterzuspielen und deutlich zu machen, daß Dr. Görtz unbedeutend und seine Tätigkeit ausschließlich gegen England gerichtet gewesen sei. Dr. Hempel berichtete, »...daß anscheinend de Valera und das Außenministerium entgegen einigen Kabinettsmitgliedern den Fall ›K‹ möglichst glimpflich und ohne weitere Folgen zu erledigen suchen...«[171]

Es gelang der deutschen Diplomatie bis zum Jahresende das Problem »K« herunterzuspielen, so daß in den deutsch-irischen Beziehungen kein größerer Schaden entstand. Daß dieses so möglich war, lag letztlich auch an der Haltung der irischen Regierung, die sich immer noch für den Fall eines britisch-amerikanischen Angriffs auf Eire die Möglichkeit deutscher Unterstützung offen halten wollte.

Offensichtlich wurde für den Fall »K« vom Auswärtigen Amt als endgültige Sprachregelung, die Dr. Hempel mitgeteilt wurde, folgendes festgelegt: »Hauptmann Dr. Görtz habe als deutscher Offizier lediglich militärische Aufträge gegen England gehabt und sei auf dem Weg dorthin in Irland hängengeblieben...«[172]

Anfang März 1942 forderte das Auswärtige Amt, wahrscheinlich auf Wunsch von Abwehr II einen Bericht von der deutschen Gesandtschaft in Dublin über das Befinden von Dr. Görtz an. Dr.Hempel wurde gleichzeitig mitgeteilt, daß dem Hauptmann, um seine Lage zu erleichtern, falls erforderlich Geld ausgezahlt werden könnte. Der Familie von Dr. Görtz gehe es gut.[173]

---

168 Vgl. ebenda.
169 Ein merkwürdiger Vorschlag des Chefs von Abwehr II, Lahousen, die peinlich auf Einhaltung ihrer Neutralität bedachte irische Regierung um Hilfe beim Abtransport eines deutschen Agenten zu bitten.
170 Vgl. Vorschläge des Gesandten Hempel, a.a.O.
171 Vgl. ebenda.
172 Tgb. Lahousen v. 18.12.1941.
173 Vgl. Pol.IM 538 g.Rs. v. 13.3.1942/Pol.IM Nr. 302032/Pol.Arch. d. AA, Bonn.

Der Abwehr II wurde auf ihre Anfrage vom 25. Februar an das Auswärtige Amt hinsichtlich des Hauptmanns Dr.Görtz mitgeteilt:

»Görtz soll es sehr gut gehen. Mir wurde gesagt, daß besonders er, wie übrigens auch andere genannte Internierte, bei den Iren ausgesprochen beliebt sei. Er genießt, da man in ihm eine Persönlichkeit hohen militärischen Ranges erblickt, besondere Behandlung in der Festung Arbour Hill-Hus, wo ihm eine Offizierswohnung zugewiesen wurde...«[174]

Mitte Juni drahtete Dr. Hempel an das Auswärtige Amt: »Hermann Görtz ist beunruhigt über das Ergehen seiner in Rostock lebenden Familie. Erbitte möglichst bald Erkundigung und Nachricht...«[175] Die im August auf diese Anfrage nach Dublin gefunkte Antwort konnte den Hauptmann beruhigen, denn keiner seiner Angehörigen war durch Bombeneinwirkung bis zu diesem Zeitpunkt zu Schaden gekommen.[176] Mitte August teilte Dr. Hempel dem Auswärtigen Amt mit:

»Höre, daß der seinerzeit hier verhaftete und in der Festung Arbour Hill internierte Hermann Görtz sich neuerdings Vorwürfe macht und diese äußert, daß seine hiesige Mission ein völliger Fehlschlag gewesen sei. Görtz erfreut sich hier angeblich ausgesprochener Beliebtheit und bester Behandlung, leidet vermutlich aber unter begreiflicher Depression. Wäre dankbar, wenn ihm bald einige Worte der Anerkennung übermittelt werden könnten, die ich an ihn weiterleiten würde. Görtz verdient solche meines Erachtens in vollem Umfang, da er größtenteils unter sehr schwierigen Verhältnissen mit größtem Einsatz und Mut und im wesentlichen auch kluge Behandlung seiner Aufgabe gearbeitet hat...«[177]

Im April 1943 bat die Abwehr das Auswärtige Amt, Dr. Görtz über die Gesandtschaft folgende persönliche Mitteilung weiterzuleiten:

»Ute Abitur bestanden, studiert Medizin in Kiel. Rolf bester Verfassung in Mürwick. Wir waren alle vier zusammen. Wiebke immer noch im Ausland, hat sich verlobt. Sie heiratet im April, zur Zeit auf Urlaub in Deutschland. Schwiegersohn ist Journalist in gesicherten Verhältnissen. Gernot und Peter sind gefallen. Deine und meine Familie gesundheitlich in Ordnung. Gedenken Deiner stets. Herzlichst Deine Frau...«[178]

Ende 1942 wurde Dr. Görtz zusammen mit neun anderen deutschen Internierten[179] in das Armeegefängnis nach Athlone verlegt. Eine von dort von ihm geplante Flucht scheiterte. Anfang 1946 wurde den zehn Internierten durch einen irischen Regie-

174 Nr. 02342/gKdos Abw.II WN v. 25.2.42 und Pol.IM g.Rs. v. 15.5.1942/ Pol.IM/302054/Pol.Arch. d. AA, Bonn. Dieser Mitteilung von Dr. Hempel an das Auswärtige Amt ist zu entnehmen, daß Dr. Görtz von den Iren als Internierter behandelt und nicht als Spion verurteilt wurde.
175 Dr. Hempel an AA Nr. 306 v. 17.6.1942 in POL.IM 302058/Pol.Arch. d. AA, Bonn.
176 AA an deutsche Gesandtschaft in Dublin Nr. 233 v. 10.8.1942 AZ Pol.IM 2080 g.RS/Pol.IM Pol.Arch. d. AA, Bonn.
177 Dr. Hempel an AA Nr. 390 v. 11.8.1940 g.Rs./302084/Pol.Arch. d. AA, Bonn Eine bemerkenswerte Beurteilung der Tätigkeit des Hauptmanns durch Dr.Hempel.
178 OKW/Ausl./Abwehr Nr. 862/43 Abwehr Ii/WN v. 8.4.1943/Pol.IM 302137/ Pol.Arch. d. AA, Bonn. Spätere zugängliche Aktenstücke über das »Unternehmen Mainau« sind nicht vorhanden.
179 Vgl. Stephan, a.a.O.

rungsvertreter zugesichert, daß ihnen in Irland Asyl gewährt werden könnte, falls sie einen entsprechenden Antrag stellen würden. Der Hauptmann war fest entschlossen, nicht nach Deutschland zurückzukehren, weil er annahm, dort von den alliierten Nachrichtendiensten scharf verhört zu werden. Unter diesem Druck, so befürchtete er, könnte er die Namen seiner Kontaktleute in Ulster und Eire preisgeben, die dann eine harte Strafe zu erwarten gehabt hätten. Außerdem befürchtete Dr. Görtz für sich selbst in Deutschland die Verurteilung zu einer langen Haftstrafe.

Während dieser Zeit konnten sich die Internierten bereits Quartiere außerhalb von Athlone beschaffen und sich eine Arbeit suchen.

Im April 1947 wurden die neun Männer erneut verhaftet und sollten nun aufgrund alliierter Auslieferungsbegehren nach Deutschland überführt und dort den Alliierten überstellt werden.

Eine Intervention von Dr. Görtz beim irischen Ministerpräsidenten de Valera unter Hinweis darauf, daß er in Deutschland eine lange Gefängnisstrafe zu erwarten hätte, war erfolglos. Er erhielt nur einen Aufschub seiner Deportation zugebilligt. Irische Regierungsvertreter unternahmen den Versuch, Dr. Görtz deutlich zu machen, daß er nach kurzen Verhören durch die Besatzungsmächte freigelassen werden würde und keine Strafe zu erwarten hätte. Dr. Görtz schenkte diesen Äußerungen keinen Glauben. Am 23. April 1947, nachdem ihm der Termin seiner Deportation mitgeteilt worden war, zerbiß der Offizier eine Zyankalikapsel, die er sich von der Abwehr zu Beginn seines Einsatzes erbeten hatte.

Dr. Görtz wurde am 26. April 1947 unter großer Anteilnahme zahlreicher irischer Freunde und vieler Bekannter auf dem protestantischen Friedhof in Deans Grange beigesetzt.

III. Deutsche Agenten in Brasilien

1. Die deutschen Überlegungen

Brasilien war für Deutschland ab 1934 in Südamerika der führende Handelspartner für Baumwolle, Kaffee und Kautschuk geworden. Die brasilianische Regierung hatte 1937/38 mit der Firma Krupp Verträge über Waffenlieferungen abgeschlossen. Im gleichen Jahr nahm die Sicherheitspolizei des Landes Verbindung zur Gestapo auf, um ein gemeinsames Vorgehen gegen kommunistische Umtriebe zu koordinieren.[180] Der brasilianische Präsident Vargas bemühte sich um sehr freundschaftliche Beziehungen zum Deutschen Reich. Er gestattete allerdings keine Aktivitäten von Funktionären der Auslandsorganisation der NSDAP in seinem Land.

Im Zeichen zunehmender politischer Spannungen in Europa warnte Churchill bereits in einer Radioansprache im Oktober 1938 davor, »...daß auch in Südamerika das NS-Regime damit beginne, die brasilianische Gesellschaft zu unterminieren...«[181] Verfügte aber das Deutsche Reich auf dem nord- bzw. südamerikanischen Kontinent über territoriale Interessen? Abgesehen davon, daß die wirtschaftlichen und militärischen Instrumente Deutschlands zu keinem Zeitpunkt zu Durchsetzung solcher »Interessen« ausreichten, hatte Hitler in seiner Sportpalastrede vom 30. Januar 1941 territoriale Interessen des Reiches in Amerika nachdrücklich ausgeschlossen.[182]
Die Interessen der USA in Südamerika, insbesondere aber Brasilien, gingen allerdings weit über den rein wirtschaftlichen Bereich hinaus. Sie wollten es nicht hinnehmen, daß sich eine europäische Großmacht auf ihrem »Hinterhof« festsetzte. Aus diesem Grund beobachtete die US-Politik auch jede mögliche wichtigere wirtschaftliche Einflußnahme, wie eine starke Ausweitung des Handels insbesondere Brasiliens mit einer solchen Großmacht wie Deutschland, sehr mißtrauisch. Dieses nicht zuletzt deshalb, weil die Amerikaner befürchteten, daß von möglichen ausländischen Stützpunkten im Nordosten des Landes die Natal-Enge gesperrt und der Südatlantik auf diese Weise abgeschnürt werden könnte. Die Flugzeit aus diesem Gebiet nach Afrika betrug nur wenige Stunden. Diese strategischen Überlegungen waren für die USA der Grund, die politische Entwicklung in Brasilien mit großer Aufmerksamkeit zu verfolgen.
Für den deutschen Nachrichtendienst war Brasilien als Beobachtungsbasis von besonderer Bedeutung. Es ging hier allerdings nicht darum, Informationen über die-

---

180 Vgl. Hilton, Stanley E., Brazilian Diplomacy and the Rio de Janeiro Axis during World War II Era, in: Hispanic America Review LIX May 1979,   S. 203/204.
181 Zitiert nach der New York Times v. 17. Oktober 1938.
182 Domarus, Max, Hitlers Reden und Proklamationen, Bd. 4, Leonberg 1988, S. 1660.

ses Land zu sammeln, die in einer späteren militärischen Auseinandersetzung mit Brasilien verwendet werden konnten. Die Aufgabe deutscher nachrichtendienstlicher Arbeit bestand vielmehr in der Beobachtung möglicher militärischer Gegner Deutschlands wie England und seiner Verbündeten. Hierbei waren Meldungen über Schiffsbewegungen für einen deutschen U-Boot-Einsatz gegen die Schiffe des Gegners von großer Bedeutung. Die nicht sehr große Zahl der deutschen U-Boote gestattete keinen ziellosen Einsatz in den Weiten des Südatlantiks. Es mußte der deutschen Seekriegsleitung daher darauf ankommen, ihre Boote aufgrund nachrichtendienstlicher Informationen in einem bestimmten Seegebiet gezielt gegen die gegnerischen Schiffe einsetzen zu können. Unter Umständen konnten die deutschen U-Boote sogar auch durch in brasilianischen Häfen liegende V-Schiffe (Versorgungsschiffe) mit Treibstoff und Lebensmitteln versorgt werden. Hierdurch wurde es möglich, ihre Einsatzzeiten erheblich zu verlängern, wodurch wiederum ihre relativ geringe Zahl ausgeglichen werden konnte.

Die weitere Aufgabe deutscher Agenten in Brasilien bestand darin, wirtschaftliche und militärische Informationen aus den USA zu beschaffen und diese auf den verschiedensten Wegen nach Deutschland weiterzuleiten. Zeitweise mußten auch Nachrichten deutscher Agenten aus anderen südamerikanischen Staaten über Brasilien nach Deutschland weitergeleitet werden. 1939-1942 waren die Agenten in Brasilien die wichtigste Quelle der Abwehr in Südamerika. Nachdem sie 1942 aufgeflogen waren, gewann die Nachrichtenorganisation des Amtes VI/Reichssicherheitshauptamt in Argentinien an Bedeutung. Der Leiter dieses Netzes »Sargo« war Hans Siegfried Becker, der auch nach Beendigung des Krieges von den Alliierten nicht gefaßt werden konnte.

Als Agenten wurden von der Abwehr, von wenigen Ausnahmen abgesehen, zahlreiche, vornehmlich in Brasilien tätige deutsche Geschäftsleute, die mit der Sprache ihres Gastlandes und den Verhältnissen dort vertraut waren, bevorzugt angeworben. Dieser Personenkreis verfügte auch über entsprechende wirtschaftliche Beziehungen, über die relativ leicht an die Abwehr interessierende Informationen heranzukommen war. Dem Amt Ausland/Abwehr entstanden durch diese Geschäftsleute, wenn überhaupt, nur sehr geringe Kosten, da die Männer aus patriotischer Überzeugung in der Regel ohne Bezahlung arbeiteten. Hierbei ging die Abwehr von dem Grundsatz aus, daß es wichtiger war, zahlreiche wenig ausgebildete als nur wenige gut geschulte Agenten einzusetzen. Überdies war die Abwehrzentrale der Meinung, daß viele Agenten schwerer auszuheben waren als nur einige wenige.[183] Außerdem gelangten durch eine größere Zahl von Spionen auch mehr Informationen nach Deutschland, aus denen sich vielleicht auch ein klareres Bild ergab. Verluste unter den »Freizeitagenten« fielen aufgrund ihrer größeren Zahl weniger ins Gewicht und konnten schneller ersetzt werden. Wurden gut ausgebildete Agenten verhaftet, erhielt die Abwehr keinerlei Meldungen mehr. Überdies waren sie erheblich schwerer ersetzbar.

Zur Übermittlung von Nachrichten wurden den V-Männern (Vertrauensmännern) folgende Mittel an die Hand gegeben: Die Benutzung von unsichtbarer Tinte, die aus

---

183 Vgl. Ritter, Nikolaus, Offizier im Geheimen Nachrichtendienst, Hamburg 1972, S. 35.

einer in Alkohol aufgelösten Pyramidontablette hergestellt werden konnte. Der »Mikropunkt«, der es mit Hilfe einer entsprechenden Ausrüstung gestattete, eine Seite beschriebenen Papiers auf die Größe eines Punktes zu verkleinern und sie in einem Brieftext zu verstecken. In Deutschland wurde die normale Seitengröße dann wiederhergestellt. Das 13 kg schwere AFU (Agentenfunkgerät) ermöglichte relativ einfach, eine Funkverbindung mit der Abwehrfunkstelle in Hamburg herzustellen. Die Abwehr vernachlässigte allerdings bei der Organisation ihrer bis Mitte 1941 zehn Nachrichtennetze in Brasilien einen wesentlichen Grundsatz der geheimdienstlichen Tätigkeit: Die Agenten sollten einander nicht kennen, sie und ihre Netze untereinander keine Verbindung haben. Die Nichtbeachtung dieser nachrichtendienstlichen Regel verschaffte dem Gegner später unter anderem die Möglichkeit, die deutschen Netze in Brasilien relativ schnell aufzurollen.

Die politischen Beziehungen zwischen dem Deutschen Reich und Brasilien waren zu Beginn des Zweiten Weltkrieges gut. Der Vetter des brasilianischen Außenministers Cyro de Freitas-Valle trat sein Amt als Botschafter seines Landes am 1. September 1939 in Berlin an. Wenig später nahm der neue deutsche Botschafter in Brasilien, Dr. Curt Prüfer, seine Tätigkeit in Rio de Janeiro auf.

Durch die kriegsbedingte Seeblockade Englands wurde der Handel Brasiliens mit Deutschland unterbrochen. Hierdurch mußte zwangsläufig der Einfluß der USA in diesem südamerikanischen Land größer werden, weil nur die Vereinigten Staaten in der Lage waren, Brasilien dringend benötigte Industriegüter und militärische Ausrüstung für die Armee zu liefern. Gleichzeitig aber konnten auch nur sie den Brasilianern die Produkte abnehmen, die diese bis zum Kriegsausbruch an Deutschland verkauft hatten.

Mit wachsender politischer Spannung zwischen den USA und dem Deutschen Reich wegen der amerikanischen Unterstützung Englands mit kriegswichtigen Gütern nahm nicht nur das Bemühen der Amerikaner um Stützpunkte in Nordostbrasilien zu, sondern auch ihr politischer Einfluß. Die deutsche Diplomatie hatte dem nur wenig entgegenzusetzen. Der Zeitpunkt war daher absehbar, zu dem Brasilien gezwungen war, seine Neutralität aufzugeben. Spätestens zu diesem Zeitpunkt mußte der Einfluß wichtiger mit Deutschland sympathisierender Männer in der Regierung wie dem Kriegsminister General Dutra, dem Chef des Generalstabes, General Monteiro und dem Polizeichef Müller zurückgehen. Dann aber mußte die Arbeit der deutschen Agentennetze außerordentlich schwierig werden, weil insbesondere Müller selbst bei schwerwiegenden Verdachtsmomenten gegen deutsche Agenten nur sehr zögerlich vorging.

2. Die amerikanischen Überlegungen und Gegenmaßnahmen

Nach der Münchener Konferenz gelangte Roosevelt zu der Überzeugung, daß die USA zum ersten Mal seit der »Heiligen Allianz«[184] aufgrund der deutschen Expan-

---

184 1815 zwischen Rußland, Preußen, Österreich; Zweck: Erhaltung des status quo.

sion in Europa im Norden wie auch im Süden bedroht werden könnten. Im Januar 1939 überlegten amerikanische Militärplaner, wie die USA im Fall einer deutschen militärischen Intervention in Brasilien reagieren sollten.[185] Die amerikanischen Überlegungen in bezug auf ein deutsches militärisches Eingreifen gingen von gänzlich unrealistischen Voraussetzungen aus. Das Deutsche Reich verfügte weder über eine ausreichend große Flotte für solche Operationen noch über eine genügende Anzahl von Flugzeugen entsprechender Größe und Eindringtiefe. Auch den US-Politikern und -Planern dürften diese Sachverhalte bekannt gewesen sein, so daß die USA eine solche deutsche Invasion ernsthaft nicht angenommen haben dürften. Daß trotzdem entsprechende Planungen durchgeführt wurden und in Verbindung damit auch politischer Druck auf die brasilianische Regierung ausgeübt wurde, läßt die Vermutung zu, daß es den USA hier lediglich um die massive Ausweitung ihrer militärischen und wirtschaftlichen Einflußsphäre einschließlich des Gewinns militärischer Stützpunkte ging. Die Militärplaner in Washington nahmen an, daß deutsche Flugzeuge von Afrika aus auf von deutschen Sympathisanten in Brasilien vorbereiteten Flugplätzen landen würden. Hier gelandete Soldaten könnten dann zusammen mit Angehörigen der deutschen Volksgruppe und brasilianischen Faschisten eine gefährliche Aufstandsbewegung in Gang setzen. Als Ergebnis dieser amerikanischen Befürchtungen wurde der Plan »Rainbow« vorbereitet, der die Niederschlagung eines solchen Aufstandes vorsah und gleichzeitig den Nordosten Brasiliens zum Verteidigungsbereich der USA erklärte.[186]

Nach Ausbruch des Krieges vergrößerte sich die Sorge der Amerikaner wegen eines von ihnen möglich gehaltenen deutschen Angriffs auf die brasilianische Küste, die über weite Strecken unbewacht war. Überdies befürchteten sie, daß deutsche U-Boote von hier aus leicht versorgt werden könnten. Auch diese Sorge diente dazu, der US-Marine wenig später die brasilianischen Gewässer für ihre »Neutralitätspatrouille« zu öffnen und damit zu kontrollieren.

Nach den erfolgreichen deutschen Feldzügen des Jahres 1940 befürchteten die USA, daß sich das Deutsche Reich nach dem Erreichen seiner Ziele in Europa gegen Südamerika wenden würde. Im Mai 1940 drückte Washington daher der brasilianischen Regierung gegenüber die tiefe Besorgnis wegen der der Nordost-Spitze Brasiliens vorgelagerten Insel Fernando de Noronha aber auch Natal aus, da beide Gebiete jetzt in der Reichweite deutscher Bomber liegen würden, die nun von Westafrika starten könnten, um Soldaten und Ausrüstung in diese brasilianischen Gebiete zu fliegen.[187] Ende Mai 1940 gab London ungeprüfte Gerüchte nach Washington weiter, wonach 6.000 überzeugte Nationalsozialisten auf Handelsschiffen nach Brasilien gebracht

185 Vgl. Hilton, Standly E., Brazil und the Great Powers, 1930-1939 The Politics of Trade Rivaltry, Texas University Press 1975, S. 195.
186 Vgl. Hilton, a.a.O., S. 199-203; Watson, Mark S., Chief of Staff Prewar Plans and Preparations, Washington D.C. 1950, S. 94.
187 Diese Strecke von hier und zurück insgesamt 6.000 km konnte lediglich von wenigen deutschen Flugzeugen bewältigt werden.

werden sollten, um mit der deutschen Volksgruppe zusammen das Vargas-Regime mit dem Ziel zu stürzen, eine faschistische Regierung zu errichten.[188] Aufgrund allein dieses Gerüchtes planten die USA das »Unternehmen Pot of Gold«, wonach durch eine Luftbrücke kurzfristig 10.000 Soldaten nach Nordost-Brasilien gebracht werden sollten. 100.000 weitere Soldaten waren für einen nachgeführten Seetransport vorgesehen. Die Sorge der Amerikaner um Brasilien wurde nach dem Beginn der »Luftschlacht um England« größer. Der Unterstaatssekretär im State Department Berle meinte, nach dem Erreichen der völligen deutschen Hegemonie in Europa werde das Reich zu einer Zangenbewegung gegen die USA ansetzen, im Norden über Norwegen, Island und Neufundland und im Süden von Dakar aus über Brasilien.[189] Am 24. Juni 1940 billigte Roosevelt den Vorschlag des FBI-Chefs Hoover, den »Special Intelligence Service« (SIS) als Zweigorganisation des FBI einzurichten. Die Aufgabe dieses Dienstes bestand darin, Agenten der Achsenmächte und deren Einflüsse in Südamerika aktiv zu bekämpfen. Wenige Wochen später befanden sich bereits die ersten Agenten des SIS in Brasilien, Argentinien und Mexiko im Einsatz. Im Gegensatz zur Abwehr konnte der SIS über sehr große finanzielle Mittel verfügen.[190] Gleichzeitig wurden die britisch-amerikanischen Dienste im April 1940 durch die Entsendung von William Stephenson koordiniert. Dieser richtete für die Zusammenarbeit mit den Amerikanern die British Security Coordination (BSC) im New Yorker Rockefeller Center ein.[191]
Auch Stephenson schickte sehr bald weitere Agenten zu den bereits in Südamerika tätigen britischen Agenten, so daß der Chef des brasilianischen Generalstabes im Dezember 1940 äußerte, in seinem Land wären über 100 britische Agenten unbelästigt tätig.[192] Hinzu kam eine unbekannte, sicherlich sehr große Zahl von Informanten, die diesen Geheimdienstangehörigen zuarbeiteten.
Im August 1940 verfügte Präsident Roosevelt die Einrichtung des Büros des Koordinators für Inter-Amerikanische Angelegenheiten unter Nelson Rockefeller. Seine Aufgabe bestand darin, die Abwehrmaßnahmen auf dem Gebiet des Handels in Nord-, Mittel- und Südamerika zu koordinieren. Als eine der ersten Maßnahmen wurden achsenfreundliche Mitarbeiter in US-Firmen, die in diesen Ländern arbeiteten, festgestellt und entfernt. Die Aufstellung »Schwarzer Listen« war das weitere Ergebnis der Arbeit von Rockefellers Organisation. Auf diese Listen wurden Firmen gesetzt, die mit den Achsenmächten direkt oder indirekt Handel trieben. Aber auch solche, deren Inhaber deutsche Staatsbürger waren oder Deutsche, die zwar die Staatsangehörigkeit des Gastlandes angenommen hatten, aber trotzdem der Achsenfreundlichkeit verdächtigt wurden. Die Amerikaner setzten bei diesem Unternehmen viele Millionen Dollar ein, um Firmen und Produkte ihrer Gegner, die in der

188 Aufgrund der britischen Seeblockade wäre es wohl kaum möglich gewesen, solche Schiffe unbeschädigt nach Brasilien zu bekommen. Nachschub hätte ebenfalls nicht nachgeführt werden können.
189 Vgl. Beatrice B. Berle u. Travis Jacobs (Hrsg.), Navigating the Rapids 1918-1971. From the Papers of Adolf A. Berle, NY 1973, S. 293, 318, 302.
190 Vgl. Whitehead, Don, The FBI-Story: A Report to the People, NY 1956.
191 Vgl. Stephenson, William, A Man called Intrepid, NY 1976; Hyde, H. Montgomery, The Story of the British Intelligence Center in New York, During WW II, NY 19..
192 Vgl. Hilton, Stanley, E., Hitlers Secret War in South America, Louisiana 1981, S. 198.

Regel auch ihre wirtschaftlichen Konkurrenten waren, auf diese Weise vom Markt zu drängen.[193] Diese Investition der USA lohnte sich, da sie auch damit rechnen konnten, die auf diese Weise eroberten Märkte auch nach dem Krieg beherrschen zu können.

3. Die Agentennetze in Brasilien[194]

»Alfredo«

»Alfredo« war der Agentenname für Albrecht Gustav Engels, der 1923 nach Brasilien gegangen war. Engels hatte 1934 die brasilianische Staatsbürgerschaft erworben und war einer der Direktoren der AEG für Südamerika geworden. Wahrscheinlich wurde er im Frühjahr 1939 von der Abwehr in Brasilien angeworben. Da er den Ersten Weltkrieg als Leutnant mitgemacht hatte, galt er dem Amt Ausland/Abwehr als zuverlässig. Anläßlich eines Deutschlandbesuchs im Sommer 1939 erhielt er eine kurze Agentenausbildung. Nach seiner Rückkehr begann Engels Nachrichten an seinen Führungsoffizier nach Deutschland abzugeben. Seine Meldungen betrafen hauptsächlich die industrielle und militärische Produktion der USA sowie den Handel der Vereinigten Staaten mit Südamerika. Seine Informationen erhielt er durch seine Geschäftskontakte und aus noch allgemein zugänglichen Veröffentlichungen. Er gab diese Meldungen brieflich an seinen Führungsoffizier weiter, wobei für bestimmte militärische und industrielle Begriffe Tarnbezeichnungen verwendet wurden. Die Briefe gingen per Luftpost mit der italienischen Luftlinie LATI (Linee Aeree Trancontinentali Italiane) nach Rom und von dort an eine Berliner Deckanschrift. Nach der Niederlage Frankreichs und der Zunahme der britischen Schiffsverluste durch den Einsatz deutscher U-Boote leiteten die Engländer einen Teil ihres aus den USA kommenden und für den Nahen und Fernen Osten bestimmten Nachschubs über Brasilien und Südafrika. Meldungen über diesen Schiffsverkehr mußten aber, um der deutschen U-Bootführung die Möglichkeit zu verschaffen, ihre Boote entsprechend einsetzen zu können, schnell nach Deutschland durchgegeben werden. Dieses war aber nur auf dem Funkweg möglich. Engels sträubte sich zunächst gegen den Aufbau einer solchen Funkbrücke, da er nicht als Funker ausgebildet worden war. Daraufhin wurde ein Offizier des Reichssicherheitshauptamtes (RSHA), der bislang in Buenos Aires gearbeitet hatte, zu Engels geschickt, um diesen zu bitten, der Einrichtung der geplanten Funkverbindung zuzustimmen. Obersturmführer Siegfried Becker hatte den Auftrag, ein Agentennetz in Rio de Janeiro aufzubauen. Engels fiel dabei lediglich die Aufgabe eines Kontaktmannes für die Agenten zu, die für einen Einsatz in anderen südamerikanischen Ländern und den USA vorgesehen waren. Außerdem sollte er ihnen ihre Zahlungsmittel aushändigen. Über den Marineattaché der deutschen Botschaft in Rio de Janeiro, Korvettenkapitän Bohny, wurde Engels ein Zugang zum Diplomatenpostweg und dem Diplomatenfunk eingeräumt. Der Kontakt zur diplomatischen Vertretung wurde durch den Botschaftsangestellten Gustav Glock aufrechterhalten. Seinen Briefverkehr mit der Abwehr ließ

193 Vgl. Medlicott, W.N., The Economic Blocade, 2 Bd., London 1952 und 1959 Bd. 2, S. 126 ff.
194 Vgl. hierzu insgesamt: Hilton, Stanley, Hitlers Secret War, a.a.O.

Engels jetzt über das Postfach eines Geschäftsfreundes laufen. Dieses Fach wurde auch anderen Agenten als Briefanschrift angegeben.

Im August 1940 nahm Engels in Mexiko persönlich Kontakt zu den dortigen Vertretern der Abwehr auf und organisierte dort die Weiterleitung von Nachrichten aus den USA an sich selbst. Diese Meldungen wurden entweder mit unsichtbarer Tinte oder kodiert verfaßt. Vorrangig war die Abwehr an Schiffsbewegungen aus Amerika nach England und der Produktion von Rüstungsgütern in den Vereinigten Staaten interessiert. Bis in das Frühjahr 1941 hinein leitete Engels weiterhin seine Nachrichten an die Abwehr auf dem Postweg weiter. Hierzu benutzte er auch zunehmend den »Mikrodot«.[195]

Da offensichtlich bislang immer noch kein Funkgerät in Rio de Janeiro vorhanden war[196], drängte die Abwehr zunehmend, wegen des zu langen Übermittlungsweges, ein solches Gerät zu beschaffen und aufzustellen. Für die Errichtung einer Funkbrücke nach Deutschland standen in der brasilianischen Hauptstadt zwei Fachleute zur Verfügung: Hans Muth, ein Elektroingenieur, der auch als Berater für die brasilianische Marine tätig war, erklärte sich bereit, der Gruppe Engels/Becker zu helfen. Durch die Bekanntschaft mit ihm stieß Benno Sobisch, ein U-Bootfunker aus dem Ersten Weltkrieg, zu Engels.

»Alfredo« war es zwischenzeitlich gelungen, Ernst Ramus, einen Funkfachmann und Angestellten der AEG, und Herbert von Heyer, der in der Frachtabteilung der Firma Wille beschäftigt war, anzuwerben. Letzterer war zwar in Brasilien geboren, hatte aber während des Ersten Weltkrieges als Feldwebel im kaiserlichen Heer gedient. Seine Vertrauenswürdigkeit stand daher außer Zweifel. Er erhielt den Auftrag, über gegnerische Schiffsbewegungen zu berichten. Von Heyer wurde in der Folgezeit der engste Mitarbeiter von Engels und erhielt den Tarnnamen »Humberto«. Engels warb in dieser Zeit auch Hans Meier, der bei der Firma Stoltz beschäftigt war, an. Ihm wurde die Aufgabe zugewiesen, über gegnerische Schiffsbewegungen und ihre Ladung zu berichten.[197]

Die Abwehr war aber auch offenbar an der Beantwortung wichtiger politischer Fragen durch ihre Agenten in Brasilien interessiert. So war Engels anläßlich des Abschlusses des Dreimächtepaktes vom 27. September 1940 nach der entsprechenden Reaktion der südamerikanischen Regierung auf diese Kriegsausweitung[198] gefragt worden. Er meldete am 29. September 1940:

»Sofortige Lagebeurteilung nur über Brasiliens Haltung möglich. Brasilien nimmt offiziell keine eigene Stellung zu Dreierpakt ein, sondern nur in Verbindung mit Auswirkung desselben auf die Vereinigten Staaten. Verteilung des Kräfteverhältnisses ist Abstimmung der Generalität mit Heer und Admiralität mit Flotte auf Deutschland, dagegen Außenminister ganz auf Seiten USA, während Präsident neutral. End-

---

195 Ein Verkleinerungsverfahren, mit dessen Hilfe eine DIN-A-4 Seite auf Punktgröße verkleinert werden und in einem Brief unverdächtig versteckt werden konnte.
196 Die Gründe hierfür sind nicht bekannt.
197 Vgl. FBI-Report: German Espionage in Latin America, Juni 1946, FRC, RG 319, Box 484.
198 Offenbar wollte man sich in Berlin in dieser Frage nicht nur auf die Meldungen der eigenen Diplomaten verlassen.

gültige Entscheidung abhängt von diesem Kräfteverhältnis, also Widerstand der brasilianischen Wehrmacht einerseits und Bedeutung der Besprechungen mit den USA andererseits. Vertreter Brasiliens hat in diesen den Auftrag, auf alle Fälle Brasiliens Neutralität zu erhalten...«[199]

Die Abwehrzentrale verlangte dringend auch nach Informationen über die sogenannte amerikanische »Neutralitätspatrouille«, die mit Genehmigung der brasilianischen Regierung den Hafen von Recife benutzte. Die Aufgabe dieses Flottenverbandes bestand darin, das Seegebiet zwischen Trinidad, Kap Sao Roque und den Kapverdischen Inseln zu überwachen. Die Informationen waren für den Einsatz deutscher U-Boote in diesem Seegebiet sehr wichtig. Die alliierten Nachschubschiffe für den Nahen Osten liefen wegen der zunehmenden U-Boot-Gefahr nicht mehr über den Nordatlantik, sondern von den USA unter der mittel-, dann süd-amerikanischen Küste bis auf die Höhe der Natal-Enge, um von hier aus den Atlantik zu überqueren. Nachdem Engels bereits am 11. Juli 1941 gemeldet hatte: »...zu dem gemeldeten USA Flottenverband in Bahia gehören auch Kreuzer »Cincinnati« und Zerstörer »Warrington«. Verband wird als Patrouille der Neutralität bezeichnet...«[200] berichtete er am 25. September 1941 zu diesem Sachverhalt: »...23.9. aus Recife für Südatlantik Patrouille USA Kreuzer ›Milwaukee‹, USA-Zerstörer ›Warrington‹ am 24.9. in Recife ein USA Kreuzer ›Ohama‹, USA Zerstörer ›Samora‹, Marine-Tanker ›Kaweah‹.«[201]

Weitere Informationen forderte die Abwehr nun auch über den Ausbau der Flugplätze im Norden des Landes an. Diese wurden erheblich erweitert, um sie jetzt auch für den militärischen Flugverkehr nutzen zu können. Amerikanische Nachschubgüter zur Unterstützung der Engländer im Nahen Osten wurden auf diesem Weg transportiert. Da aber diese Flugzeuge einen Zwischenlandeplatz brauchten und die Flugdichte für Nachschubflüge erheblich zunahm, mußten diese Flugplätze sehr schnell ausgebaut werden. Aus diesem Grund war es sehr wichtig, eine Zelle des Netzes auch in Recife einzurichten, um hierdurch eine ständige Beobachtung der Entwicklung im Norden zu gewährleisten. Im Juli reiste »Humberto« nach dort, um Hans Sievert, einen Teilhaber der Firma Stoltze, anzuwerben. Dieser hatte die Aufgabe, seine Nachrichten durch die Post in mit geheimer Tinte geschriebenen Briefen nach Rio de Janeiro zu schicken, womit Siebert auch einverstanden war... Von Heyer gelang es allerdings nicht, einen Funker in der Stadt zu finden, der die Nachrichten schneller in die brasilianische Hauptstadt hätte durchgeben können. »Humberto« warb in Natal allerdings einen italienischen Mechaniker der LATI an, der sich bereit erklärte, laufend über den weiteren Ausbau der amerikanischen Flugplätze und den Nachschubflugverkehr zu berichten.[202]

---

199 OKW/Abw.I M/Ast.Hbg.B.Nr. 7014/40 IM v. 29.9.40/BA-MA RW 49/558. Engels teilte der Abwehr hier das Kräfteverhältnis innerhalb der brasilianischen Regierung mit: Auf der einen Seite stand die Führung der Streitkräfte mit starken Sympathien für das Deutsche Reich. Demgegenüber der Außenminister, der den Alliierten zuneigte. Präsident Vargas war zunächst ausschließlich an der Erhaltung der Neutralität seines Landes interessiert.

200 Amt Ausl.Abwehr IM Ast.Hbg.B. Nr. 4142/41 v. 11.7.41/BA-MA RW 49/558.

201 Amt Ausl.Abwehr IM Ast.Hbg.B. Nr. 5698/23.9.41 BA-MA RW 49/558.

202 Vgl. FBI-Report, a.a.O.

Sobisch und Ramus war es in der Zwischenzeit gelungen, aus in Rio de Janeiro ge-
kauften Einzelteilen ein Funkgerät zusammenzubauen. Nach einer entsprechenden
Einweisung wurde Ramus der Funker der Gruppe Engels. Am 19. September 1941
ging der erste Funkspruch an die Abwehr: »Ast. X meldet erfolgreiche Herstellung
der Funkverbindung mit MK (Meldekopf, d.Verf.) Brasilien am 19.3.41 um 04.00
MK meldet Beschaffung der engl. Ebbe-Flut-Tabellen aus Archiv der brasilianischen
Admiralität. Tabellen, in wichtigsten Teilen fotografiert, befinden sich wieder im Archiv. Negative mit nächster Lati Post.«[203] Wichtige Nachrichten konnten jetzt schnell
auf dem Funkweg nach Deutschland übermittelt werden. Gleichzeitig wuchs aber
auch die Gefahr der Entdeckung des Netzes dadurch, daß der Sender, was Engels
nicht wußte, von den Amerikanern angepeilt wurde, was später auch zum Auffliegen des Netzes beitrug.
In der Zwischenzeit war es der Gruppe gelungen, einen für die Polizei als Überset-
zer arbeitenden Portugiesen als Informanten zu gewinnen. Über ihn erfuhr Engels,
wer von den Beamten im Polizeihauptquartier als deutschfreundlich eingeordnet
werden konnte. Überdies beherrschte dieser aus Goa stammende neue Mitarbeiter
Hindi und erfuhr so von indischen Besatzungsangehörigen englischer Schiffe Wesentliches insbesondere über die Ladung.
Da es den Amerikanern gelungen war, nahezu alle deutschen Agenten in den USA
zu verhaften, verlangte die Abwehr immer mehr Informationen von Engels über die
Vereinigten Staaten, insbesondere aber über die US-Aufrüstung. Hierbei war die
Flugzeugproduktion und die Anzahl der den Engländern über Brasilien nach Nord-
afrika gelieferten Flugzeuge von besonderem Interesse.
Im Oktober 1941 meldete Engels, daß eine amerikanische Militärmission unter Ge-
neral Lehman W. Miller mit der brasilianischen Regierung über die Verlegung von
US-Truppen nach Nordost-Brasilien verhandelte. Gleichzeitig wünschten die Ame-
rikaner, eine brasilianische Beteiligung an der von ihnen geplanten Besetzung von
Niederländisch Guayana und den Azoren. Die Regierung in Rio de Janeiro lehnte
diese US-Vorschläge aber ab.[204]
Im Herbst 1941 kam der für Engels in den USA tätige Agent Popov (»Ivan«) nach
Rio de Janeiro. Er erhielt aufgrund von an Engels gegangene Anfragen der Abwehr
folgenden Auftrag: Bei drei US-Firmen, die mit Uranium handelten, festzustellen,
wie sie das Uranerz verarbeiteten, um welche Mengen es sich dabei handelte, wie
sie es lagerten und an wen sie es lieferten. Offenbar interessierte sich die Abwehr
bereits zu diesem Zeitpunkt für das Atomprogramm der USA. Da die Fragen zu diesem Komplex mehrere Schreibmaschinenseiten umfaßten, schlug Engels »Ivan«
vor, diese mit einem »Microdot« zu verkleinern und sie ihm dann brieflich zu übersenden. Ein entsprechendes Gerät sollte ihm über von Engels bezahlte Männer in
Kanada übergeben werden, wo »Ivan« es sich abholten mußte.[205]
Die Netze der Abwehr in Mexiko und Ecuador benutzten den Engels-Ring zeitweise

203 Ast.Hbg.B. Nr. 1402/41 IM v. 19.3.41/BA-MA RW 49/558.
204 Vgl. Engels an Abwehr/Ast.Hbg.B. Nr. 5772 v. 10.10.41/BA-MA RW 49/558.
205 Vgl. Popov, Dusko, Spy and Counterspy, The Autobiography of Dusko Popov, N.Y. 1974,
    S. 183-186.

als »Briefkasten«. Sie gaben ihre Meldungen nach Rio de Janeiro ab und Engels leitete sie dann nach Deutschland weiter. »Alfredo« und seine Organisation hatte daher für die Abwehr in Südamerika eine zentrale Rolle erlangt.

»Salama«

Ein weiterer Ring wurde von Theodor Schlegel, einem Vertreter einer deutschen Stahlfirma in Rio de Janeiro, aufgebaut. Er erhielt den Agentennamen »Salama«. Auch er hatte als Offizier im Ersten Weltkrieg gedient und wurde anläßlich einer Deutschlandreise 1939 von der Abwehr angeworben. Seine Wirtschaftsinformationen sammelte er mit Hilfe seiner umfangreichen Geschäftsverbindungen und aufgrund eigener Beobachtungen. Als Mitarbeiter gewann er den Rechtsanwalt seiner Firma, Karl Thielen. Dieser erhielt den Agentennamen »Torres«.

»Salama« begann seine Arbeit zu Beginn des Jahres 1940. Wann er Kontakte zu Engels aufnahm, ist unklar. »Alfredo« gab jedoch wichtige Nachrichten von Schlegel auf seinem Funkgerät nach Deutschland weiter. Später beschaffte sich »Salama« jedoch ein eigenes Gerät, das er im Haus von Thielen aufstellte. Bei der Inbetriebnahme half ihm der in der gleichen Straße wohnende Sobisch.[206] Schlegel übernahm den im Frühjahr 1940 aus Japan kommenden Abwehragenten Georg Knäpper, der später durch Rolf Trautmann, einen Angestellten der Firma Schlegels, ersetzt wurde.[207] Dieser war als Armeefunker ausgebildet worden.

Als Schlegel im Sommer 1940 nach Deutschland reiste, erhielt er von der Abwehr die Weisung, auch in Recife einen Beobachtungsposten einzurichten. Hierfür gewann er Erwin Backhaus, einen Angestellten seiner Firma. Dieser bezog in Recife Stellung und bekam die Aufgabe, über Schiffsbewegungen und die militärischen Aktivitäten der Amerikaner in NO-Brasilien zu berichten. Seine Nachrichten gab er in mit unsichtbarer Tinte geschriebenen Briefen an Schlegel weiter.

»Grillo«

Ein weiteres Netz wurde von Othmar Gamillscheg, einem deutsch-österreichischen Geschäftsmann, organisiert. Auch er hatte im Ersten Weltkrieg als Offizier gedient. Seine Landes- und Sprachkenntnisse hatte er sich als Direktor der Junkers-Werke für Südamerika erworben. 1935 war er aber nach Deutschland zurückgekehrt und hatte die Stellung eines Exportdirektors in einem Stahlwerk angenommen. Nach Kriegsausbruch meldete er sich freiwillig zum Dienst in der Wehrmacht, wurde aber sehr bald aus Altersgründen entlassen. Nach diesem Ausscheiden aus dem Wehr-

---

206 Die Kontaktaufnahme der Agenten verschiedener Netze untereinander verstieß gegen die Regeln der Geheimdienstarbeit und führte später zu ihrer raschen Entdeckung.
207 Vgl. Hilton, a.a.O., S.49.

dienst stellte er sich der Abwehr freiwillig für einen Einsatz in Brasilien zur Verfügung und flog Ende Juli 1941 nach Rio de Janeiro. Gamillscheg erhielt den Decknamen »Grillo«. Sein Auftrag: die Organisation eines weiteren Agentennetzes.[208] Nach seiner Ankunft meldete er sich bei Engels, dessen Namen und Anschrift er in Berlin erhalten hatte.[209]

»Alfredo« sollte die ihm von »Grillo« übergebenen Nachrichten nach Deutschland funken. Gamillscheg gewann als Helfer Adalberto Wamszer, einen ehemaligen Offizierskameraden aus der österreichischen Armee. Dieser arbeitete im Büro seines Bruders in Rio de Janeiro. Bis zum Ende des Jahres hatte »Grillo« zwar keine wesentlichen Nachrichten nach Deutschland abgegeben, sich wohl aber in der brasilianischen Hauptstadt etabliert.

»King«

Friedrich Kempter war 1923 nach Brasilien gekommen. Er war dort verschiedenen Tätigkeiten nachgegangen. Ab 1938 arbeitete er bei einem kleinen Wirtschaftsinformationsdienst, der deutsche am Brasilienhandel interessierte Firmen mit Wirtschaftsdaten über das Land versorgte. Zu Beginn des Krieges wurde diese Firma geschlossen. Kempter, um im Geschäft zu bleiben, belieferte einige der Kunden weiter mit den gewohnten Informationen. Über einen seiner Kunden trat die Abwehr, zunächst verdeckt, an ihn heran, um ihm anzubieten, auch für sie zu arbeiten.[210] Der ihm erteilte Auftrag bestand zunächst darin, über Schiffsbewegungen und den englischen Handel mit Südamerika zu berichten. Kempter erhielt den Decknamen »King«. Im Februar 1940 wollte »King« dann seinen eigenen Wirtschaftsdienst gründen, wofür ihm allerdings das nötige Kapital fehlte. Er suchte daher in einer deutschsprachigen Zeitung einen Teilhaber[211] und fand auf diese Weise den gebürtigen Wiener Heribert Müller. Sie nannten ihre Firma »Wirtschaftsschnelldienst«, der von der Abwehr den Decknamen »Rita« bekam. Nachdem »King« Müller näher kennengelernt hatte, teilte er ihm, mit Genehmigung der Abwehr, mit, für wen er tatsächlich arbeitete. Müller erklärte sich bereit, ebenfalls für die Abwehr tätig zu werden. Von Berlin erhielt er den Decknamen »Prinz«. Die mit Luftpost nach Berlin abgegebenen Meldungen von »Rita« enthielten Nachrichten über den Handelsschiffsverkehr, die Bewegungen britischer Kriegsschiffe und die militärischen Aktivitäten der USA in NO-Brasilien.
Da Berlin mit der Arbeit von »King« sehr zufrieden war, wurde er im Sommer 1940 beauftragt, nach Buenos Aires zu fliegen, um dort Verbindung zu in Argentinien arbeitenden Agenten aufzunehmen. Bei dieser Kontaktaufnahme wurde gemäß den Weisungen der Abwehr vereinbart, daß die Agentenberichte, die weitgehend den bri-

---

208 Vgl. FBI-Report Totalitarian Activities – Brazil Today, December 1942, NA RG 59.
209 Auch dieser Kontakt war eine Verletzung der geheimdienstlichen Regeln.
210 Vgl. FBI-Report Totalitarian, a.a.O.
211 Es bleibt unklar, weshalb er das Startkapital nicht von der Abwehr erhielt.

tischen Schiffsverkehr betrafen[212], zu Kempter nach Rio de Janeiro geschickt und von diesem dann nach Deutschland weitergeleitet werden sollten. Zur gleichen Zeit stellte Berlin eine Verbindung zwischen »King« und dem in Quito tätigen Abwehragenten »Greif« her. Dieser hieß mit Klarnamen Walter Giese und war Ortsgruppenchef der NSDAP in der Hauptstadt von Ecuador. »Greif« lieferte Berichte über die Ölförderung, die militärischen Aktivitäten der USA in diesem südamerikanischen Land und den Schiffsverkehr durch den Panama-Kanal.[213] Giese verfügte über ein Netz an eigenen Zuträgern, die ihm diese Nachrichten zuspielten. »Greif« hatte seine Meldungen nun an »King« zu übermitteln, der sie nach Berlin weiterleitete.

Die zunehmenden Spannungen zwischen dem Deutschen Reich und den USA ab 1940 veranlaßten die Abwehr, nach schnelleren Übermittlungswegen für die Nachrichten aus Südamerika zu suchen. Hier bot sich aber nur der Aufbau von Funkverbindungen an. Die Tatsache, daß Berlin nicht sofort nach Ausbruch des Krieges entsprechende Funkverbindungen zu den entfernt operierenden Agenten einrichtete, scheint ein Indiz dafür zu sein, daß sich die Abwehr der Gefahren solcher Verbindungen durchaus bewußt war. Die Sender konnten vom Gegner angepeilt und die Codes geknackt werden. Für die Agenten wuchs also die Gefahr, dann schneller ausgehoben zu werden. Die Abwehr mußte zu diesem Zeitpunkt daher zwischen der schnellen Übermittlung wichtiger Nachrichten (und einer dadurch erheblich größeren Gefährdung wichtiger Agenten) und der Beibehaltung der bisherigen, ungefährlicheren Nachrichtenübermittlung abwägen. Aus diesen Gründen hatte die Abwehr Engels erst Ende 1940 und jetzt Anfang 1941 angewiesen, Funkgeräte aufzustellen. »King« erhielt aus Berlin die Weisung, sich mit Sobisch in Verbindung zu setzen, der ihn beim Bau und der Aufstellung eines Gerätes unterstützen sollte.[214] Erst Mitte März 1941 war daher sein Gerät betriebsbereit. Kempter war von Sobisch und dessen Freund Hans Muth im Funken unterwiesen worden.[215] Zwischenzeitlich hatte »King« Karl Häring, einen gebürtigen Stuttgarter und technischen Vertreter für US-Firmen, als weiteren Mitarbeiter gewonnen. Dieser versorgte »King« nun auch regelmäßig mit Informationen über die amerikanische Industrie. Durch die Anwerbung seines persönlichen Freundes Josef Klinghammer in Sao Paulo als Mitarbeiter gelang es »King«, dort einen Außenposten seines Netzes einzurichten. Der neue Agent erhielt von der Abwehr den Decknamen »Hiag«. Seine Aufgabe bestand darin, über Entwicklungen im Gebiet von Sao Paulo zu berichten.[216] Auf Anweisung der Abwehr wurde zwischen von Heyer und Klinghammer ein Kontakt hergestellt, damit »Hiag« auch diesen mit Nachrichten versorgen konnte.[217]

---

212 Es handelte sich hier hauptsächlich um Schiffe, die Fleisch nach England brachten.
213 In der Nacht vom 20. zum 21.8.1940 liefen durch den Panamakanal 23 englische Schiffe mit Bestimmung Australien. OKW/Abw.IM v. 22.8.1940/MK Brasilien vermittelt durch Kabel... Ast.Hbg.B. Nr. 10045/40/BA-MA RW 49/661.
214 Vgl. FBI-Report, Totalitarian Activities, a.a.O.
215 Auch Muth hatte Verbindungen zum Netz Engels. Ein Kontakt zu »King« hätte daher unbedingt vermieden werden müssen.
216 Vgl. FFBI-Report, Totalitarian Activities, a.a.O.
217 Auch dieses war ein Kontakt, der gegen die Regeln geheimdienstlicher Arbeit verstieß.

Im Juni 1941 erhielt »King« von der Abwehr die Weisung, zu von Heyer Kontakt[218] aufzunehmen. Angesichts der sich weiter zuspitzenden Beziehungen zwischen dem Deutschen Reich und den USA wurde es für die Abwehr immer dringender, lückenlose Informationen über die Aktivitäten der Amerikaner im Nordosten Brasiliens zu bekommen. Aus diesem Grund bemühte sich Kempter auf Weisung aus Berlin, einen neuen Informanten in Recife anzuwerben. Es gelang ihm, Karl Fink, einen deutschen Geschäftsmann, der schon zu einem früheren Zeitpunkt für seinen Wirtschaftsdienst gearbeitet hatte, zu veranlassen, ihm die gewünschten Informationen zu übermitteln. Fink erhielt den Decknamen »Star«.

Während der schweren Kämpfe in Nordafrika in den letzten Monaten des Jahres 1941 benötigte die Abwehr dringend Nachrichten über Schiffe, die mit Kriegsmaterial von Südamerika nach Afrika liefen, um dort die britischen Truppen mit Nachschub aus den USA zu versorgen. Weiterhin sollten die Agenten die Namen der Schiffe mitteilen, die aus von Deutschland besetzten Ländern kamen und im Dienst Englands Fracht beförderten. Ferner bekamen die Agenten die Weisung, Informationen über die Torpedoschutzmaßnahmen britischer Schiffe zu beschaffen.

Der Sinn dieser dringend angeforderten Informationen bestand darin, Angaben für einen gezielten Einsatz von deutschen U-Booten gegen diese Nachschubschiffe zu bekommen. Nur durch die Versenkung solcher Schiffe war es der deutschen Führung möglich, Rommels Truppen in Nordafrika zu entlasten. Kempter beschaffte aber auch weitere Unterlagen, die für den deutschen U-Boot-Einsatz vor der US-Küste von großer Wichtigkeit waren: Seekarten dieser Gebiete. Einer seiner Agenten schickte diese Karten an einen Vertrauensmann in Buenos Aires, der sie nach Rio de Janeiro weiterleitete. »King« ließ sie verkleinern und sandte sie mit der Luftpost nach Rom. Von dort gelangten sie ohne Schwierigkeiten nach Berlin.[219] Während dieser Zeit stieß ein weiterer Informant zu Kempter. Dieser meldete Schiffsbewegungen aus dem Hafen von Montevideo. Er erhielt den Decknamen »Union«. Die exponierte Stellung von Giese als Ortsgruppenleiter der NSDAP in Quito machte Überlegungen erforderlich, wie man ihn ersetzen könnte, falls ihn die ecuadorianischen Behörden wegen dieser Tätigkeit ausweisen würden. Für diesen Fall war ein Geschäftsmann, Bruno Lösche, vorgesehen. Dieser sollte dann die Arbeit »Greifs« fortsetzen.[220]

Die Abwehr verfügte am Ende des Jahres 1941 über einige sehr erfolgreich arbeitende Agentenringe in Südamerika. Das Zentrum dieser nachrichtendienstlichen Arbeit befand sich in Brasilien. Das Amt Ausland/Abwehr erhielt von dort insbesondere für den Einsatz deutscher U-Boote wichtige Informationen. Gleichzeitig aber war die deutsche Seite in der Lage, sich ein relativ genaues Bild über die Koordination der Kriegsvorbereitungen der USA und einiger südamerikanischer Länder zu machen.

---

218 Siehe Anmerkung 24.
219 Vgl. FBI-Report, German Espionage in Latin America, a.a.O.
220 Vgl. ebenda.

Der Agentenring von Frank Walter Jordan

Die Abwehr hielt den bisherigen Nachrichtenfluß offenbar für nicht ausreichend. Sie schickte daher einen weiteren Agenten, den 1910 in Riga geborenen Frank Walter Jordan nach Rio de Janeiro. Dieser war nach dem Abitur in die Reichsmarine eingetreten, aber wegen einer Schlägerei aus dem Dienst entlassen worden. Danach arbeitete er für eine Hamburger Zeitung im Fernen Osten. Wahrscheinlich wurde er bereits 1939 von der Abwehr in Hamburg angeworben. Er erhielt eine zweimonatige Ausbildung, in der er auch das Funken erlernte. Im Dezember 1940 wurde ihm mitgeteilt, daß er einen Agentenring in Brasilien aufbauen sollte. Seine Ausrüstung für diese Aufgabe bestand aus einer Namensliste von Deutsch-Brasilianern, die er auf eine mögliche Bereitschaft zur Zusammenarbeit ansprechen konnte, Ausweispapieren, 1.600 US-Dollar und einem 40-Watt-Sender. Als Codebuch wählte er sich Haushofers »Geopolitik«.[221] In Bordeaux schiffte sich Jordan auf dem Blockadebrecher »Hermes« ein, auf dem er Rio de Janeiro erreichte. Er meldete sich in der Stadt bei einem anderen Abwehragenten. Dieser stellte ihm erste Kontakte her. Über die wurde er mit einem ehemaligen Integralisten bekannt, der ihm illegal eine Aufenthaltsgenehmigung und einen brasilianischen Personalausweis beschaffte.[222]

221 Vgl. Farago, L., The Game of the Foxes, N.Y. 1971, S. 136 u. 495.
222 Die Integralisten/Grünhemden waren eine Bewegung, die auf dem Faschismus Mussolinis basierte. Sie existierte von 1932-1938 unter dem Namen »Brasilianische Integrationsaktion« (Acao Integralista Brasiliera Abk. AIB). Während der 20er Jahre gab es Gruppierungen, die sich erst später der AIB anschlossen, wie die Arbeiterlegion von Ceara mit 1932 15.000 Mitgliedern. Die faschistische Partei Brasiliens, die Soziale Aktion Brasiliens und der Minas Club waren Intelektuellengruppen ohne politischen Einfluß, bis auch sie sich 1932 der AIB anschlossen. Im Oktober dieses Jahres stellte der Vorsitzende/Führer der AIB, Plinio Salgado, das »Oktober Manifest« im Stadttheater von Sao Paulo vor. In ihm hieß es, »...Gott lenkt die Schicksale der Völker...der Mensch erhält seinen Wert durch Arbeit und durch Opfer zugunsten der Familie und des Vaterlandes...Menschen und Klassen können und müssen in Eintracht leben...Brasilien wird nicht die perfekte Einheit seines Volkes erreichen, solange es Länder innerhalb des Bundesstaates gibt (Antiföderalistisch für einen Einheitsstaat)...ausländische Einflüsse sind tödlich für unser Nationalgefühl...wir erkennen keine Parteien, nur die Nation an...Die AIB war gegen den Kommunismus, Liberalismus, Freimaurerei und das internationale Judentum. Ihr antisemitischer Ideologe war Gustavo Baroso. Die Integralisten traten für Disziplin und Ordnung ein. Am 7. September 1934, dem Unabhängigkeitstag des Landes, paradierten in allen Bundesländern insgesamt 200.000 Mitglieder und Anhänger der AIB. Ihre Uniform bestand aus einem grünen Hemd mit Armbinde mit Sigmazeichen und schwarzer Hose. Nach den Kommunalwahlen 1936 stellten sie 25 Bürgermeister und 462 Stadträte in den größeren Städten des Landes. Die AIB hatte Präsident Vargas bei der Niederschlagung eines kommunistischen Aufstandes in Rio de Janeiro 1935 aktiv unterstützt. Als Vargas jedoch mit der Einführung der autoritären Verfassung den »Estado Novo« begründete, verbot er alle politischen Parteien, auch die AIB am 3. Dezember 1937. Viele Mitlieder der AIB empfanden dieses Verbot als einen Verrat von Vargas an ihrer Partei, weil sie ihm bei der Bekämpfung des Kommunismus geholfen hatten. Im März 1938 führte die »Gruppe 40«, eine Art Oberkommando der Grünhemden, einen bewaffneten Aufstand gegen Vargas durch, der scheiterte. Viele Parteimitglieder kamen ins Gefängnis. Andere, darunter auch Salgado, gingen ins Exil. Aufgrund dieser Entwicklung der AIB waren ihre im Land verbliebenen Mitglieder in der Regel noch Ansprechpartner der Abwehr. Literatur: Carone Edar, Asegunda Republica Sao Paulo 1973; Junior, Antonio Mendes, Maranhao, Ricardo, Era de Vargas, Sao Paulo 1982; Gertz, René, O fascismo no sul do Brasil, Porto Alegre 1987.

In der ersten Zeit mußte Jordan seinen Aufenthaltsort mehrfach wechseln, bevor er das für seine Zwecke geeignete Quartier gefunden hatte. Seinen Sender konnte er im Haus eines Reichsdeutschen aufstellen, der ihm auch bei seiner Arbeit half. Er bezog dann aber eine Wohnung, die sich in einem anderen Teil Rio de Janeiros befand als das Haus seines Helfers, in dem der Sender stand. Auch sein Erkundungsauftrag bestand darin, die Abwehr über Schiffsbewegungen und Ladungen der Schiffe zu informieren. Gegen Ende des Jahres war es Jordan gelungen, eine gänzlich von anderen Netzen unabhängig arbeitende kleine Organisation aufzubauen. Seine Informanten waren Reichsdeutsche, Deutsch-Brasilianer und Integralisten.[223]

Das Netz des Ungarn Janos Salamon

Im Juli 1941 schickte die Abwehr den von ihr angeworbenen Ungarn Janos Salamon, getarnt als Kapitän der ungarischen Handelsmarine, der Handelsbeziehungen zwischen seinem Land und Brasilien aufbauen sollte, nach Rio de Janeiro. Er gehörte der Partei der Pfeilkreuzler an.[224] Als Funker begleitete ihn Sandor Moscan. Beide waren mit Diplomatenpässen ausgestattet. Salamon hatte die Aufgabe, einen Agentenring ohne deutsche Informanten in Brasilien zu organisieren. Seine schriftlichen Berichte und Meldungen sollte er an Deckadressen in Köln, Budapest und Rom schicken. Er war aber auch als Anlaufstelle für Nachrichten aus Chile und Mexiko vorgesehen.[225]

Anfang Juli flogen beide Agenten in die brasilianische Hauptstadt. Als Inhaber von Diplomatenpässen mußten sie aber auch Kontakt zur dortigen ungarischen Gesandtschaft aufnehmen und halten. Gesandter dort war der Sohn des ungarischen Reichsverwesers Admiral Horthy, Nicholas, der wahrscheinlich aus gutem Grund über den Auftrag der beiden Agenten nicht informiert war. Der Admiral nämlich war ein erbitterter Gegner der Pfeilkreuzler, von denen er annahm, daß sie Ungarn den Deutschen ausliefern würden. Teile dieser Partei hatten Mitte Mai 1940 erfolglos gegen ihn geputscht. Die Putschisten waren zu langen Haftstrafen verurteilt worden.[226] Die Abwehr mußte aus diesen Gründen damit rechnen, daß die ungarische Gesandtschaft diese beiden nicht zu ihrer Vertretung gehörenden »Diplomaten« bei auftretenden Schwierigkeiten nicht decken würde. Es konnte sogar davon ausgegangen werden, daß Horthy jr. sie in einem solchen Fall bewußt bloßstellen könnte.

Salamon suchte sich seine ersten Kontakte in der ungarischen Kolonie von Rio de Janeiro. Hierher hatte die Abwehr bislang keinen Zugang gehabt. Über eine Rechtsanwältin ungarischer Abstammung bekam er eine Verbindung zu dem Elektroingenieur Nagy, der später für ihn einen zweiten Sender baute. Die Journalistin Caval-

223 Vgl. FBI-Report: German Espionage in Latin America, a.a.O.
224 Die von Ferenc Szalasi 1936 gegründete faschistische Partei Ungarns.
225 Vgl. FBI-Report: Totalitarian Activities, a.a.O.
226 Vgl. The Confidential papers of Admiral Horthy, Budapest 1965, S. 126/127; Horthy, Nicholas, Memoirs, N.Y. 1957, S. 181/182.

canti, deren Mitarbeit er auch gewann, erwies sich, da ihre achsenfreundliche Einstellung bekannt war, trotz ihrer zahlreichen wertvollen Verbindungen als Belastung
für das Netz. Aus diesem Grund konnte auch eine für sie geplante Reise in die USA
nicht stattfinden, auf der sie wichtige Informationen über die amerikanische Luft-
rüstung sammeln sollte. Die Amerikaner verweigerten ihr ein Visum.[227]
Salamon selbst verhielt sich auf einer Reise in den Nordosten des Landes so unge-
schickt, daß ihn die brasilianischen Sicherheitsorgane für kurze Zeit festsetzten und
verhörten. Er wurde nur aufgrund seines Diplomatenpasses wieder aus der Haft entlassen.[228] Die Abwehr mußte also bereits jetzt befürchten, daß ihre Agenten aufflo-
gen, zumindest aber von der Polizei beobachtet wurden. Salamon erhielt von der Abwehr nun auch noch die Weisung, nicht nur über den Schiffsverkehr, sondern auch
über den Umfang der amerikanischen Lufttransporte zwischen dem Nordosten des
Landes und Afrika zu berichten.[229] Die Abwehr war hierbei insbesondere an den hier
eingesetzten Flugzeugtypen und den transportierten Gütern interessiert.[230] Frau Ca-
valcanti reiste daher im November nach Recife und erhielt aufgrund ihrer dortigen
Verbindungen, sie stammte aus dieser Stadt, einige Informationen. Der dortige Flugplatz war mit zwei unterirdischen Hangars ausgestattet worden. Die Rollbahnen hatten die Amerikaner auf 1.500 Meter verlängert. Weitere Flugplätze sollten entlang
der gesamten Nordostküste gebaut worden sein.[231]
Der Vater der Rechtsanwältin starb plötzlich. Er hinterließ ihr eine kleine Fabrik für
Baumwollsamenöl. Salamon kaufte diese Anlage, die er für eine sehr gute Tarnung
seines Netzes hielt, mit Genehmigung der Abwehr. In der Zwischenzeit war es dem
Ungarn gelungen, einen Informanten in Recife zu gewinnen, der ihm regelmäßig
Nachrichten über die amerikanische Luftbrücke nach Afrika beschaffte. Nagy, der
Elektroingenieur, hatte es zwischenzeitlich geschafft, ein zweites Funkgerät zu bau-
en, welches er in seiner Wohnung aufstellte. Der Sendebetrieb mit diesem Gerät soll-
te im Dezember aufgenommen werden.[232]
In den letzten Monaten des Jahres 1941 geriet Salamon in finanzielle Schwierig-
keiten. Die ihm von der Abwehr über das ungarische Außenministerium angewie-
senen Gelder waren ihm von
Horthy jr. in Rio de Janeiro nicht ausgezahlt worden. Daraufhin versorgte Engels die
Ungarn mit dem dringend benötigten Geld. Die Spannung zwischen Salamon und
Horthy stieg jedoch, weil der Agent mehrfach brieflich die Auszahlung seiner Mittel
bei dem Diplomaten angemahnt hatte. Horthy reagierte nicht auf diese Mahnungen.
Er hatte sich in Budapest lediglich die Gültigkeit der beiden Diplomatenpässe be-
stätigen lassen.[233]
Ende Oktober 1941 wurden die beiden Agenten von der Abwehr gewarnt, daß Hor-
thy plane, die brasilianische Polizei über ihre tatsächliche Aufgabe zu informieren.

227 Vgl. Ast.Hbg.Br. Nr. 1018/41 v. 23. Oktober/BA-MA RW 49/558.
228 Vgl. FBI-Report: Totalitarian Activities, a.a.O.
229 Vgl. ebenda.
230 Vgl. ebenda; Ast.Hbg.Br. Nr. 1053/41 v. 20.11.41/MA-BA RW 49/558.
231 Vgl. Ast.Hbg.Br.B. Nr. 1026 v. 21.11.41/BA-MA/RW 49/559.
232 Vgl. Ast.Hbg.Br.B. Nr. 1031 v. 8.12.41/BA-MA RW 49/559.
233 Vgl. Horthy, N., a.a.O., S. 203.

Es mußte daher damit gerechnet werden, daß das Netz auffliegen würde. Obgleich Moscan seiner in Ungarn verbliebenen Frau bereits am 25. Oktober seine baldige Rückkehr angekündigt hatte, weigerte sich Salamon trotz seines Bruches mit der ungarischen Gesandtschaft, seine Stellung in Rio de Janeiro zu räumen.[234]

Der Agent Werner Waltemath

Hatte sich die Abwehr mit ihren Erkundungen bislang nur auf den Nordosten des Landes und Rio de Janeiro beschränkt, so erregte Ende 1940 das Industriezentrum von Sao Paulo und der Hafen von Santos das Interesse der Abwehrzentrale. Aus diesem Grund sollte auch dorthin ein Agent geschickt werden, dem allerdings die Stadt Sao Paulo bekannt sein mußte. Für einen solchen Einsatz stand der 1909 in Hamburg geborene und 1930 nach Brasilien ausgewanderte Werner Waltemath zur Verfügung. Er hatte sich in Sao Paulo niedergelassen und dort in vielen Berufen gearbeitet. 1934 war er zum Direktor einer Oberhemdenfabrik aufgestiegen. 1935 ging er nach Rio de Janeiro und heiratete dort Vera Giese. Aus dieser Ehe ging eine Tochter hervor. 1936 zog Waltemath zurück nach Sao Paulo. Als seine Mutter im Frühjahr 1939 ernsthaft erkrankte, entschloß er sich, mit seiner Familie nach Hamburg zurückzukehren. Hier wurde er vom Ausbruch des Krieges überrascht. Seine Bemühungen, sofort nach Brasilien zurückzukehren, waren erfolglos. Die deutschen Behörden gestatteten nur seiner Frau und Tochter die Rückreise, weil beide die brasilianische Staatsangehörigkeit besaßen. Im Mai 1940 wurde der in Deutschland verbliebene Waltemath zur Wehrmacht einberufen und zum Funker ausgebildet. Im Frühjahr 1941 wurde die Abwehr auf ihn aufmerksam.[235] Er wurde aus der Wehrmacht entlassen. Nachdem er bei einer Befragung durch einen Abwehroffizier seine Bereitschaft zur Rückkehr nach Brasilien erklärt hatte, wurde er mit seiner künftigen Aufgabe dort vertraut gemacht. Er sollte vornehmlich als Briefkasten für die Nachrichten von Agenten, die in den USA tätig waren, dienen und deren Nachrichten an ihm übergebene Deckadressen der Abwehr weiterleiten. Er hatte ferner ein Funkgerät in Sao Paulo zusammenzubauen und aufzustellen. Ein Bauplan hierfür wurde ihm auf Mikrofilm ausgehändigt. Zum Ver- und Entschlüsseln von Funksprüchen erhielt er ein Buch. Sein Führungsoffizier unterwies ihn im Gebrauch von unsichtbarer Tinte. Eine weitere Agentenausbildung erhielt Waltemath nicht. Seine Tarnung sollte darin bestehen, daß er sich in Sao Paulo als Vertreter der Firma seines Hamburger Arbeitgebers auszugeben hatte. Den Unterhalt für ihn und seine Familie übernahm die Abwehr. Ihm wurden hierfür zunächst 1.000 $ ausgehändigt. Weitere Mittel sollten über deutsche Banken in Brasilien angewiesen werden.

Am 8. Juni 1941 flog Waltemath mit einem Flugzeug der LATI von Rom nach Rio de Janeiro. An Bord der Maschine, so war es von der Abwehr organisiert worden,

---

234 Vgl. FBI-Report: Totalitarian Activities, a.a.O.

235 Wahrscheinlich hatte das Amt Ausland/Abwehr bei der Gestapo nach Männern mit Brasilienerfahrung angefragt. Dort wurden entsprechende Karteien geführt.

traf er einen anderen Agenten, Hans Christian von Kotze. Dieser gab sich als Vertreter des Reichswirtschaftsministeriums aus und reiste mit einem Diplomatenpaß. Er gab als seinen Auftrag an: Verbesserung der Wirtschaftsbeziehungen zwischen Deutschland und Brasilien. Tatsächlich aber hatte er Waltemath in Sao Paulo einzuweisen. Im Anschluß daran sollte er seine Identität wechseln, um als Agent nach Kanada zu reisen. Hierbei gehörte es auch zu seinen Aufgaben, für die Abwehr Kurierdienste zu leisten. In Rio de Janeiro nahm von Kotze auch Kontakte zu Engels und von Heyer auf und gewann so einen Einblick in die wichtigsten Abwehrnetze in Brasilien.[236]

Nachdem Waltemath in Sao Paulo ein etwas abgelegenes Haus gefunden hatte, um wegen des geplanten Funkverkehrs nicht aufzufallen, begann er die Teile für sein Funkgerät zusammenzukaufen. Die Abwehr hatte zwischenzeitlich seine Anschrift an ihre V-Männer in den USA weitergegeben, so daß diese bereits ihre Nachrichten an den neuen Briefkasten schickten. Waltemath wiederum gab diese Meldungen an die ihm von der Abwehr mitgegebenen Deckadressen weiter.[237]

Während dieser Zeit reiste von Kotze zwischen Rio de Janeiro, Sao Paulo und Buenos Aires hin und her. Er trat hierbei offensichtlich als »Schürzenjäger« und »Playboy« auf.[238]

Im Oktober wandte sich von Kotze an Waltemath und fragte ihn, ob er ihm bei der Beschaffung eines Visums für die britischen Dominien behilflich sein könnte.[239] Er übergab ihm hierzu einen Paß, der auf den Namen »von Hughes« ausgestellt war.[240] Über Bekannte konnte Waltemath einen Kontakt zu einem Anwalt herstellen, der gegen eine Gebühr von 100 $ das gewünschte Visum beschaffen konnte. Vor der Abreise von Kotzes nach Kanada trafen sich die beiden Agenten zum letzten Mal im November in Sao Paulo. Waltemath erhielt dabei die Anweisungen über die Abwicklung der künftigen Kontakte zwischen ihnen. Von Kotze wollte in Kanada einen eigenen Sender aufstellen und seine Funksprüche mit Hilfe des Buches »Das Martyrium der Männer« verschlüsseln, von dem auch Waltemath ein Exemplar erhielt. Außerdem beabsichtigte er, Nachrichten zu übermitteln, die er auf der Rückseite von an den Schwager Waltemaths gerichteten Geschäftsbriefen, mit unsichtbarer Tinte geschrieben, unterbringen wollte.

Zwischenzeitlich hatte sich Waltemath bemüht, seinen Sender in Betrieb zu nehmen. Im November unternahm er seinen ersten Funkversuch zu seiner Gegenstelle. Zu-

---

236 Vgl. Hilton, a.a.O., S. 106 ff.
237 Vgl. ebenda.
238 So bezeichnet ihn Kpt.z.S. Dietrich Niebuhr, der damalige deutsche Marineattaché an der Deutschen Botschaft in Buenos Aires. Er gibt weiter an, von Kotze habe der Abwehr in Berlin direkt unterstanden und große Geldmittel für den eigenen Verbrauch aus Deutschland nach Brasilien mitgebracht. Später wurde Niebuhr aus Berlin vor v.Kotze gewarnt. Vgl. hierzu State Department Special Interrogation Mission v. 10. November 1945/Vernehmung Niebuhr. National Archives, Washington DC o.Sign.
239 Ein merkwürdiges Ansinnen eines offensichtlich privilegierten Abwehragenten gegenüber einem untergeordneten Mitarbeiter.
240 Auch dieses Verhalten von Kotzes erscheint sonderbar. Er beabsichtigte mit einer neuen Identität in ein anderes Land zu gehen. Hierzu durfte nicht ein ständig durch eigene Verhaftung gefährdeter Agent diese neue Identität erfahren.

vor schickte er folgende, vor seiner Abreise abgesprochene, Nachricht an eine Dek-kadresse nach Deutschland. »Herzlichen Glückwunsch zu Peters Geburtstag.« Die-ses bedeutete, daß er sechs Tage später um 18.30 Uhr seine Gegenstelle anrufen und diesen Versuch an drei aufeinanderfolgenden Tagen zur gleichen Zeit wiederholen würde. Am zweiten Tag hörte er zwar, wie er aus Deutschland angerufen wurde, konnte jedoch selbst keinen Funkkontakt herstellen, was er auch bis zum Jahresen-de nicht schaffte.

»Lukas«

Josef Starziczny hatte im Ersten Weltkrieg in der Marine gedient. Er war von Beruf Maschinenbauingenieur und nach Beendigung seines Studiums für Firmen in Deutschland und Dänemark tätig gewesen. 1938 ging er nach England, kam aber 1939, unmittelbar vor Beginn des Krieges, nach Deutschland zurück. Nachdem er sich bereit erklärt hatte, für die Abwehr zu arbeiten, wurde er in Hamburg im Fun-ken und dem Gebrauch von unsichtbarer Tinte unterwiesen. Aufgrund seiner sehr guten technischen Kenntnisse setzen ihn seine Vorgesetzten in der Folgezeit in ver-schiedenen Abteilungen der Abwehr ein.[241]

Im Herbst 1940 mußte sich Starziczny wegen seiner Magengeschwüre einer mehr-wöchigen Krankenhausbehandlung unterziehen.[242]

Nach Beendigung dieser Behandlung wurde ihm mitgeteilt, daß er für einen Einsatz in Santos vorgesehen sei. Dort sollte er dem deutschen Honorarkonsul, Otto Übele, der gleichzeitig Direktor der Firma Th. Wille war, beim Aufbau eines Funkgerätes behilflich sein und vor Ort ein Agentennetz aufbauen. Sein Einwand, das Land nicht zu kennen und die Sprache nicht zu beherrschen, wurde nicht beachtet. Nachdem er seine Aufgabe in Brasilien erledigt hatte, war er für einen weiteren Einsatz in den USA vorgesehen. Der Agent erhielt die Identität des dänischen Ingenieurs Nils Christiensen. Er wurde mit einem AFU (Agentenfunkgerät) und mehreren Büchern zum Verschlüsseln seiner Funksprüche ausgerüstet. Ferner bekam er einen Brow-ning mit Munition, ein Einführungsschreiben für Übele und 100 US-$. Weitere Mittel sollte er von dem Honorarkonsul erhalten. Als Briefkastenanschrift für schrift-liche Mitteilungen erhielt er eine Adresse in Lissabon: Sr. Joao Simoes, Travessa Condessa do Rio 21. Sein Deckname war »Lukas«.[243]

Am 11. März 1941 wurde »Lukas« in Bordeaux auf dem Blockadebrecher »Hermes«

---

241 Vgl. Hilton, a.a.O., S. 115 ff./ Ein für den Auslandseinsatz vorgesehener Agent sollte nicht durch ei-ne vielseitige Verwendung im Innendienst einen Überblick über die Arbeitsweise des Dienstes er-halten. Er könnte sonst im Fall seiner Festnahme dem Gegner entsprechende Angaben machen. In-sofern ist diese Verwendung von Starziczny unverständlich.

242 Magengeschwüre können bei einer zu starken psychischen Belastung auftreten. Die für den Einsatz von Starziczny verantwortlichen Vorgesetzten hätten sich daher fragen müssen, ob Starziczny auf-grund seiner offensichtlich geringen psychischen Belastbarkeit für den in Aussicht genommenen Ein-satz überhaupt geeignet war.

243 Es bleibt unverständlich, weshalb die Abwehr einen Agenten ohne Kenntnis der Landessprache nach Brasilien schickte.

eingeschifft, der ihn nach Rio de Janeiro brachte. Nach seiner Ankunft wurde er dort zunächst von dem Marineattaché der deutschen Botschaft, Korvettenkapitän Hermann Bohny, empfangen, der von der Abwehr über den neuen Agenten nicht informiert worden war. Bohny erkundigte sich auf dem Funkweg daher nach den Aufgaben von »Lukas«.[244]

Drei Tage nach seiner Ankunft reiste Starziczny zu Übele nach Santos und informierte ihn über seinen Auftrag. Der Konsul bestimmte einen seiner Angestellten, Heinz Treutler, zum Assistenten von »Lukas«. Der Leiter der Niederlassung der Firma Th. Wille in Rio, Albert Schwab, wurde als künftiger Funker in das Netz einbezogen und erhielt den Decknamen »Spencer«. Künftiger Ersatzfunker, in dessen Haus auch zunächst das Funkgerät aufgestellt werden konnte, wurde Karl Mügge (Deckname »Moss«), ein Freund von Schwab. Starziczny bereitete beide auf ihre Aufgaben vor und bildete sie im Funken aus. Mügge erhielt insbesondere die Aufgabe des Ver- und Entschlüsselns der Funksprüche.

Nach anfänglichen Sendeschwierigkeiten aufgrund des zu schwachen Gerätes und eines ungünstigen Sendestandortes finanzierte Übele die Beschaffung eines größeren Funkgerätes und das Anmieten einer für den Sendebetrieb günstiger gelegenen Wohnung. Anfang Juni, noch aus dem Haus von Mügge, konnte der Funkverkehr mit Hamburg aufgenommen werden. Es wurden in dieser ersten Zeit vornehmlich gegnerische Schiffsbewegungen nach Deutschland gemeldet. Aufgrund der zunehmenden Sorge von Mügges Frau wegen des Funkens aus ihrem Haus bezog »Lukas« Sobisch mit in das Netz ein und stellte das Funkgerät zunächst in dessen Haus auf.

Ulli, der Sohn von Übele, der bei seinem Vater in Santos wohnte, wurde im Gebrauch der unsichtbaren Tinte und dem Ver- und Entschlüsseln von Funksprüchen unterwiesen. Er wurde auch in das Netz einbezogen. Der Konsulatssekretär Übeles, Heinrich Bleinroth, erklärte sich ebenfalls zur Mitarbeit bereit. Er sammelte Nachrichten über Schiffsbewegungen in Santos, die über den Honorarkonsul an »Lukas« weitergegeben wurden.[245]

Anfang Juni, anläßlich einer Reise nach Recife, gewann Mügge den Sohn des dortigen Honorarkonsuls, Karl-Heinz von den Steinen, für die Gruppe. Dieser verfügte wiederum über Freunde, die ihn mit zusätzlichen Nachrichten versorgten. Bei einer Zwischenlandung in Bahia (Salvador) gewann Mügge Werner Stark, einen Geschäftsfreund, für das Netz. Dieser bekam die Aufgabe, über den britischen Schiffsverkehr des Hafens zu berichten.

Im Juli reiste Mügge in den Süden, um dort weitere Informanten zu gewinnen. Durch die Vermittlung des deutschen Konsuls in Porto Alegre gewann er Paul Dratwa zur Mitarbeit. Auch dieser hatte die Aufgabe, über die britischen Schiffsbewegungen zu berichten. In Rio Grande war ein alter Bekannter Mügges, Friedrich Wilkens, bereit, ihm seine Beobachtungen über die Bewegungen englischer Schiffe mitzuteilen.

---

244 Da die deutschen Funksprüche von und nach Brasilien, was die Abwehr nicht wußte, von den Amerikanern abgehört und entschlüsselt werden konnten, wurden die Alliierten sofort nach der Ankunft von »Lukas« über dessen Identität informiert.
245 Hierdurch hatte die Abwehr zwei Beobachtungsposten in Santos.

Die Beobachtung dieses Hafens war deshalb sehr wichtig, weil über ihn die Fleischexporte nach England liefen.

Zwischenzeitlich hatte Otto Übele einen weiteren seiner Angestellten, Gieseler, für das Netz gewonnen. Dieser neue V-Mann verfügte seinerseits über Informanten, die das Netz über ihn mit Nachrichten versorgen konnten. Einer von ihnen hatte Kontakte zu einer Sekretärin des englischen Konsulats. Eine weitere Informantin arbeitete als Kellnerin in einem Lokal, in dem vornehmlich britische Seeleute verkehrten, von denen sie vieles erfuhr. Otto Böttcher, ein deutsch-amerikanischer Steward des US-Schiffes »Uruguay«, das regelmäßig zwischen New York und Rio de Janeiro verkehrte, hatte ebenfalls seine Bereitschaft zur Mitarbeit erklärt. Durch ihn konnten Nachrichten zwischen den USA und Südamerika unauffällig hin und her transportiert werden. Böttcher hatte »Lukas« bereits mitgeteilt, daß wöchentlich zwei bis drei mit Munition beladene Frachter von den USA nach Afrika fuhren. Die Seeleute erhielten für solche Fahrten die doppelte Heuer. Ferner: Die Amerikaner hätten in Hoboken und auf Staten Island Munitionslager errichtet.[246]

»Lukas« erhielt durch die Vermittlung von Bleinroth gefälschte brasilianische Personalpapiere und einen Führerschein.[247] Auf Drängen von Bohny hatte sich Sobisch von der Gruppe getrennt. Aus diesem Grund mußte sich Starziczny mit seinem Funkgerät ein neues Quartier suchen, das er in einem guten Wohnviertel fand. Das Netz von »Lukas« arbeitete jetzt normal. Die beiden im Süden angeworbenen Agenten aber hatten nichts zu berichten. Der Kontakt zu ihnen schlief daher ein.[248]

Die Abwehr war weiterhin an der Übermittlung von Daten über Geleitzugrouten von den USA nach England interessiert. Die harten Kämpfe in Nordafrika und die damit verbundene stark zunehmende Materialversorgung der dort kämpfenden britischen Truppen durch die Amerikaner bedingten allerdings auch ein immer drängenderes Interesse der Abwehr an den Routen dieser mit amerikanischem Kriegsmaterial beladenen Versorgungsschiffe für diese Front. Diese Nachrichten konnte aber nur von den Steinen aus Reclife beschaffen. Im August meldete er, daß sich ein griechischer Kapitän, der mit seinem Schiff Kriegsmaterial der Amerikaner für die Afrikafront fuhr, über seine vorgeschriebene Route geäußert hatte: USA – Recife. Hier wurde das Schiff betankt und nahm Verpflegung an Bord. Von dort lief er nach Jamestown auf St. Helena zur Treibstoffaufnahme. Danach hatte er möglichst weit südlich das Kap zu umlaufen und dann Nordkurs zu halten. In Providence Island (Seychellen) mußte er erneut tanken, um dann seinen Bestimmungshafen anzusteuern. Der BdU/Befehlshaber der U-Boote konnte davon ausgehen, daß nicht nur ein Einzel-

---

246 Vgl. Ast.Hbg.Br.B. Nr. 1118 v. 9. Juni 1941/BA-MA/RW 49/558.

247 Hierdurch war aber das Problem der mangelnden portugiesischen Sprachkenntnisse von »Lukas« nicht gelöst.

248 Die Abwehr hatte Starziczny ursprünglich lediglich die Aufgabe übertragen in Brasilien eine Funkstelle einzurichten und eine Spionageorganisation zu organisieren. Er hatte ferner dafür zu sorgen, daß beides gut arbeitete. Im Anschluß daran sollte er in die USA gehen, um dort nachrichtendienstlich tätig zu werden. Im Sommer 1941 hatte »Lukas« diese Aufgabe erledigt. Seine Anwesenheit in Brasilien war deshalb nicht mehr unbedingt erforderlich. Weshalb ihn die Abwehr aber trotzdem dort beließ, bleibt unklar, obgleich er gegen einen ihm erteilten wichtigen Befehl verstieß: Er hatte fast unmittelbar nach seiner Ankunft in Rio de Janeiro ein Verhältnis mit einer Brasilianerin, mit der er auch zusammenzog, begonnen, das während der ganzen Zeit seiner Tätigkeit in Brasilien andauerte.

läufer auf dieser Route, die der Gegner ganz offensichtlich U-Boot-frei wähnte, laufen würde. Die U-Boot-Führung konnte daher sicher sein, mehr als ein Schiff auf diesem Kurs versenken zu können. Insofern war das Bekanntsein eines solchen Schiffsweges für den BdU von großer Wichtigkeit.[249]

Da die Engländer zu Recht vermuteten, daß deutsche Agenten interessierende Sachverhalte über britische Schiffe in brasilianischen Häfen zu erfahren versuchten, erhielten die Crews vieler, für England fahrender, Schiffe sehr oft keinen Landgang mehr. Der Ausbau der amerikanischen Luftstützpunkte im Nordosten des Landes wurde ebenfalls sehr sorgfältig beobachtet und dabei festgestellt, daß nicht nur die Landebahnen ständig verlängert und neue angelegt, sondern auch immer mehr große unterirdische Hangars gebaut wurden. Die Anzahl der Versorgungsflüge von hier nach Bathurst in Afrika nahm ständig zu. Ein Vorschlag von »Lukas« im November 1941, einen 400-t-Tanker, der von Ulli Übele beschafft werden konnte, zum Betanken und der Verproviantierung deutscher U-Boote vor der brasilianischen Küste einzusetzen, um dadurch ihre Einsatzzeiten zu verlängern, wurde von der Abwehr nicht beantwortet.[250]

Anfang August warnte die Abwehr »Lukas« vor amerikanischen Peilwagen, die von den Brasilianern eingesetzt werden sollten, um Agentensender ausfindig zu machen.[251] Starczicny wurde daher aufgegeben, keine Funksprüche mehr nach 24.00 Uhr MEZ abzusetzen, sondern zwischen 18.00–20.00 Uhr MEZ zu funken. Weiterhin wurde ihm befohlen, häufiger die Frequenzen zu wechseln. Da offenbar die Briefkontrollen jetzt auch verschärft worden waren, sollte er auf diesem Weg keine Berichte mehr nach Deutschland schicken.

Von Anbeginn der Tätigkeit Starczicnys in Brasilien gab es finanzielle Probleme. Die Abwehr hatte mit der Firma Theodor Wille in Hamburg vereinbart, daß Otto Übele »Lukas« monatlich 250 US-$ auszahlen und dieser Betrag zunächst in Deutschland ausgeglichen werden sollte. Nachdem Übele im Juni 1941 in Hamburg auf Anfrage erfahren hatte, daß dieser Zahlungsausgleich nicht durchgeführt worden war, stellte er seine Zahlungen an »Lukas« ein.

Starczicny beschwerte sich daraufhin unter Hinweis auf seine Verdienste beim Aufbau des brasilianischen Netzes bei der Abwehr über diese finanzielle Situation.[252] Aufgrund seiner Zahlungsunfähigkeit wies »Lukas« seine V-Männer an, sich aus »Sicherheitsgründen« still zu verhalten. Erst Ende September erklärte sich die Abwehr bereit, das von Übele verauslagte Geld auf dem Hamburger Konto auszugleichen. »Lukas« erhielt von der Abwehr die Zusage einer Gehaltserhöhung, falls sich seine Meldungen aus den USA als wichtig erwiesen.[253]

Neben den zeitweise finanziellen Problemen gab es für Starczicny auch noch ande-

---

249 Vgl. Hilton, a.a.O., S. 134 ff.
250 Vgl. Hilton, a.a.O., S. 134 ff.
251 Es bleibt unklar, woher die Abwehr diese Information bezog, da die Amerikaner zu diesem Zeitpunkt den Brasilianern entsprechendes Gerät nicht zur Verfügung gestellt hatten.
252 Vgl. Ast.Hbg.Br.B. Nr. 1137 v. 14. August 1941/BA-MA RW 49/558.
253 Die Gründe für diese finanziellen Probleme sind nicht nachvollziehbar. Es ist auch nicht verständlich, weshalb die Abwehr offensichtlich die Zahlungen für ihre Agenten zeitweise einstellte. Denkbar wäre, daß »Lukas« wegen seiner »befehlswidrigen« Freundin durch den Marineattaché, Engels und andere in Hamburg denunziert wurde.

re Schwierigkeiten. Der Marineattaché in Rio de Janeiro empfand die Tätigkeit von »Lukas« deshalb als lästig, weil sich dieser weigerte, sich seiner Kontrolle zu unterstellen, wie es Engels getan hatte. Engels wiederum empfand Starziczny nicht zuletzt deshalb als unerwünschte Konkurrenz, weil er nicht wußte, ob dieses Netz nicht etwas nach Deutschland berichtete, was ihm entgangen war. Bereits im April 1941, unmittelbar nach der Ankunft von »Lukas«, hatte Engels ihn bereits zu sich nach Hause eingeladen. Hierbei gab er ihm eingehende Informationen über sein eigenes Netz und dessen erfolgreiche Arbeit sowie über seine eigenen, weitreichenden Verbindungen.[254] Außerdem äußerte »Alfredo« sein Unverständnis darüber, daß die Abwehr noch einen weiteren Agenten nach Brasilien geschickt hatte, da er mit seinem Ring doch alle Aufträge erledigte.[255] Starziczny lehnte das Angebot von Engels auf Zusammenarbeit ab. Die Abwehr bestätigte »Lukas« Ende Mai noch einmal, daß er mit seinem Netz allein arbeiten sollte.[256]

Bohny und Engels empfanden überdies, was nicht von der Hand zu weisen war, »Lukas« als Sicherheitsrisiko, da er weder das Land kannte noch die Landessprache beherrschte. Auch in der Folgezeit versuchten der Marineattaché und Engels ihn wiederholt zu veranlassen, sich dem Netz von Engels anzuschließen, was dieser aber immer wieder ablehnte. Starziczny bot für seine, ihm wenig freundlich gesonnenen, Konkurrenten allerdings eine Angriffsfläche, die von diesen ausgenutzt wurde: seine brasilianische Freundin.

Wahrscheinlich war die Abwehr bereits über Bohny und Engels über diese unerlaubte Beziehung informiert. Bei einem Zusammentreffen mit Kapitän zur See Dietrich Niebuhr, dem Marineattaché in Buenos Aires und Vorgesetzten von Korvettenkapitän Bohny in Rio de Janeiro, empfahl Niebuhr »Lukas« dringend, die Beziehung zu seiner Freundin abzubrechen und wegen der Reparatur eines Funkgerätes nach Buenos Aires zu kommen. Im Anschluß daran sollte er dann in die USA gehen. »Lukas« blieb aber in Rio de Janeiro.

Hinzu kam, daß Starziczny wohl eine wenig glückliche Hand im Umgang mit seinen Mitarbeitern zeigte. Sobisch war von Bohny bereits befohlen worden, alle Kontakte zu »Lukas« abzubrechen. Treutler geriet in eine Auseinandersetzung mit Starziczny und brach die Kontakte zu ihm ab. Mügge hatte wegen der Freundin von »Lukas« eine scharfe Auseinandersetzung mit ihm und drohte, die ganze Affäre nach Hamburg zu melden. Aufgrund dieser internen Auseinandersetzungen und finanzieller Schwierigkeiten war das Netz von »Lukas« zu diesem Zeitpunkt nahezu arbeitsunfähig.

Anfang Dezember reiste Starziczny zu Übele nach Santos, um dessen Funkgerät funktionsfähig zu machen. Hier mußte er feststellen, daß zur Inbetriebnahme des Gerätes ein wichtiges Teil fehlte. Ulli Übele ließ »Lukas«, der kein Portugiesisch sprach, allein in ein entsprechendes Geschäft gehen, wo dieser das fehlende Teil in englischer Sprache auf den Namen »Mendes«, dem Decknamen von Ulli Übele, be-

---

254 Hiermit verstieß »Alfredo« gegen alle Geheimhaltungsvorschriften.
255 Vgl. Hilton, a.a.O., S. 150 ff.
256 Vgl. ebenda.

stellte. Da der Ladenbesitzer natürlich wußte, daß es sich bei dieser Bestellung um ein wichtiges Teil für ein sehr starkes Funkgerät handelte, machte sich Starcizny sehr verdächtig.[257]

Trotz aller Schwierigkeiten bemühte sich »Lukas« weiterhin, Nachrichten zu sammeln und abzusetzen. Während er sich in Santos aufhielt, funkte sein Mitarbeiter Schwab am 8. Dezember nach Hamburg, daß sich ein aus dreißig Schiffen von Kriegsschiffen eskortierter Geleitzug von Rio aus nach Kapstadt in Marsch gesetzt hätte. Gleichzeitig warnte er vor der Zunahme von Patrouillenflügen amerikanischer Wasserflugzeuge vor der Nordostküste Brasiliens.[258]

Am 16. Dezember teilte »Lukas« Hamburg mit, daß nach einer Meldung von Böttcher, dem Steward auf der »Uruguay«, die Amerikaner Truppen auf der Insel Trinidad stationiert hätten.[259] Am 24. und 27. Dezember 1941 setzte Starcizny einen Funkspruch folgenden Inhalts ab: »Erbitte dringend Nachforschungen, wo Kurierpost abgeblieben, da Inhalt wichtig. Hier über Verlust nichts bekannt. Empfänger hier war Kapitän Bohny...«[260] Im Januar übermittelte »Lukas« Hamburg eine Meldung über die Abfahrt eines bewaffneten britischen mit Erz beladenen Frachters nach Liverpool, die Ankunft eines englischen Kreuzers in Rio de Janeiro sowie die ständig wachsende antideutsche Stimmung in Brasilien.[261]

Um die völlige Auflösung seiner Organisation zu verhindern, wandte sich Starcizny im Januar 1942 mehrfach an die Abwehr und bat um die Anweisung von mehr Geld, um seine Informanten bezahlen zu können. Hierbei bot er auch neuerlich an, die Treibstoffergänzung für vor der brasilianischen Küste operierende U-Boote zu organisieren.[262] Dieser Vorschlag wurde wegen der dafür erforderlichen großen Mengen von der Abwehr mit großer Zurückhaltung aufgenommen.[263] Die Bemühungen von »Lukas«, den bereits seit September »abgeschalteten« von den Steinen in Recife wieder zu reaktivieren, scheiterten. Dieser war durch die in der Stadt gefährlicher gewordene Atmosphäre wie eine zunehmende Zahl von Hausdurchsuchungen und Verhaftungen ängstlich geworden. Er bat Starcizny daher, keinen weiteren Kontakt zu ihm aufzunehmen.

Anfang Februar ließ Ulli Übele ihn wissen, daß er auf keinen Fall mehr nach Santos kommen sollte, da sich dort die Polizei für ihn interessierte. Während dieser Zeit verlangte Bohny aufgrund eines Befehls seiner Vorgesetzten von ihm eine Liste sei-

257 »Lukas« beging hierdurch einen für einen Agenten unverständlichen Fehler.
258 Vgl. Abwehrstelle im Wehrkreis X B.Nr. 718/41 I i geh. v. 8.12.41/BA-MA RW 49/559.
259 Vgl. Ast.Hbg.B. Nr. 539/41 BA-MA RW 49/559.
260 Der Inhalt dieses Funkspruches läßt die Vermutung zu, daß aufgrund vielleicht noch gewachsener Spannungen zwischen Starcizny und Bohny letzterer die für »Lukas« wichtigen Unterlagen vielleicht sogar bewußt zurückhielt.
261 Vgl. Funksprüche von »Lukas« v. 19., 22. und 28.1.1941.
262 Vgl. Ast.Hbg. v. 16.12.41 Br.Nr. 493 /BA-MA RW 49/559.
263 Es kann vermutet werden, daß die Abwehr über Bohny über das Andauern der befehlswidrigen Dauerbeziehung Starciznys zu der Brasilianerin und den damit verbundenen Schwierigkeiten in seiner Gruppe erfahren hatte. Da »Lukas« trotz mehrfacher Aufforderung durch Bohny diese Verbindung nicht aufgeben bereit war, wollten ihn seine Vorgesetzten vielleicht finanziell »austrocknen«, um ihn zur Rückkehr zu bewegen, da er für sie zu einem Sicherheitsrisiko geworden war.

ner Informanten. »Lukas« teilte dem Marineattaché daraufhin mit, er könnte eine solche Liste erst herausgeben, nachdem ihm gegenüber seine Abwehrvorgesetzten einen solchen Befehl bestätigt hätten.[264] Da Starziczny jetzt ängstlich zu werden begann, mietete er sich einen Safe in der Banco Mercantil[265] und lagerte dort seine sämtlichen Unterlagen ein. Er hatte sich für den Fall, daß ihm etwas passieren sollte, Kopien seines gesamten Funkverkehrs mit Deutschland und der bei ihm eingelaufenen Agentenberichte angefertigt.[266] »Lukas« erhielt jetzt fast nur noch Nachrichten von seinem Mitarbeiter Schwab, dessen Informanten im Hafen nach wie vor berichteten. Ansonsten meldete er zumeist nur noch die zunehmenden Verfolgungen von Angehörigen der Achsenstaaten durch die brasilianischen Behörden.

Am 14. Februar funkte er allerdings noch einmal eine für den Einsatz deutscher U-Boote wichtige Meldung nach Hamburg: »Geheimroute aller für USA auf Südamerika fahrenden Handelsschiffe: Nach Verlassen Nordküste Brasiliens innerhalb Territorialgewässer von Cayenne bis Caracas, dann direkt nach der Straße zwischen Cuba und Haiti, dann direkt nach Charleston Hatteras und jetzt 10 Meilen innerhalb der Leuchtschiffe bis Baltimore.«[267]

Erste Verhaftungen deutscher Agenten

Die deutschen diplomatischen Bemühungen, Brasilien als neutrale Macht weiter aus dem Krieg herauszuhalten, mußten nach dem japanischen Angriff auf Pearl Harbor und dem amerikanischen Kriegseintritt vergeblich sein. Dieses nicht zuletzt deshalb, weil die Vereinigten Staaten in dieser Zeit die ausländische Macht mit dem größten wirtschaftlichen und politischen Einfluß in dem südamerikanischen Land waren. Der Kriegseintritt Brasiliens am 22. August 1942 hatte aber auch zwangsläufig, aufgrund des amerikanischen Druckes, ein Ende der bislang relativ ungestörten Arbeit der deutschen Agentennetze zur Folge.

Es begann damit, daß Schlegels Firma, die »Marathon Stahlgesellschaft« auf die »Schwarze Liste« der Alliierten gesetzt wurde. Da Schlegel nun befürchtete, auch überwacht zu werden, wollte er sich seines bei seinem Anwalt aufgestellten Funkgerätes entledigen. Er brachte daher den Apparat auf der Farm seines Freundes außerhalb von Rio de Janeiro unter.[268]

Mitte Dezember wurde Erwin Backhaus, Schlegels Beobachtungsposten in Recife, kurzfristig festgenommen. Er hatte sich den brasilianischen Sicherheitsbehörden durch zahlreiche Reisen in verschiedene andere Landesteile verdächtig gemacht.

---

264 Vgl. Hilton, a.a.O., S. 174.
265 Vgl. Teleg. der deutschen Botschaft in Buenos Aires/Marineattaché für OKW/Abwehr I v. 20.4.42/R 101879/Pol.Arch.
266 Ein für einen Agenten unmögliches Verhalten. Er mußte im Falle seiner Verhaftung damit rechnen, daß diese Unterlagen, was später auch geschah, als Beweismittel gegen ihn verwendet würden.
267 Ast.Hbg.B. Nr. 713/42 v. 14.2./BA-MA RW 49/559.
268 Vgl. Hilton, a.a.O., S. 160.

Nach seiner Verhaftung durchsuchte die Polizei seine Wohnung und hatte auch einen Briefwechsel mit Schlegels Firma gefunden. Nach seiner Haftentlassung erhielten er und Schlegel Warnungen der deutschen Botschaft, verbunden mit der Aufforderung, sämtliche belastenden nachrichtendienstlichen Unterlagen sofort zu vernichten.

Die Versuche von Schlegels Funker Trautmann, das Funkgerät auf der Farm wieder in Betrieb zu nehmen, scheiterten. Thielen, der Anwalt Schlegels, verließ vorsorglich Rio de Janeiro zu einem ausgedehnten Urlaub. Es wurden daher von diesem Netz keine Nachrichten mehr nach Deutschland abgesetzt. Am 18. Dezember informierte Schlegel die Abwehr über Engels Netz darüber, daß sich seine Gruppe aufgelöst habe.[269]

Auch die ungarische Zelle löste sich in dieser Zeit auf. Salamon war es zwar gelungen, einen ehemaligen Polizisten als Beobachtungsposten für Recife zu gewinnen.[270] Der jedoch erreichte die Stadt erst am 7. Dezember. Die Überwachung anreisender Fremder war hier jetzt erheblich verschärft worden. Am 10. Dezember schickte Salamon Diny Gaal, die Freundin seines Assistenten Moscan, auch nach Recife. Sie sollte dem Beobachter dort helfen. Als sie in Recife von Bord ihres Schiffes ging, geriet sie in eine Polizeikontrolle. Dabei wies sie sich durch eine Bescheinigung ihres Arbeitgebers Salamon aus. Dieser war der Polizei offenbar gut bekannt. Die Beamten wiesen sie darauf hin, daß Salamon ihnen bereits durch verdächtige Aktivitäten aufgefallen war.[271]

Durch seine Auseinandersetzung mit Horthy jr., der ihm das durch die Abwehr für ihn überwiesene Geld nicht auszahlte, wurde seine Lage immer schwieriger. Im Januar teilte ihm die Abwehr mit, daß Budapest seinen Diplomatenstatus widerrufen würde. Der Agent funkte der Abwehr, daß Horthy ihn an die Brasilianer verraten hätte.[272] Seinem Informanten in Recife ließ er die Nachricht zukommen, daß er seine Tätigkeit dort einstellen sollte, da er ihm kein Geld mehr schicken könnte. Sein Funker Moscan verließ Brasilien Mitte Januar mit dem Schiff und versuchte Europa zu erreichen. Nachdem die Bemühungen Salamons um eine Verlängerung seiner Aufenthaltsgenehmigung gescheitert waren, beschloß auch er, das Land zu verlassen. Am 21. Januar setzte er seine letzte Meldung an die Abwehr ab:

»Die für die Amerikaner wichtigsten Flugplätze sind Fortaleza, Natal, Belem, Recife und Bahia. Auf diesen Plätzen sind bereits amerikanische Ingenieure und Offiziere tätig...Bei den dort vorhandenen Flugzeugen handelt es sich vor allen Dingen um Bomber...die Startbahnen bestehen zur Zeit noch aus Schotter, es ist aber geplant, sie zu asphaltieren...in Kürze wird ein aus 15 Schiffen bestehender Geleitzug, der mit Lebensmitteln beladen ist, Rio verlassen. Er besteht aus holländischen und panamesischen Schiffen, die bereits beladen werden...«[273]

Unmittelbar vor seiner geplanten Abreise wurde Salamon aufgrund einer Anzeige

269 Vgl. Abwehrstelle im Wehrkreis X Br.B.Nr. 731 v. 18.12.1941/BA-MA RW 49/559.
270 Ast.Hbg.Br.B. Nr. 723/41 v. 11.12.41/BA-MA RW 49/559.
271 Diese Hinweise der Beamten dienten sicherlich dem Zweck, Salamon zu verunsichern.
272 Ast.Hbg.B. Nr. 731 v. 11.12.1941/BA-MA RW 49/558.
273 Ast.Hbg.B. Nr. 7852 v. 21.1.1942/BA-MA RW 49.603.

von Horthy von der brasilianischen Polizei für eine Woche in Gewahrsam genommen. Der Diplomat hatte behauptet, daß der Agent öffentliche Gelder unterschlagen hätte. Die Durchsuchung der Wohnung Salamons erbrachte hierfür allerdings keinerlei Beweise. Am 14. Februar verließ der Agent Brasilien mit dem spanischen Dampfer »Cabo de Hornos« in Richtung Lissabon.

Bis zu diesem Zeitpunkt war es Waltemath nicht gelungen, sein Funkgerät in Betrieb zu nehmen. Er hatte sich lediglich zu seiner Tarnung zusammen mit seinem Schwager eine Handelsvertretung aufgebaut. Ansonsten wartete er auf die Kontaktaufnahme durch von Kotze, der sich bereits in Kanada befinden mußte.

In Rio de Janeiro gelang es Frank Walter Jordan und seinen Informanten, ihre Aktivitäten geheimzuhalten. Gegen eine entsprechende Bezahlung lieferten seine Helfer immer noch das Material, welches er brauchte, insbesondere über Schiffsbewegungen im Hafen der Stadt. Am 28. Januar 1942 meldete er das Einlaufen von zwei schwer beschädigten US-Zerstörern in den Hafen von Rio de Janeiro und die Lieferung von 1 Mio. Paar amerikanischen Militärschuhen an das brasilianische Heer. Die Zerstörer wurden auf Werften des Hafens von Rio de Janeiro repariert.[274]

Das Netz von Friedrich Kempter arbeitete in dieser Zeit ohne Störungen, obgleich die brasilianische Regierung die Bewegungsfreiheit von Staatsangehörigen der Achsenstaaten nach dem Abbruch der diplomatischen Beziehungen zum Deutschen Reich am 29. Januar 1942 beschnitten hatte.[275] Der Besitz von Funkgeräten und Waffen wurde diesem Personenkreis vom gleichen Zeitpunkt an verboten.[276] Trotzdem fühlte Kempter sich sehr sicher, weil er in einem Haus wohnte, das dem brasilianischen Kriegsministerium gehörte.[277]

Da die deutsche Botschaft nach dem Abbruch der diplomatischen Beziehungen nicht mehr senden durfte, übernahm Kempter ihren notwendigen Funkverkehr, ebenso wie den für von Heyer (Humberto). Da die Abwehr befürchtete, daß Kempter durch diese massive Abgabe von Funksprüchen geortet werden könnte, wurde er angewiesen, nur das allerwichtigste der Botschaft in kürzester Form zu senden. Gleichzeitig sollte er aus Sicherheitsgründen den Umgang mit von Heyer einstellen, da die Hausdurchsuchungen der brasilianischen Polizei nach Funkgeräten erheblich zugenommen hatten.[278]

Nachrichten aus Argentinien, die bislang auch über Kempter geleitet worden waren, konnten jetzt direkt mit Hilfe eines dort aufgestellten Funkgerätes nach Deutschland übermittelt werden. Weiterhin mußten aber die Meldungen aus Ecuador nach Hamburg gefunkt werden. Dort mußte zwar der Agent Giese (»Greif«) auf Druck der Regierung das Land verlassen und nach Chile ausweichen. Seine Aufgaben waren von Bruno Lösche (»Lorenz«) übernommen worden. Dieser aber leitete seine Meldungen zur Weitergabe nach Deutschland weiterhin an Kempter. Dieser teilte Hamburg am 27. Januar 1942 dazu mit, daß er zwar viele Meldungen von »Lorenz« erhalten

---

274 Vgl. Abwehrstelle im Wehrkreis X B.Br.Nr. 732 v. 28.1.42/BA-MA RW 49/558.
275 Der Abbruch wurde bereits am 28.2.42 angekündigt, die entsprechende Note durch den brasilianischen Botschafter in Berlin aber erst am 29.2. überreicht.
276 Vgl. hierzu auch: FMK Brasilien meldet am 1.2.42/Ast.Hbg.B. Nr. 541/42 IM/ BA-MA RW 49/559.
277 Vgl. Ast.Hbg.B. Nr. 547 v. 22.2.42/BA-MA RW 49/559.
278 Vgl. Ast.Hbg.B. Nr. 723/42 v. 15.2.42/BA-MA RW 49/559.

habe, diese Nachrichten aber aus Sicherheitsgründen nicht sämtlich durchgeben könnte. Die Abwehr wies ihn daraufhin an, eine Zusammenfassung der Meldungen zu übermitteln.[279]

Aufgrund britischen Druckes wurde Karl Fink (»Star«), Kempters Beobachter in Recife, verhaftet. Die Abwehr erfuhr hierzu lediglich am 19. Februar, daß der Kontakt des Agenten zu Fink aus nicht bekannten Gründen abgebrochen war.[280] Der Nachrichtenfluß von Kempter nach Hamburg hielt auch während des gesamten Monats Februar 1942 an. Er lieferte Informationen über: die Bewaffnung amerikanischer Handelsschiffe, den Umbau von drei dieser Dampfer zu Truppentransportern in Rio, die Verstärkung der Überwachung des brasilianischen Küstenvorfeldes durch die US-Marine, die Verstärkung der Luftabwehr im Nordosten des Landes, ferner die Nachrichten von Lösche und Giese über die wachsende Präsenz der Amerikaner an der gesamten Pazifikküste.

Othmar Gamillschegs Versuche, sich einen eigenen Sender zu beschaffen, waren vergeblich geblieben. Er mußte seine Meldungen nach wie vor über das Gerät von von Heyer absetzen. Zwischenzeitlich war es ihm allerdings gelungen, einen portugiesischen Journalisten als V-Mann zu gewinnen, der den Decknamen »Tome« erhielt. Dieser bekam den Auftrag, über Lissabon nach Mozambique zu reisen, um von dort aus über den alliierten Luft- und Schiffsverkehr zu berichten. Kurz vor seiner Abreise, Weihnachen 1942, gelang es »Tome«, einen seiner Freunde, einen brasilianischen Juristen, Elias Silva, ebenfalls zur Mitarbeit zu gewinnen. Dieser sollte im Bereich des Panamakanals als Beobachter für den durchlaufenden Schiffsverkehr eingesetzt werden.[281]

Auch die Beobachter von »Alfredo« in Nordost-Brasilien schränkten ihre Aktivitäten nach dem 7. Dezember wegen der schwieriger gewordenen politischen Atmosphäre ein. Diese war durch den zunehmenden amerikanischen Druck auf die brasilianische Regierung wegen deren noch normalen Beziehungen zu den Achsenmächten entstanden.[282] Trotzdem gingen von Engels zwischen Dezember 1941 und Februar 1942 wichtige Nachrichten nach Deutschland. Er teilte mit, daß die brasilianische Regierung zu Beginn des Jahres 1942 die Einberufung von 100.000 Reservisten plante. Einige Tage später meldete er, daß die Regierung Vargas ihre Zustimmung zu einer Stationierung weiterer US-Streitkräfte im Nordosten des Landes verweigerte. Wenig später funkte er, daß Präsident Vargas trotz großen Drucks die Forderung der US-Regierung nach Wiederaufnahme diplomatischer Beziehungen zur Sowjetunion zurückgewiesen hatte.[283] Weiter teilte er die weitere Verstärkung der brasilianischen Küstenüberwachung durch amerikanische und brasilianische Flot-

279 Vgl. Ast.Hbg.B. Nr. 733 v. 19.2.42/BA-MA RW 49/559.
280 Vgl. Kempter an Abwehr. Verschiedene Funksprüche vom Ende des Monats Februar 1942.
281 Vgl. Ast.Hbg.B. Nr. 736 v. 22.2.42/BA-MA RW 49/559 – Silva wurde in späteren Funksprüchen als »Panama-Mann« bezeichnet.
282 Die folgenden Angaben sind den Funksprüchen von Engels an die Abwehr zwischen 1942 bis zum Februar 1942 entnommen. Sie befinden sich im Bestand RW 49 des BA/MA.
283 Die Regierung Vargas hatte am 16. Juli 1935 einen kommunistischen Aufstand in Pernambuco niedergeschlagen. Da sie hierbei eine sowjetische Mitwirkung annahm, lehnte sie auch jetzt die Aufnahme diplomatischer Beziehungen zur Sowjetunion ab, was die Amerikaner hätten wissen müssen.

teneinheiten und Flugzeuge mit. Kurz darauf meldete »Alfredo« eine starke Zunahme der Anzahl der Flugzeuge, die für den Nahen Osten bestimmt waren und in Nordost-Brasilien zwischenlandeten.

Sehr wichtig für die Abwehr waren auch die Nachrichten, die Engels von seinen Agenten aus den USA erhielt und an die Abwehr weiterleitete. Die Verbindungen »Alfredos« zu brasilianischen Luftwaffenoffizieren, die kürzlich in den USA gewesen waren, gaben ihm die Möglichkeit, über die dortige Produktion von Militärfahrzeugen, von Flugzeugen der Firma Curtiss, aber auch die Herstellung von Landungsfahrzeugen zur Durchführung amphibischer Operationen zu berichten. Die Abwehr verlangte offenbar immer mehr wehrwirtschaftliche Informationen aus den USA, insbesondere aber über die Flugzeugproduktion, die Umrüstung ziviler Betriebe auf militärische Produktion und die Ausbildung von Flugzeugführern.[284]

Nach dem Abbruch der diplomatischen Beziehungen zwischen Brasilien und dem Deutschen Reich am 29. Januar 1942 und dem damit verbundenen Verbot der brasilianischen Regierung für die deutsche Botschaft in Rio de Janeiro, weiterhin mit Deutschland in Funkverbindung zu stehen, wurden auch Funksprüche von Botschafter Dr. Curt Prüfer und dem Militärattaché, General Günther Niedenführ, über das Funkgerät von »Alfredo« abgesetzt. Nachrichten des Reichsaußenministeriums für die deutschen Diplomaten wurden auch von diesem Sender aufgenommen.[285]

Zusätzlich wurde das Funkgerät von Engels noch von Georg Blass in Anspruch genommen. Dieser, Leiter einer Sabotagegruppe, wartete auf Einsatzbefehle der Abwehr aus Berlin. Er war 1940 von der Abwehr II angeworben worden und hatte den Auftrag bekommen, ein Sabotagenetz für ganz Südamerika zu organisieren. Aus diesem Grund verfügte er über einsatzbereite Agenten in allen südamerikanischen Ländern. Da Blass wegen möglicher Einsätze über eine schnelle Funkverbindung verfügen mußte, stellte ihm »Alfredo« hierfür sein Funkgerät zur Verfügung.

Nach der Abreise von Salamon waren einige seiner ehemaligen Mitarbeiter ohne Beschäftigung. Sie wandten sich daher an die deutsche Botschaft, die ihnen einen Kontakt zu Engels und von Heyer vermittelte. »Alfredo« überredete den Elektroingenieur Nagy, ihm das Funkgerät Salamons, das bei ihm untergestellt worden war, zu überlassen und ihm außerdem noch ein weiteres zu bauen.[286] Von Heyer und Engels trafen sich mit Santos[287] und überredeten ihn wieder, nach Recife zu gehen, um von dort die Entwicklungen in Nordost-Brasilien zu beobachten. Seine mit unsichtbarer Tinte verfaßten Meldungen sollte er an einen »Briefkasten«, die Anschrift eines ehemaligen Integralisten, übersenden.[288] Santos sollte in Recife zunächst Kontakt zu Hans Sievert, einem Angestellten der Firma Stoltz, aufnehmen. Der V-Mann stellte

284 Vgl. Vermerk Abwehr über Funkspruch an Engels v. 4.3.1942/BA-MA RW 48/374.

285 Auch über das Gerät von von Heyer wurde ein Teil dieses Funkverkehrs abgewickelt. Ein weiterer Teil der Funkverbindung lief über die deutsche Botschaft in Buenos Aires. Die hier eingehenden und abgehenden Meldungen aus Brasilien wurden über den Kurierweg erledigt.

286 Vgl. Ast.Hbg.B. Nr. 729 v. 12.2.1942/BA-MA RW 49/559.

287 Diese offenbar sehr enge Zusammenarbeit entsprach keineswegs den Regeln nachrichtendienstlicher Tätigkeit.

288 Vgl. Hilton, a.a.O., S. 179. Es gab eine Vielzahl von Kontakten der deutschen Netze zu ehemaligen Integralisten. Es ist nicht auszuschließen, daß einige von ihnen unter Beobachtung der politischen Polizei standen, die auch auf diese Weise auf das Agentennetz aufmerksam wurde.

allerdings gleich nach seiner Ankunft fest, daß Sievert unter polizeilicher Überwachung stand. Er wurde zwei Wochen später verhaftet. Santos geriet unter Polizeiüberwachung, als er mit seinem Wagen in der Nähe des von den brasilianischen Sicherheitsbehörden überwachten Hauses des deutschen Honorarkonsuls von den Steinen parkte und dabei seine Zulassungsnummer registriert wurde.

Der Abwehr bereitete die Verhaftung von Backhaus, Schlegels Mann in Recife, Sorgen. Engels funkte hierzu jedoch am 26. Februar nach Berlin, daß der verhaftete Agent weder ihn noch von Heyer kennen würde.[289] Das Amt Ausland/Abwehr jedoch ließ Botschafter Prüfer jetzt durch das Auswärtige Amt anweisen, daß er das Funkgerät von »Alfredo« lediglich in dringenden Fällen für nur ganz kurze Funksprüche benutzen sollte.[290]

Trotz einiger Schwierigkeiten arbeiteten die deutschen Agentennetze im Frühjahr 1942 in Brasilien noch zufriedenstellend. Die Abwehr mußte allerdings künftig damit rechnen, daß der zunehmende alliierte Einfluß in diesem südamerikanischen Land die Tätigkeit ihrer Agenten wesentlich erschweren würde.

Das Problem der inneren Sicherheit Brasiliens[291]: Bereits 1937/38 hatte es aufgrund missionierenden Übereifers einiger NS-Funktionäre unter der starken deutschen Minderheit in Südbrasilien Spannungen zwischen dem Deutschen Reich und Brasilien gegeben, die aber formal schnell beigelegt werden konnten. Die brasilianische Regierung schien eingesehen zu haben, daß die deutschen Nationalsozialisten bei ihrer politischen Arbeit innerhalb der deutschen Volksgruppe keine
Kontakte zu den brasilianischen Grünhemden gesucht hatten. Nur eine Zusammenarbeit dieser beiden ideologieverwandten Bewegungen wäre von der Regierung Vargas als ernsthafte Gefahr betrachtet worden, gegen die die brasilianischen Behörden mit aller Schärfe vorgegangen wären. Dieses insbesondere deshalb, weil der Regierung der Integralistenaufstand noch in unguter Erinnerung war.

Obgleich die Unstimmigkeiten auf der Regierungsebene schnell beigelegt werden konnte, wurde die deutsche Volksgruppe im Süden des Landes weiter von der Armee und der politischen Polizei beobachtet.

Noch 1938 befahl der Kriegsminister, General Dutra, die zeitweise Postüberwachung der von Deutschland nach Südbrasilien gehenden Postsendungen, was wiederum zu wiederholten Protesten der deutschen Botschaft bei der brasilianischen Regierung führte. Die Armee war es, die auch in der Folgezeit durch die Organisation eines besonderen Dienstes die deutsche Minderheit einer ständigen Überwachung unterwerfen wollte. Ein solcher spezieller Nachrichtendienst wurde aber nicht eingerichtet. Die nach Ausbruch des Krieges neuerlich verschärfte Überwachung der deutschen Minderheit ergab wiederum nichts Verdächtiges.

289 Vgl. Ast.Hbg.B. Nr. 734 v. 26.2.1942/BA-MA RW 49/559.
290 Vgl. Abwehrabt.I Nr. 1378/42 gKdos v. 1.3.42/R 101879 Pol.Arch. d. AA.
291 Vgl. Levine, Robert, The Vargas Regime: The Critical Years 1934-1938, N.Y. 1970.

4. Die Maßnahmen der Alliierten gegen die deutschen Agentennetze in Brasilien

Die Alliierten waren bei ihrem Kampf gegen die deutschen Agenten klar im Vorteil. Sie konnten hierfür eine große Zahl gutausgebildeter »Vollzeitagenten« einsetzen, die den deutschen »Freizeitagenten« überlegen waren. Außerdem waren sie in der Lage, erheblich mehr finanzielle Mittel für eine größere Anzahl von Zuträgern und Informanten einzusetzen, als die deutsche Seite. Sie konnten daher ein großes, und wie es scheint, auch effektives Überwachungssystem aller von ihnen als deutsche Agenten verdächtigten Personen aufbauen. Dieses ermöglichte ihnen, sehr schnell die Mehrzahl der Abwehragenten zu identifizieren und laufend zu überwachen. Nur wenige der Beobachteten bemerkten diese Überwachung rechtzeitig.

Es gelang den Alliierten aber auch, Abwehragenten »umzudrehen«, sie für sich als Doppelagenten weiterarbeiten zu lassen und mit ihrer Hilfe weitere deutsche Agenten zu identifizieren. Von Kotze, ein vor dem Krieg in Südafrika erfolgreicher deutscher Geschäftsmann, trat in Südamerika als mit einem Diplomatenpaß ausgestatteter Vertreter des Reichswirtschaftsministeriums auf, wurde von den Engländern in Argentinien »umgedreht« und arbeitete für sie als Doppelagent unter dem Decknamen »Springbock«.[292]

Engels (»Alfredo«) wurde durch den Doppelagenten Dusko Popov (»Ivan«) identifiziert. Dieser sollte für die Abwehr ein neues Agentennetz in den USA aufbauen. Popov war aber vor der Aufnahme seiner Tätigkeit für die Abwehr von den Briten bereits unter dem Namen »Tricycle« angeworben worden. Er übergab den Engländern auch den von der Abwehr als strenges Geheimnis gehüteten »Mikropunkt«. »Ivan« hatte, als er Deutschland verließ, eine Reihe von Kontaktadressen von der Abwehr bekommen. Unter diesen befand sich auch die von Engels, mit dem er sich in Rio de Janeiro traf.[293]

Die wirksamste Waffe der Alliierten gegen die deutschen Agenten aber war der von der Abwehr weitgehend unbemerkt gebliebene Einbruch in den Agentenfunkverkehr.

Die Engländer kontrollierten seit Beginn des Jahres 1941 von Kanada aus durch den Geheimdienst der Admiralität flächendeckend den europäischen Funkverkehr, insbesondere aber den in Spanien und Portugal. Hierdurch erfuhren sie vieles über den deutschen Agentenkurierverkehr zwischen der Iberischen Halbinsel und Südamerika. Ferner wurde ihnen bekannt, daß die deutschen Agenten in den südamerikanischen Ländern sehr genau den Schiffsverkehr zwischen diesen und England beobachteten und nach Deutschland berichteten. Da der Inhalt brieflicher Agentenmeldungen, die an die »Briefkästen« in Lissabon und Madrid gegangen waren, von den dortigen Abwehrstellen aus Gründen der Zeitersparnis durch Funk nach Hamburg weitergegeben wurde, konnten die Engländer auch diese Nachrichten »mitlesen«.[294]

---

292 Vgl. Hyde, Room 3603, a.a.O., S. 222.
293 Vgl. Popov, a.a.O., S. 179 ff.
294 Vgl. Montagu, Beyond Top Secret Ultra, a.a.O., S. 46 ff, 64, 85 ff.; Stevenson, a.a.O., S. 369.

Die Amerikaner überwachten den Funkverkehr der in Brasilien, Mexiko und anderen südamerikanischen Ländern eingesetzten deutschen Abwehragenten. Zu Beginn des Krieges wurde diese Überwachung durch die Federal Communication Comission mit Hilfe ihrer sieben Abhörstationen in den USA durchgeführt.[295] Nach der Niederlage Frankreichs wurden der FCC 1,6 Mio. Dollar zur Ausweitung ihrer Abhörkapazitäten bewilligt. In Texas konnte daraufhin eine weitere Station errichtet werden, der in Zusammenarbeit mit der Armee mehr als dreißig Abhörposten nachgeordnet wurden. Auf diese Weise gelang es den Amerikanern, eine noch lückenlosere Funküberwachung der mittel- und südamerikanischen Länder zu organisieren. Der Funkverkehr von Engels, Schlegel, von Heyer, Starcziny und Salamon und ihrer Informanten in Mexiko und anderen südamerikanischen Ländern wurde auf diese Weise nahezu lückenlos abgehört und decodiert. Hierbei bereitete die Entschlüsselung der Funksprüche deshalb keinerlei Schwierigkeiten, weil dem Funkpartner in der Regel vorher mitgeteilt wurde, nach welchem Buch verschlüsselt worden war. Die deutsche Abwehr rechnete offensichtlich nicht damit, abgehört zu werden.

Im Januar 1941 wurden die amerikanischen Abhörkapazitäten wesentlich erhöht. Die FCC richtete fünf weitere Abhörstationen und sechzig nachgeordnete Abhörposten ein. Aber auch andere US-Institutionen hörten den gegnerischen Funkverkehr ab. Die US-Marine richtete 1941 eine eigene Station in Recife ein. Die Coast-Guards und die Nachrichtentruppe des Heeres hörten ebenfalls ab. Die Geheimdienstabteilung dieser Truppe wurde von Oberst Friedman geführt, der später die japanischen Funkschlüssel »knackte«.[296]

Aber auch das US-Finanzministerium verfügte über Abhörstellen auf den Philippinen, Hawai, in der Panamakanal-Zone und später auch in Texas, Kalifornien und New Jersey. Auch diese Stellen hörten insbesondere den Funkverkehr in Südamerika ab.[297]

Das State Department erhielt von allen Abhördiensten Kopien der mitgehörten und entschlüsselten Funksprüche. Alle Südamerika betreffenden Funksprüche wurden auch an die US-Botschaft in Rio de Janeiro weitergeleitet. Hier konnte mit Hilfe dieser Unterlagen eine Reihe deutscher Agenten identifiziert werden. Auch Kempter wurde auf diese Weise enttarnt und später beschattet.

Die US-Botschaft gab ihre Erkenntnisse jedoch nicht an die Engländer weiter. Auch die brasilianischen Behörden wurden von den Amerikanern nicht zum Eingreifen aufgefordert. Die US-Beamten waren der Meinung, daß es sehr viel wichtiger war, die Funksprüche weiter zu lesen, um auf diese Weise informiert zu sein, als die deutschen Agenten verhaften zu lassen.

Unmittelbar nach dem japanischen Angriff auf Pearl Harbor am 7. Dezember 1941 und der deutsch-italienischen Kriegserklärung an die USA wurde der Druck der Regierungen in Washington und London auf die Brasilianer größer, gegen die Staats-

---

295 Vgl. ebenda.
296 Vgl. Clark, Ronald, The Man Who Broke The Purple: The Life of Col. William F. Friedman, Boston 1977, S. 121, 185 ff.; FBI-Report German Espionage in Latin America, Juni 1946, a.a.O.
297 Vgl. Hilton, a.a.O., S. 219.

angehörigen der Achsenmächte vorzugehen, die Funk- und Telegrapheneinrichtungen in einer für die Hemisphäre feindlichen Weise benutzten.[298]
Der brasilianische Außenminister Aranha versicherte dem US-Botschafter Jefferson Caffery, daß seine Regierung entsprechend verfahren würde. Aber nicht nur das State Department, das vornehmlich an einem Abbruch der immer noch intakten Funk- und Flugverbindung der LATI mit Europa interessiert war, sondern auch die US Army und Navy verlangten aus Sicherheitsgründen jetzt ein völliges Funkverbot für die Staatsangehörigen der Achsenmächte.[299]
Am 8. Dezember wies General Monteiro seine Distriktsbefehlshaber an, »verdächtige«[300] Staatsangehörige der Achsenstaaten weiter zu beobachten. Da aber die Deutschfreundlichkeit des Generals bekannt war, wußte jeder, der diesen Befehl erhielt, wie er tatsächlich gemeint war. Der Polizeichef Filinto Müller leitete auf Weisung von Präsident Vargas einen ähnlich lautenden Befehl an die Bundespolizei weiter. Bereits am 11. Dezember teilte er aber dem deutschen Militärattaché General Niedenführ zunächst telefonisch mit, daß die Staatsangehörigen der Achsenstaaten nicht weiter belästigt werden würden. Wenige Tage später versicherte er dem deutschen General in einem persönlichen Gespräch, daß sich die freundschaftliche Haltung der brasilianischen Regierung gegenüber dem Deutschen Reich selbstverständlich nicht geändert habe.[301]
Auf Druck der US Army, die in der deutschen Spionage in Brasilien eine große Gefahr für die über Natal laufende amerikanische Luftbrücke zur Versorgung des Nahen und Fernen Ostens sah, wurde Botschafter Caffery vom State Department angewiesen, auf Abhilfe bei den Brasilianern zu drängen.[302]
Da die Amerikaner den brasilianischen Dienststellen aus verständlichen Gründen keine Mitteilung über den von ihnen in Brasilien abgehörten deutschen Agentenverkehr machten, waren die Behörden des Landes über die deutschen Spionageaktivitäten nicht nur nicht informiert, sondern an ihnen auch nicht interessiert. Dieses solange nicht, wie es keine deutsche Zusammenarbeit mit den Grünhemden gab, durch die sich das Vargas-Regime bedroht fühlen konnte.
Die Brasilianer verfügten überdies über keine Peilwagen, mit deren Hilfe sie die deutschen Sender hätten lokalisieren können. Die Sicherheitsbehörden des Landes waren daher nur in wenigen Fällen deutschen geheimdienstlichen Aktivitäten auf die Spur gekommen. Es gelang ihnen, in den Ring von Gamillscheg (»Grillo«) über dessen Mitarbeiter Wamszer, den Jura-Studenten und Agenten der brasilianischen politischen Polizei, Elias Silva, einzuschleusen. Dieser wurde aber von seinem Agentenführer nach Panama geschickt, bevor er »Grillo« identifizieren konnte. Ferner gelang es den Brasilianern, den zeitweiligen Polizeidolmetscher, der Engels mit In-

298 Vgl. Hilton, a.a.O.
299 Eine Forderung, die angesichts der offensichtlichen totalen Funküberwachung durch die Amerikaner und Engländer gänzlich unverständlich ist. Da sie angeblich alle deutschen Agentenfunksprüche mitlesen konnten, waren, wenn erforderlich, notwendige Gegenmaßnahmen durch sie jederzeit möglich. Bei der Aushebung aller deutschen Sender mußten sie aber damit rechnen, daß ihre Gegner neue einrichten würden, die dann zunächst von ihnen geortet werden mußten.
300 Was immer darunter zu verstehen sein mochte!
301 Vgl. hierzu Notiz v. 13. Dezember 1941 von RAM für Abwehr I in R 101879 Pol.Arch. d. AA.
302 Vgl. Hyde, Room 3603, S. 147 und Stevenson, a.a.O., S. 269.

formationen belieferte, zu identifizieren. Pinto traf sich, was sein Auftraggeber sicherlich nicht wußte, ständig mit ehemaligen Integralisten, was ihn wiederum für die Brasilianer gefährlich machte.[303]

Zu Beginn des Jahres 1942 verschärften die Engländer ihre Briefzensur auf den Bermudas erheblich.[304]

In Recife wurde Anfang 1942 Karl Fink, ein Mitarbeiter von Kempter und in der gleichen Zeit auch Hans Sievert, der für von Heyer tätig gewesen war, verhaftet. Dem FBI war es im Frühjahr 1942 gelungen, »Alfredo« als Engels sowie auch Kempter zu identifizieren.[305]

Der zunehmende Druck der Amerikaner und Engländer auf die südamerikanischen Regierungen sowie ihr vermehrter Einsatz an Agenten und technischem Material in diesen Ländern erschwerten die Situation der deutschen Agentenringe insbesondere in Brasilien außerordentlich.

5. Der Zusammenbruch der Abwehrorganisation in Brasilien

Die deutschen Agenten in Brasilien hatten ihre schwieriger werdende Lage der Abwehr bereits in einigen Meldungen mitgeteilt. Am 1. Februar wurde aus Rio de Janeiro gemeldet:

»...zahlreiche Verordnungen gegen Achsenangehörige...Benutzung der Achsensprache in Wort und Schrift außer Haus verboten... durch Gesetz wurde die Aufhebung der Freizügigkeit und Ablieferung der Waffen verfügt...«[306]

Am 15. Februar erreichte die Abwehr in Hamburg folgender weiterer Funkspruch aus Brasilien: »...Lage in Rio gespannt. Hausdurchsuchungen sind häufig...außerdem fieberhafte Suche nach Geheimsendern...«[307] Aufgrund dieser und weiterer Meldungen konnte die Abwehr von der nun folgenden Entwicklung, die auch zur völligen Zerschlagung ihrer Agentennetze in Brasilien führte, nicht überrascht sein.

Am 10. März wurde »Lukas« (Josef Starziczny) in seinem Haus verhaftet. Einer seiner letzten Funksprüche, die er am 6. März nach Hamburg absetzen konnte, hatte den folgende Wortlaut: »...Im Januar flogen von Natal nach Afrika 48 Flugzeuge vom Typ 1317 E. Bewaffnung je 5 MG Kaliber 12,5 mm und 6 Flugzeuge 1324 mit Kanonen bestückt.« Zusatz Ast.: Typenbezeichnung soll vermutlich lauten: B17 bzw. B24.[308]

303 Vgl. Hilton, a.a.O, S. 224.
304 Hier hatten sie ein sehr großes Zensurzentrum für die Postsendungen, die von Nord-, Mittel- und Südamerika nach Europa und von dort nach Amerika gingen, eingerichtet. Durch die hier durchgeführte Kontrolle gelang es ihnen, einige der deutschen Agenten zu identifizieren. Diese wurden in der Regel vor Ort von amerikanischen Agenten weiter beobachtet. Die Amerikaner wiederum verstärkten ihre Bemühungen, die deutschen Agentensender exakt zu lokalisieren. Aus diesem Grund stellten sie allein im März 1942 in Brasilien vier starke Peilsender bereit. Hiermit entsprachen sie auch einer Bitte der brasilianischen Regierung. Vgl. Hilton, a.a.O., S. 225, aber auch Deutsche Botschaft Buenos Aires Nr. 931 v. 30.3.1942/R 101879/Pol.Arch.
305 Vgl. FBI-Report, a.a.O.
306 Ast.Hbg.Br.B. Nr. 541/v. 2.2.42/BA-MA RW 49/559.
307 Ast.Hbg.B. Nr. 723/42 IM v. 15.2.1942/BA-MA RW 49/559.
308 Ast.Hbg.B. Nr. 1022/42 IM/BA-MA RW 49/559.

»Lukas« war über den Besitzer des Elektroladens, bei dem er unvorsichtigerweise unter dem Namen »Mendes« das Ondometer für das neue Funkgerät für Ulli Übele bestellt hatte, enttarnt worden. Als dieses von einem Freund Übeles abgeholt wurde, führte dieser die Polizei zu Übele. Dieser hatte das Funkgerät bei einem Freund abgestellt, der es wiederum bei einem Integralisten untergestellt hatte. Der hatte es an ein weiteres Grünhemd weitergereicht. Jetzt, da Integralisten in die Angelegenheit verwickelt waren, wurde dieser Fall für die Sicherheitsbehörden zu einem Problem der inneren Sicherheit des Landes. Dieses um so mehr, als der zwischenzeitlich auch verhaftete Heinrich Bleinroth von der Gruppe in Santos ebenfalls einige ehemalige Integralisten als Informanten beschäftigt hatte.

Der brasilianischen politischen Polizei mußte sich jetzt vielleicht der Verdacht aufdrängen, daß es doch eine integralistisch-nationalsozialistische Zusammenarbeit geben konnte, die das Vargas-Regime bedrohte. Es gab daher für die Sicherheitsorgane einen sehr wichtigen Grund, allen ähnlichen Fällen sehr viel sorgfältiger nachzugehen.

Der Text des letzten von Starziczny am 9. März 1942 abgesetzten Funkspruchs hatte den folgenden Wortlaut: »...Britischer Dampfer ›Queen Mary‹, als Truppentransporter mit 8.000 kanadischen Soldaten an Bord, hat Rio de Janeiro am 8.3. um fünf Uhr nachmittags verlassen...«[309]

Der Text dieses Funkspruches war bei der Durchsuchung des Hauses von »Lukas« von den Brasilianern gefunden worden, die ihn sofort an die Amerikaner weitergaben. Diese informierten die Engländer, die wiederum eine Warnung an das Schiff funkten.[310]

Die Abwehr wurde über die Verhaftung von »Lukas« am 29. März durch einen Bericht der deutschen Botschaft in Buenos Aires informiert.

»...Zeitungsbericht United Press aus Rio de Janeiro vom 29. März. Als Chef der deutschen Nachrichtenzentrale in Rio de Janeiro wird von brasilianischer Polizei der Däne Nils Christiensen[311] bezeichnet. Dieser war Chef des Funkdepartements der deutschen Admiralität und verfügte über hunderte von Spionen in den USA, England, Brasilien, Argentinien, Uruguay und Afrika sowie an Bord alliierter Handelsschiffe. Mit seiner Verhaftung und der von 200 Komplicen wurde die Organisation zerstört, die für Schiffsversenkungen im Nord- und Südatlantik verantwortlich war. Die Polizei beschlagnahmte Geheimcode der deutschen Marine, benutzt für die Verbindung Rio de Janeiro-Berlin. Dampfer ›Hermes‹ habe 1941 Reise von Bordeaux nach Rio de Janeiro zu ausdrücklichem Zweck gemacht, Christiensen ins Land zu bringen...«[312]

Die deutsche Abwehr konnte diesem Bericht trotz vieler Übertreibungen und Unrichtigkeiten unter anderem entnehmen, daß die von »Lukas« benutzten Schlüssel

---

309 Ast.Hbg.Br.B. Nr. 1026/42 IM v. 8.3.42/BA-MA RW 49/559. Tatsächlich transportierte das Schiff 9.000 Amerikaner für den Fernen Osten.
310 Vgl. Hilton, a.a.O., S. 229.
311 Unter diesem Namen war »Lukas« nach Brasilien gekommen.
312 Nr. 920 v. 29.3.1942 für OKW/Abwehr IM/R 101879/Pol.Arch. d. AA.

auch in die Hände des Gegners gefallen waren und daraufhin entsprechende Gegenmaßnahmen ergreifen.

Am 11. März unterzeichnete Präsident Vargas ein Gesetz, wonach Firmen der Achsenmächte für die Schäden zu haften hätten, die Brasilianer durch Versenkung ihrer Schiffe erlitten hatten.

Die öffentliche Meinung in Brasilien wendete sich jetzt massiv gegen Deutschland. Kempter funkte daher am 12. März an die Abwehr: »...Exzesse gegen die Deutschen erreichten heute in Rio ihren Höhepunkt...«[313]

Ein Bericht der deutschen Botschaft in Buenos Aires, der Berlin erst am 29. März erreichte, bestätigte die kurze Funkmeldung Kempters.[314]

»...Durch ungehemmte Pressehetze hervorgerufene Spionagepsychose veranlaßte Behörden im ganzen Land zahlreiche Deutsche und Deutschstämmige zu verhaften. Auch Ausschreitungen gegen Eigentum und andere Objekte sind vorgekommen. Gründe für Verhaftungen werden geheim gehalten. Verhaftete dürfen nicht besucht werden. Aus Ermittlungen hervorgeht, daß Denunziation wegen unerlaubten Radiosendens Anlaß zu Verhaftungen...deutschfeindliche Demonstrationen wie in Rio de Janeiro am 12. März später auch aus Bahia, Recife und den Südstaaten gemeldet...wegen angerichteten Schadens Ermittlungen im Gange...«[315]

Engels und den anderen Abwehragenten wurde deutlich, daß ihre verbleibende Zeit in Freiheit begrenzt war. Engels, der die Weisung bekommen hatte, »Lukas« weitere 15.000 US-$ auszuhändigen, versuchte vergeblich, diesen telefonisch zu erreichen. Als sich unter seinem Telefonanschluß nach zahlreichen Versuchen jemand in portugiesisch meldete, vermutete »Alfredo«, daß »Lukas« verhaftet worden war. Da aber Starziczny die Identität von Engels kannte, traf dieser für den Fall seiner Verhaftung seine Vorbereitungen. Er verbrannte alles ihn belastende Material und übergab sämtliche in seinem Besitz befindlichen Abwehrgelder am 16. März an den SD-Agenten Becker, der sich nach Argentinien absetzen wollte. Am 17. März funkte Engels noch eine Meldung an die Abwehr: »Üble kurzfristig in Haft, aber wieder entlassen. Keine weiteren Konsequenzen zu befürchten.«[316] Aufgrund des zunehmenden Druckes der Amerikaner und Engländer auf die brasilianischen Behörden und der von ihnen gelieferten Informationen über die der Spionage für das Deutsche Reich verdächtigten Personen wurden am 18. März eine Reihe deutscher Agenten verhaftet. Engels, von Heyer und Kempter waren die ersten. Am 20. März folgten Kempters Mitarbeiter Häring und Meier. Einen Tag später wurden der zum Netz von »Lukas« gehörende Schwab und Kempters Mitarbeiter Heribert Müller verhaftet.[317]

---

313 Ast.Hbg.Nr. 54142 IM/v. 12.3.42/BA-MA RW 49/559.
314 Nach dem Abbruch der diplomatischen Beziehungen durfte die deutsche Botschaft in Rio de Janeiro keine Funksprüche mehr absetzen. Wichtige Mitteilungen wurden daher solange wie es möglich war, über Agentensender gefunkt oder auf Umwegen nach Buenos Aires weitergeleitet und vom dortigen Botschaftssender nach Berlin gefunkt. Der lange Weg über Argentinien erklärt, weshalb die o.g. Vorgänge Berlin erst am 23.3. bekannt wurden.
315 Nr. 915 v. 28.3.42/Botschaft Buenos Aires an Reichsaußenministerium/R 101879 Pol.Arch. d.AA.
316 Ast.Hbg.Br.B. Nr. 1032/42 Img. v. 17.3.42/BA-MA RW 49/559.
317 Vgl. Abschrift R 11010/II Auswärtiges Amt v. 30.4.42 R 101879 Pol.Arch. d. AA.

Salamons Funker Nagy, der zuletzt ein Funkgerät für von Heyer gebaut hatte, wurde kurz darauf in Gewahrsam genommen. Salamon und Moscan gerieten auf ihrem Weg nach Europa in Trinidad in die Hände der Engländer. Adalberto Wamszer, der Mitarbeiter von Gamillscheg, wurde am 25. März festgenommen.

Dem deutschen Militärattaché in Rio de Janeiro, General Niedenführ, der sich zwar in der brasilianischen Hauptstadt frei bewegen, jedoch offiziell keine Nachricht über diese Vorgänge nach Berlin geben konnte, gelang es, einen entsprechenden Bericht nach Buenos Aires zu schmuggeln. Diesen gab die dortige Botschaft nach Berlin durch:

»Von Militärattaché Rio einging getarnter Brief. ›Alfredo‹ Opfer seines Berufes geworden. Durch Unvorsichtigkeit eines Angestellten erfolgte Explosion in seinem Betrieb, durch die dieser völlig zerstört und größter Teil seiner Belegschaft arbeitsunfähig.«[318]

Der Marineattaché der Botschaft in Buenos Aires fügte diesem Schlüsseltelegramm folgendes hinzu:

»Da die Funkstelle ›Albrecht‹ (gem. ist sicherlich ›Alfred‹, d.Verf.) der Außenstelle Brasilien zuletzt am 19.3. gearbeitet hat und seitdem ohne Angabe schweigt, ist anzunehmen, daß die vorstehende Meldung den Tatsachen entspricht, d.h. daß die Außenstelle Brasilien, vor allen Dingen ihr Leiter Engels, durch die Unvorsichtigkeit eines Unter-V-Mannes kompromittiert und vom Gegner ausgehoben worden ist...In einem seiner letzten Funksprüche meldete ›Alfredo‹ folgendes: Meyer-Clasen in Porto Alegre verhaftet. Denunzierte Leo und Arnold. Darauf Arnold in Sao Paulo verhaftet und nach Porto Alegre transportiert. Ich befürchte, daß Meyer auch Punktverfahren denunziert.[319] Einstelle bis auf weiteres. Angebt welche Tinten mit Max verkehren kann. ›Alfredo‹ «[320]

Durch diese Meldung wurde die Abwehr zwar über den Ausfall ihres wichtigsten Netzes informiert, wußte jedoch nicht, daß auch die anderen Agentenringe weitgehend zerschlagen worden waren und sie daher künftig aus Brasilien keine Nachrichten mehr erwarten konnte.

Aber auch das chilenische Netz »Bach« (Ludwig von Bohlen), von dem Nachrichten zur Weitergabe nach Deutschland an Engels geleitet worden waren, fiel zunächst aus.

Die Abwehr erhielt während dieser Zeit aber auch von Diplomaten befreundeter Staaten die so dringend benötigten Informationen über das, was sich in Brasilien zutrug. Der spanische Botschafter in der brasilianischen Hauptstadt meldete am 28. März:

»...deutscher Wahlkonsul in Santos (Otto Übele, d. Verf.) wurde nicht verhaftet, wohnt z.Zt. in Sao Paulo. Sein Sohn, Hans Übele, befindet sich verhaftet in Santos, weil bei ihm gewisse Schriftstücke gefunden wurden. Es gibt auch keine allgemeine Verhaftungsverfügung gegen die Deutschen, wenn es auch im ganzen Land bis-

---

318 A.Aus.Abwehr B.B. Nr. 516/42 Gkdos v. 23.3.42 R 101879 Pol.Arch. d. AA.
319 Hiermit war das Mikrodotverfahren gemeint, das aber bereits von Popov verraten worden war, ohne daß die Abwehr davon wußte.
320 Ausl.Abwehr IM/A Br.B. Nr. 516/42 gKdos v. 23.3.42/R 101879 Pol.Arch. d. AA.

her einige von regierungswegen Verhaftete gibt, die angeklagt sind, in ihren Häusern Radiosender, Waffen oder als gegen Brasilien gerichtete Propaganda angesehene Schriftstücke zu haben...unter den Verhafteten sind...von unbekannter Nationalität, Kempter und Christiensen...«[321]

Aus dieser Meldung erfuhr nun die Abwehr, daß ihr nach Engels wichtigster Agent in Brasilien, Kempter, auch festgenommen worden war.[322] Diese Meldung wurde durch weitere Nachrichten der Botschaft in Buenos Aires mit den Namen anderer verhafteter Agenten, wie Hans Muth, ergänzt.[323]

General Niedenführ, der Militärattaché der Botschaft in Rio de Janeiro, teilte über Buenos Aires mit, daß »Alfredo«, »Humberto« sowie viele andere, insgesamt 45 Personen, festgenommen worden waren. »Laura« sei aber bislang unbehelligt geblieben und bemüht, aus dem noch Vorhandenen etwas Neues aufzubauen.[324]

Dem Marineattaché in der brasilianischen Hauptstadt gelang es am 30. April 1942 die folgende Meldung nach Buenos Aires durchzubringen:

»Obwohl direkte Beweise nicht vorliegen, zieht sich das Netz um ›Alfredo‹ durch Geständnisse von Clastuy (Clasen), Christiensen und wohl durch nachträglich entzifferte Funksprüche immer mehr zusammen. Starke Freunde mit Nachdruck an der Arbeit mit Ziel Freilassung. Erfolg wird jedoch immer problematischer. Neue Verhaftungen: Engling, Thielen und Schlegel...«[325]

Engels hatte sich offensichtlich bis zu diesem Zeitpunkt so geschickt verhalten, daß ihm die Brasilianer nichts beweisen konnten, obgleich sie zu Recht vermuteten, daß er der Kopf der deutschen Spionage in Brasilien gewesen war. In der Nacht vom 6./7. April verhafteten die brasilianischen Sicherheitsbehörden auch Gamillscheg (Grillo). Da auch er vor seiner Festnahme sämtliche belastenden Unterlagen vernichtet hatte, konnte auch ihm zunächst nichts nachgewiesen werden. General Niedenführ hatte von brasilianischer Seite vertraulich erfahren, daß sechs Funksprüche an Christiensen und Kempter entschlüsselt worden waren. Außerdem kannten die Brasilianer die deutschen Schlüssel, Tinten, Entwickler und das Mikrodotverfahren.[326]

Am 16. April erreichte die Abwehr eine Zeitungsmeldung aus Rio de Janeiro, aus der hervorging, daß Christiensen seinen Vernehmern gegenüber ein volles Geständnis abgelegt und ihnen sein Bankschließfach bei der »Banco Mercantil« angegeben hatte. In diesem befanden sich nicht nur 50.000 US-$, sondern offenbar auch Textkopien der Funksprüche, die »Lukas« nach Deutschland abgesetzt hatte, und andere seine Kontaktmänner belastende Dokumente.[327] Aufgrund des Geständnisses von Christiensen (»Lukas«) wurden Otto Übele, von den Steinen und Werner Stark verhaftet.

321 Vgl. Nr. 1850 v. 31.3.42/R 101879 Pol.Arch. d. AA.
322 Amt Ausl. Abwehr Br.B. Nr. 20420 Sp. v. 31.3.1942.
323 Nr. 931 v. 30.3.1942.
324 Abw.Abt. I Nr. 1376/42 gKdos v. 2.4.42/R 101879 Pol.Arch. d. AA.
325 Abwehr I M/Br.B. Nr. 24769 sp geh. v. 6.5.42/R 101879/Pol.Arch. d.AA.
326 Vgl. Ausl.Abw. I M/A Br.B. Nr. 21883/42 v. 13.4.42/R 101879/Pol.Arch. d. AA.
327 Vgl. Telegramm Nr. 1198 Deutsche Botschaft Buenos Aires an Reichsaußenministerium v. 20.4.42 R 101879/Pol.Arch.

Trotz dieser sehr großen Rückschläge war die Abwehr offenbar der Meinung, daß das ganze Netz noch nicht zerschlagen worden war. Der Funker Lorenz (»Laura«) befand sich noch in Freiheit und funkte der Abwehr am 1. Mai 1942, daß er im Besitz von zwei Funkgeräten sei und das Netz neu organisieren würde. Er bat allerdings dringend um einen neuen Funkschlüssel.[328] Wenige Tage später war es der Abwehr offenbar gelungen, über Buenos Aires »Laura« mit einem neuen Schlüssel auszustatten. Am 6. Mai setze Lorenz seinen ersten Funkspruch mit dem neuen Schlüssel ab: »Für Abwehr I Ab heute im Besitz neuer Schlüsselmittel...uns geht es soweit gut, werden bald regelmäßig arbeiten. Laura«[329] Mitte Juni wurde aber auch »Laura« verhaftet, ohne daß es ihm bis dahin gelungen war, ein neues Netz aufzubauen.

Die Amerikaner waren mit den Brasilianern unzufrieden, weil diese über die verhafteten Deutschen nicht genügend Belastungsmaterial für ihre Verurteilung beschafften und daher die Gefahr ihrer Entlassung bestand. Die Amerikaner wollten aber den brasilianischen Sicherheitsorganen keine von ihnen abgehörten Agentenfunksprüche überlassen, da sie befürchteten, daß die Deutschen auf diese Weise erfuhren, daß sie abgehört worden waren. Die US-Funküberwachung hatte bereits einige entsprechende Funksprüche aufgefangen: »...ich hörte vertraulich (von brasilianischen Informanten, d. Verf.), daß sie (die Amerikaner, d. Verf.) sechs Funksprüche aufgenommen und entziffert haben...dieser Schlüssel bekannt...«[330] Es ist zu vermuten, daß die Brasilianer aufgrund des amerikanischen Drängens dazu übergingen, ihre Gefangenen zu foltern, um auf diese Weise Geständnisse zu erpressen. Bei Engels, der sich bis zu diesem Zeitpunkt geweigert hatte, auszusagen, wandten die Brasilianer den sogenannten »Dritten Grad« an. Dieser bestand bei ihm in Einzelhaft und dem Verbot, sich zu waschen und zu schlafen. Er wurde vier Tage und vier Nächte wachgehalten. In der vierten Nacht erlitt er einen Nervenzusammenbruch und gab den Namen seines Funkers Ramus den Vernehmern preis, der daraufhin verhaftet wurde.[331]

Andere Agenten wurden, um Geständnisse zu erpressen, einer »Sonderbehandlung« unterzogen:

»...Diese bestand im ›Christus der Erlöser-Spiel‹ nach dem Vorbild der Christus Statue auf dem Corvocado von Rio de Janeiro. In einem Betonbunker wurde ich nach 48 Stunden mit ausgebreiteten Armen an eine Mauer gestellt. Beim Sinken der Arme erfolgten Knüppelschläge, Tritte in die Hoden, brennende Zigaretten in die Haut, Faustschläge ins Gesicht. Bei Bewußtlosigkeit bekam ich Injektionen.«[332]

---

328 Vgl. Ast.Hbg. Nr. 1053/1.5.42/BA-MA RW 49/559.
329 Ausl.Abwehr Br.B. Nr. 24764/42 Sp v. 7.5.42/R 101879 Pol.Arch. d. AA.
330 Ausl.Abwehr I M /A Br.B. Nr. 21883/42 v. 13.4.42/R 101879 Pol.Arch. d.AA
331 Vgl. Hilton, a.a.O., S. 247.
332 Mitteilung am 30.7.1998 von Curt Meyer-Clason, der seine Verhaftung und Folterungen beschreibt. In einem Telefongespräch am 24. Juli 1998 hatte er bereits mitgeteilt: Er habe in einem Büro, in das man ihn als Gefangenen gebracht habe, einen Zettel mit der Aufschrift FBI und den Text gelesen: The political prisoner has to be brought to a complete physical and psychical break down. Meyer-Clason wurde am 1.10.42 aufgrund seines auf die beschriebene Weise erpreßten Geständnisses und weiterer Rechtsbrüche von dem »Gericht für Nationale Sicherheit«, einem Sondergericht, zu einer langjährigen Haftstrafe verurteilt. Am 9. Juli 1947 ließ er durch seinen Rechtsanwalt Revision beim

Auch die Abwehr in Deutschland erfuhr von der Behandlung ihrer verhafteten Agenten. »...Schlegel, Thielen und andere verhaftet. Letztere 17 Stunden ununterbrochen vernommen. Vernehmung anderer dauerte bis zu vierzig Stunden, dabei immer stehend und nackt, ohne ihnen Essen oder Wasser zu geben. Unterbringung in Einzelzellen, 1,80 Meter lang, 1 Meter breit, nackt auf Steinfußboden...«[333]

Der spanische Botschafter, als der diplomatische Vertreter der Schutzmacht Spanien für die Interessen des Deutschen Reiches in Brasilien, intervenierte mehrfach beim brasilianischen Außenminister Aranha wegen der schlechten Haftbedingungen der Agenten. Außer der Lage von Gamillscheg[334] verbesserte sich die Situation der Häftlinge nicht wesentlich.

Offensichtlich wegen der schlechten Behandlung der Gefangenen erwogene deutsche Gegenmaßnahmen gegen sechshundert in Deutschland lebende brasilianische Staatsbürger wurden wegen der etwa 150.000 in Brasilien ansässigen Deutschen fallengelassen.[335] Die Reichsregierung sah offenbar auch keine andere konkrete Möglichkeit, wegen der schlechten Behandlung der Gefangenen gegen dieses südamerikanische Land vorzugehen. Daher wurde nun der brasilianische Außenminister Aranha in den portugiesischsprachigen Sendungen des Reichsrundfunks als »gekauftes Subjekt« Roosevelts in der brasilianischen Regierung diffamiert. Offenbar blieben diese mehr propagandistischen deutschen Attacken aber nicht ganz wirkungslos: »...Angriffe im deutschen Radio gegen Aranha sehr wirkungsvoll...müßte jetzt sofort gegen die brasilianische Polizei erfolgen, daß sie rotspanische und bolschewistische Torturen gegen deutsche Untersuchungsgefangene anwendet...«[336]

6. U-Boote gegen Brasilien

Der politische Einfluß der USA in Brasilien war im Zusammenhang mit der Ausschaltung der deutschen Agenten erheblich gewachsen. Hieraus ergab sich nun auch eine zunehmend enger werdende militärische Zusammenarbeit beider Länder. Gemischte Luftpatrouillen aus brasilianischen und amerikanischen Flugzeugen starteten gemeinsam zur Überwachung von Teilen des Südatlantiks von Flugplätzen im Nordosten Brasiliens. Anläßlich einer solchen Patrouille wurden am 22. und 23. Mai 1942 italienische U-Boote an der Nordostecke Brasiliens angegriffen.

Aus diesem Grund beantragte die deutsche Seekriegsleitung am 29. Mai die Freigabe des Waffeneinsatzes gegen die brasilianischen Luft- und Seestreitkräfte. Sie be-

---

Obersten Militärgericht gegen das Urteil vom Oktober 1942 einlegen. Der Rechtsanwalt begründete diese Revision mit dem § 324 der brasilianischen Militärstrafprozeßordnung, in der es unter anderem hieß: »...das Rechtsmittel der Revision ist zulässig...wenn das Urteil auf einer Verletzung des Gesetzes beruht...« Der Revision wurde stattgegeben und das Urteil sofort aufgehoben. (Vgl. hierzu die Revisionsbegründung im Dokumentenanhang.)

333 Ausl. Abwehr IM/A v. 7.5.42/R 101879 Pol.Archiv.
334 Vgl. Ausl. Abwehr Nr. 864/42 v. 10.5.42/Pol.Arch.
335 Vgl. Lochner, L.P., The Goebbels Diaries, N.Y. 1948, S.145.
336 Ausl. Abwehr Nr. 864742 gKdos v. 7.5.42/R 101879/Pol.Arch.

gründete ihren Antrag damit, daß Brasilien faktisch Seekrieg gegen das Deutsche Reich führte. Da zum jetzigen Zeitpunkt die Abwehrmaßnahmen des südamerikanischen Landes noch unvollständig waren, bot sich ein Überraschungsschlag gegen die brasilianische Handels- und Kriegsmarine an. Das Auswärtige Amt sprach sich allerdings aus Rücksicht auf die Haltung Argentiniens und Chiles gegen eine Verschärfung des Konfliktes mit Brasilien aus. Hitler befahl daher zunächst, in Rom anzufragen, ob die Meldungen über einen Kampfeinsatz gegen Achsen-U-Boote richtig wären. Die Seekriegsleitung übermittelte dem Führer daher auch die amtliche Bekanntmachung des brasilianischen Luftwaffenministeriums über die Kampfhandlungen. Aus dieser ging hervor, daß brasilianische Flugzeuge Achsen-U-Boote angegriffen hätten und auch künftig angreifen würden.[337] Die Seekriegsleitung schlug daher vor, die in der Zeit vom 22. Juni–4. Juli aus westfranzösischen Häfen auslaufenden zehn U-Boote unter Ausnutzung des U-Tankers 460 in der Zeit vom 3.-8.August vor den Haupthäfen Brasiliens einzusetzen.

Der entsprechende Einsatzbefehl mußte den U-Booten allerdings bis spätestens 15. Juni erteilt worden sein, sollte dieser Einsatztermin eingehalten werden. Nachdem der Oberbefehlshaber der Kriegsmarine Hitler am 15. Juni nachmittags diesen Sachverhalt vorgetragen hatte, erklärte sich dieser mit den Vorschlägen der Kriegsmarine einverstanden. Der Führer befahl jedoch vor der endgültigen Entscheidung die nochmalige Überprüfung der Lage durch das Auswärtige Amt.[338]

Aufgrund von Machtkämpfen innerhalb der brasilianischen Regierung zwischen den Anhängern eines auch formalen Zusammengehens mit den Alliierten – Außenminister Aranha – und denjenigen, die für die Achsenmächte eintraten – Kriegsminister General Dutra – wurde der deutschfreundliche Polizeichef Filinto Müller Ende Juli 1942 zum Rücktritt gezwungen. Er wurde durch den alliiertenfreundlichen Oberst Etschegoyen ersetzt. Im Verfolg dieser Neubesetzung entfernte man auch viele deutschfreundliche Beamte aus verantwortlichen Positionen. Vor dem Hintergrund dieser Ereignisse wurde die Neuorganisation der zerschlagenen deutschen Agentennetze besonders schwierig.

Mitte August griffen die am 15. Juni in Marsch gesetzten deutschen U-Boote vor Brasilien an. Sie versenkten in drei Tagen fünf brasilianische Schiffe. Die brasilianische Regierung erklärte daraufhin dem Deutschen Reich den Krieg. Hierdurch wurde nun auch offiziell der Zustand hergestellt, der faktisch bereits seit Monaten bestand.

7. Die letzten Versuche der Abwehr, neue Netze aufzubauen

Die Abwehr war durch die Zerschlagung ihrer Agentennetze in Brasilien in eine sehr schwierige Situation geraten. Aufgrund der immer mehr wachsenden Bedeutung Brasiliens als Drehscheibe des stark zunehmenden amerikanischen Nachschubs für

337 Vgl. Dönitz, Karl, Zehn Jahre und zwanzig Tage, Koblenz 1985, S. 232.
338 Vgl. KTB OKW II 1942 S. 427 ff., herausgegeben v. P.E. Schramm, Frankfurt/M. 1963.

den Nahen und Fernen Osten wurden hierüber, insbesondere für den Einsatz der U-Boote, dringend Informationen benötigt. Deutsche oder Deutschstämmige standen für den Neuaufbau eines Netzes nicht zur Verfügung. Selbst wenn man auf sie hätte zurückgreifen können, wäre es sicherlich nicht sinnvoll gewesen, sie einzusetzen. Der Marineattaché in Rio de Janeiro, K.Kpt. Bohny, hatte über seine Verbindungen zur brasilianischen Armee einen Hauptmann, Tulio Regis do Nascimento, kennengelernt, der aufgrund seiner gesundheitlichen Probleme keine Aufstiegsmöglichkeiten in der Armee mehr hatte. Der Offizier war ein begeisterter Anhänger der Politik der Achsenmächte und ein Freund der Integralistenbewegung. Bohny warb ihn für die Abwehr und machte den Hauptmann später auch mit »Alfredo« bekannt.[339] Die erste Aufgabe des Offiziers bestand darin, Mitarbeiter für sein Netz zu gewinnen. Für diese Aufgabe warb er ausschließlich Männer an, die entweder selbst zu den Grünhemden gehört hatten oder dieser Bewegung eng verbunden waren.[340] Es mußte davon ausgegangen werden, daß diese Männer der politischen Polizei schon bekannt waren und bereits unter Beobachtung standen. Der Einsatz dieser Integralisten und von den Amerikanern abgehörte Funksprüche an die Abwehr, die es sehr leicht machten, den Offizier zu identifizieren, führten dazu, daß der Hauptmann bereits am 13. September 1942 verhaftet wurde.

Es ist sicherlich davon auszugehen, daß die Verwendung des brasilianischen Offiziers nur deshalb geschah, weil die Abwehr glaubte, dieser könnte unbehelligter arbeiten. Eine Überprüfung des politischen Hintergrundes seiner Mitarbeiter hätte deutlich machen müssen, daß es unklug war, ihn und seine Männer einzusetzen.

8. Die Verhaftung von Waltemath

Nach dem Auffliegen auch dieser Gruppe, verfügte die Abwehr nur noch über ihren fast vergessenen Horchposten in Sao Paulo. Waltemath war es nicht gelungen, eine Funkverbindung zur Abwehr nach Deutschland herzustellen. Der Agent wartete daher auf eine Verbindungsaufnahme durch von Kotze. Was Waltemath nicht wußte, war, daß dieser vor seiner Abreise von den Engländern »umgedreht« und Doppelagent geworden war.[341] Im Februar erhielt Waltemath den ersten Brief von Kotzes aus Kanada. Dieser teilte ihm mit, daß er in Toronto eine Arbeit gefunden habe und versuchen würde, einen Funkkontakt zu ihm herzustellen. Die in der Folgezeit zwischen beiden mit unsichtbarer Tinte geführte Korrespondenz bezog sich weitgehend auf die Aufnahme eines Funkkontaktes, der nicht zustande kam. Von Kotze bat seinen Briefpartner aber auch mehrfach, der Botschaft in Buenos Aires mitzuteilen, daß er Geld brauchte. Während dieser Zeit ließ der Agent aus Kanada Waltemath über einen diesem unbekannten Kontaktmann amerikanische Kataloge zukommen, in de-

---

339 Dieses war ein schwerer Fehler, da die Angehörigen der verschiedenen Netze unabhängig voneinander arbeiten und einander nicht kennen sollten.
340 Vgl. Hilton, a.a.O., S. 267.
341 Vgl. Hilton, a.a.O., S. 281. Der Agent lebt heute in Deutschland, weigert sich aber, Angaben über seine Agententätigkeit zu machen.

nen mit »Mikrodot« verkleinerte militärische Informationen versteckt waren.[342] Mit diesen Unterlagen schickte Waltemath seinen Schwager zur deutschen Botschaft nach Buenos Aires.

Nachdem auf die mehrfachen Geldanforderungen von Kotzes keine Reaktion erfolgt war, teilte dieser Waltemath mit, daß er wegen des Mangels an finanziellen Mitteln keine nachrichtendienstliche Arbeit leisten könnte. Der Marineattaché der deutschen Botschaft in Buenos Aires, Kpt.z.S. Niebuhr, befahl dem Agenten in Sao Paulo daraufhin, sämtliche Kontakte zu von Kotze bis zum Erhalt eines Gegenbefehls abzubrechen.[343] Außerdem sollte er auch alle nachrichtendienstlichen Tätigkeiten bis auf weiteres einstellen.[344]

Ende des Jahres 1942[345] erhielt Waltemath den Befehl, wiederum Kontakt zu von Kotze aufzunehmen. Dieser antwortete ihm, daß es ihm aufgrund seines Geldmangels nicht möglich gewesen sei, ein Informantennetz aufzubauen und zu unterhalten. Er brauchte Geld und die Zusage künftiger regelmäßiger Anweisungen, um nachrichtendienstlich arbeiten zu können. Nach diesem Briefwechsel brach der Kontakt zu von Kotze endgültig ab.

Am 1. Juni 1942 wurden Waltemath und sein Schwager von der brasilianischen Polizei verhaftet. Hiermit flog zugleich der letzte bekannte Abwehragent in Brasilien auf.

9. Die Verurteilung[346]

Am 28. Juni 1942 wurden in Rio de Janeiro zur Höchststrafe von 30 Jahren verurteilt: Albrecht Gustav Engels und Hauptmann Tulio Regis do Nascimiento.

Zu 25 Jahren Gefängnis wurden in Abwesenheit verurteilt: Botschafter Dr. Curt Prüfer und Marineattaché Hermann Bohny.[347]

Am 29. Oktober wurden zu 25 Jahren Gefängnis verurteilt: Hans-Ulrich Übele und Karl Häring. Karl Fink erhielt eine Gefängnisstrafe von acht Jahren.

Am 19. November wurde Theodor Schlegel zu 14 Jahren Gefängnis verurteilt. Gustav Utzinger[348], Erwin Backhaus, Karl Thielen und Rolf Trautmann erhielten Gefängnisstrafen von je acht Jahren.

342 Es handelte sich dabei wahrscheinlich um Nachrichten, von denen die Engländer vermuteten, daß diese Sachverhalte den Deutschen bereits bekannt waren.

343 Es war zu vermuten, daß die Abwehr eine Agententätigkeit v.Kotzes für die Engländer annahm.

344 Dieser Befehl diente wahrscheinlich dem Schutz des Agenten.

345 Dieser Befehl ist unverständlich, da die Abwehr die Doppelagententätigkeit v.Kotzes bereits mindestens stark vermutete.

346 Vgl. hierzu Telegramm Nr. 824 v. 30.6.142, An das OKW/Ausl.Abwehr v. 27.11.42 Pol.IM/LS Dr. Theis v. 23.12.42/sämtlich in: R 101879/Pol.Arch. d.AA.

347 Es war sicherlich ungewöhnlich, daß Diplomaten wegen Spionage in absentia verurteilt wurden.

348 Gustav Utzinger wurde in absentia verurteilt, da er bereits nach dem Abbruch der diplomatischen Beziehungen Brasiliens zum Deutschen Reich nach Argentinien ausgewichen war. Hier wurde er am 18.8.1944 vom militärischen Geheimdienst verhaftet. Es gelang ihm wenig später (wahrscheinlich mit argentinischer Unterstützung, d.Verf.) aus der Haft zu entkommen und in ein anderes südamerikanisches Land zu flüchten. Er hieß tatsächlich Wolf Franczok.

Für die weiteren Agenten wurden folgende Strafen verhängt[349]:

Gamillscheg	20 Jahre
Giese	20 Jahre
von Heyer	20 Jahre
Jordan	25 Jahre
Kempter	25 Jahre
von Kotze	25 Jahre (Dem Gericht war nicht bekannt, daß er auch britischer Agent war.)
Mügge	25 Jahre
Muth	25 Jahre
Starziczny	30 Jahre
Santos	25 Jahre
von den Steinen	25 Jahre
Waltemath	25 Jahre
Wamszer	25 Jahre
Nagy	25 Jahre

349 Vgl. Hilton, a.a.O., S. 278.

IV. Deutsche Agenten in Argentinien

1. Die Netze »Sargo« und »Luna«

Nach der Verhaftung ihrer Agenten in Brasilien stand den deutschen Nachrichtendiensten in Südamerika nur noch Argentinien als größere Operationsbasis zur Verfügung. Der Ausfall der bislang in Brasilien zusammengetragenen wichtigen Nachrichten konnte dadurch aber nicht ausgeglichen werden.

Der Aufbau einer Nachrichtenorganisation in Argentinien wurde von der Abwehr und dem SD mit folgender Aufgabenstellung gemeinsam durchgeführt:

»1. laufend für die Beurteilung des militärischen Potentials der USA wichtige Nachrichten zu erhalten,
2. für den Fall eines Abbruchs der diplomatischen Beziehungen zwischen Argentinien und Deutschland eine von der Botschaft unabhängige Organisation zu haben, die alle für die militärische und politische Führung wichtigen Informationen zu liefern in der Lage ist.«[350]

»Der Anteil der Abwehr beschränkt sich auf einen rein militärischen Nachrichtendienst. Dieser Dienst hat bereits im Laufe der verflossenen Monate außerordentlich wichtige und zuverlässige Informationen über die US-Rüstungskapazität, Kräfteverteilung, technische Verbesserungen und Erfindungen...erbracht...Eine Arbeit gegen Argentinien ist weder befohlen...noch vorgenommen worden...Bekanntlich hat die argentinische Regierung im Sommer 1943 den chiffrierten Telegrammverkehr der Botschaft Buenos Aires verboten. Die Benutzung des Sonderweges (Funk) war ebenfalls nicht möglich, weil die Botschaft ihr Funkgerät vernichtet hatte[351], sie kann lediglich mit einem ihr noch zur Verfügung stehenden Empfänger empfangen, aber nicht selber senden. Ich habe daher...vereinbart, daß chiffrierte Telegramme der Botschaft auf dem Funkweg der Abwehrorganisation befördert werden...hat das AA die Beförderung von Weisungen und Anfragen der Abwehr an ihre Organisation in Argentinien übernommen...«[352]

Nachdem in einer Besprechung zwischen Abwehr-IM, Abwehr-I, Wirtschaftsstelle Köln und Vertretern des SD am 28. Januar 1943 die einheitliche Benutzung des gesamten Funknetzes geregelt worden war, übernahm der aus Brasilien nach Argentinien ausgewichene Funkspezialist des SD, Gustav Utzinger, die technische Leitung

---

350 Vermerk von LR v. Grote für den Staatssekretär v. 27.1.1944/R 101879/Pol.Arch.
351 Unverständlich, da Argentinien erst am 26.1.1944 die diplomatischen Beziehungen zum Deutschen Reich abbrach.
352 Vgl. Vermerk von LR v.Grote, a.a.O.

des Netzes. Dieses erhielt den Namen »Bolivar«[353], Utzinger die Tarnbezeichnung »Luna«.[354]

Nachdem die argentinische Regierung der Botschaft im Juni 1943 das Absetzen verschlüsselter Telegramme verboten hatte, wurde das Netz der Botschaft für ihren Funkverkehr mit dem Auswärtigen Amt und dem Marineattaché für seine Verbindung mit dem Oberkommando der Kriegsmarine zur Verfügung gestellt. Im Oktober 1943 wurden auf diesem Weg 199 Funksprüche an folgende Empfänger durchgegeben:

für Abwehr IM/A	31
für Abwehr I-Wi	5
für SD	102
für A.A.	55
für OKM	6

Diese Funksprüche gingen zentral an den Funkleiter Übersee der Abwehrstelle Hamburg. Da die Empfangsstation über die Schlüssel für Abwehr IM (blau) und Abwehr I-Wi Köln (grün) verfügte, wurden diese Sprüche entschlüsselt durch Fernschreiben an ihre Empfänger weitergegeben. Die Funksprüche für das Reichssicherheitshauptamt, das Auswärtige Amt und das Oberkommando der Kriegsmarine wurden verschlüsselt weitergeleitet.[355]

Das vielleicht wichtigste Agentennetz in Argentinien wurde von dem dort seit 1937 ansässigen SD-Offizier Hans Siegfried Becker geleitet[356], der den Decknamen »Sargo« führte. Becker hatte nicht nur die Funkverbindungen mit Deutschland, sondern auch andere Wege der Nachrichtenübermittlung ins Reich organisiert.

Bis in die ersten Maiwochen des Jahres 1943 hatten Kuriere, zumeist seefahrendes Personal spanischer Schiffe, eine wichtige

Nachrichtenverbindung zwischen Deutschland und den argentinischen Agentennetzen aufrechterhalten. Bis zu diesem Zeitpunkt waren etwa fünfzig solcher Kurierfahrten erfolgreich durchgeführt worden. Jetzt aber nahm die Verhaftung solcher Kuriere durch die Engländer zu. Aus diesem Grund funkte »Sargo« am 12. Mai 1943 nach Berlin: »Verbindung durch Schiffskuriere droht vollständig zusammenzubrechen. Zuverlässige spanische Matrosen weigern sich, weiterhin Nachrichten mitzunehmen. Erwägen Sie die Möglichkeit von Verbindungen durch U-Boote...«[357] Es

353 Vgl. Vermerk von LR v.Grote für den Gesandten v.Sonnleithner v. 29.1.44/R 101879 Pol.Arch.
354 Vgl. The »Jolle Operation«, FBI Special Intelligence Report/US-Department of Justice, Federal Bureau of Investigation, Washington DC, April 1945, o.S.
355 Vermerk von LR v.Grote v. 29.1.44, a.a.O.
356 Vgl. hierzu Offizieller Bericht über die Spionagetätigkeit verhafteter Reichsdeutscher, publiziert in der argentinischen Presse am 20.2.1944. Danach soll Becker auch 1942 noch heimlich nach Deutschland gereist und von dort mit »reichlichen Geldmitteln« versehen nach Argentinien zurückgekommen sein./R 101879 Pol.Arch. Becker soll der Hauptvertrauensmann des SD für Südamerika gewesen sein. Mitteilung von Dr. Paeffgen, ehemaliger Gruppenleiter der Gruppe D im Amt VI/RSHA, dem auch das Referat VI/D4 Südamerika unterstanden hatte, an Kpt. z.S. Niebuhr im Internierungslager 1945. Vgl. Vernehmung Niebuhr am 10.11.1945, a.a.O.
357 The »Jolle Operation«, FBI-Special Intelligence Report, US-Department of Justice, Federal Bureau of Investigation, Washington DC, April 1946, S. 5 o.Sign.; Funkspruch Argentinien/Berlin Nr. CG 3-1986 v. 12.5.43.

gab aber offensichtlich keine deutschen Überlegungen darüber, eine regelmäßige
Verbindung zu den südamerikanischen Agenten durch U-Boote einzurichten. Man
befürchtete zu große Verluste bei einem solchen Einsatz. Die deutsche Seite über-
legte vielmehr, auf dieser Route kleine Segelschiffe einzusetzen. Diese Schiffe sollten als spanische, portugiesische oder südamerikanische Fischlogger getarnt werden,
die im Südatlantik nicht selten unterwegs waren. Um allerdings den vollständigen
Ausfall der spanischen Kuriere zu ersetzen, bedurfte es dann des Einsatzes einer
ganzen Reihe von Seglern, wodurch wiederum die Gefahr der Entdeckung durch die
Alliierten größer wurde.

In dem nun folgenden Funkverkehr zwischen Deutschland und Argentinien tauchte
immer wieder das Wort »Jolle« auf. Die Amerikaner glaubten lange Zeit, daß »Jolle« eine Tarnbezeichnung für einen geplanten U-Boot-Einsatz als Verbindung zwischen Deutschland und Argentinien war. Sie rechneten zunächst nicht mit der Verwendung eines Segelschiffes als Verbindungsfahrzeug.[358] Die Abwehr aber plante
den Einsatz solcher Schiffe nicht nur für die Verbindung nach Argentinien, sondern
auch für den Kurierverkehr zwischen den USA und Europa.[359]

Zwischenzeitlich hatte das Reichssicherheitshauptamt eine weitere Methode der
Nachrichtenübermittlung nach Deutschland entwickelt. Das Amt teilte den Agenten
in Argentinien die Namen von amerikanischen in deutschen Lagern einsitzenden
Kriegsgefangenen mit. An diese waren in englischer Sprache mit beliebigen Ab-
sendern versehene Briefe zu schreiben. Außer einem belanglosen Text hatten die
Agenten mit unsichtbarer Tinte wichtige Nachrichten in einem solchen Schreiben
unterzubringen. Nach Eingang solcher Briefe wurden diese an das Amt VI des
RSHA weitergeleitet, wo die Geheimnachrichten sichtbar gemacht und ausgewertet
wurden.[360]

Neben den Agenten, die nach Südamerika gebracht und von dort abgeholt wurden,
nahmen die Segelschiffe auch noch Ladung mit. Hierbei handelte es sich in erster
Linie um für die Agentenarbeit wichtige Ausrüstungsgegenstände wie Funkausrüs-
tungen und Schlüsselunterlagen. Gleichzeitig wurden aber auch wichtige Produkte,
die seit Kriegsbeginn nicht mehr aus Deutschland nach Südamerika geliefert werden konnten, mitgeschickt. Hierbei handelte es sich vornehmlich um Erzeugnisse
der Firmen Siemens, Telefunken, Merck und wahrscheinlich auch Bayer, die an deren Niederlassungen oder Vertreter vor Ort weitergegeben und über diese vertrieben
wurden. Ein Teil des Verkaufserlöses ging an die Agentennetze, die damit ihre Arbeit finanzierten. Die Lieferbestellungen wurden nach Deutschland gefunkt.[361] Es
wurden aber auch Spezialnadeln zur Herstellung und Reparatur von Seidenstrümp-
fen, die es in Südamerika nicht gab, zum Verkauf mitgeschickt. Berlin übersandte
auch Pläne für den Bau von Holzgasgeneratoren[362] mit der Maßgabe, hierfür einen

---

358 Vgl. ebenda, S. 7.
359 Vgl. ebenda.
360 Vgl. »Jolle Operation, a.a.O., S. 8 ff., aber auch Gellermann, Günther W., Der andere Auftrag, a.a.O.,
   S.88.
361 Vgl. The »Jolle Operation«, a.a.O., S. 9 ff.
362 Ein Holzgasgenerator machte es möglich, Kraftfahrzeuge mit Holz, das in einem an dem Fahrzeug
   angebrachten Kessel verbrannt wurde, anzutreiben.

Lizenznehmer zu finden, um die anfallenden Lizenzgebühren ebenfalls zur Finanzierung der Agentennetze einsetzen zu können.

Ein Lieferwunsch der Agenten wurde wahrscheinlich nicht erfüllt: Sie planten in Argentinien mit Hilfe von Telefunken die Gründung einer kleinen Firma, die bestimmte Röhren für Funkgeräte, insbesondere an die argentinischen Streitkräfte vertreiben sollte. Hierdurch wollten die Agenten nicht nur ihre Finanzen sichern, sondern auch eine zusätzliche Sicherheit vor polizeilicher Verfolgung erreichen.[363]

Durch das »Unternehmen Bernhard« gefälschte englische Banknoten gelangten mit Hilfe des Segelschiffeinsatzes auch in die Hände dieser Agentennetze und dienten ebenfalls zu ihrer Finanzierung.[364]

Grundsätzlich war seitens der Spionageringe geplant, Agenten, die als »verbrannt« gelten mußten, nach Deutschland zurückzuschicken. Im September 1943 waren dafür vorgesehen: Max Frankenberger und der Funker Werner Lorenz.[365] »Luna« schlug einen Monat später drei weitere Agenten für den Rücktransport vor: Jürgen Sievers, ehemaliger Funkoffizier auf der »Windhuk«, und Philipp Imhoff, der seit 1942 für »Luna« arbeitete. Er war als Funker in einer geheimen Funkstation in Patagonien eingesetzt und formal Angestellter der Deutschen Betriebsgesellschaft für drahtlose Telegrafie. Diese Firma zahlte ihm auch sein Gehalt. Der dritte Agent war Heinz Lange. Er hatte im westlichen Südamerika ein Agentennetz geleitet und war erst im Oktober nach Argentinien gekommen. Diese drei Männer wurden aber erst im Rahmen der »Operation Wollin« von Skipper Heinrich Garbers mit nach Europa zurückgenommen und am 27. September 1944 in der Nähe von Vigo an Land gesetzt.[366]

Gleichzeitig brachte Garbers im Rahmen dieser Operation zwei andere Agenten nach Argentinien. Es waren dieses »Cobija« (Walter Burckhardt), der in Chile ein Agentennetz aufbauen sollte, und »Valiente« (Alfonso Chantrain), der für einen Einsatz in den USA vorgesehen war. Er hatte die Aufgabe, die dort gesammelten Nachrichten an »Sargo« weiterzugeben.[367]

Die geplante Rückkehr »Sargos« nach Deutschland wurde im März 1944 von Berlin abgelehnt, obgleich er sich seit dem Februar diesen Jahres bereits auf der Flucht befand.[368]

363 Vgl. »Jolle Operation«, a.a.O., S. 10.
364 Vgl. zum »Unternehmen Bernhard« Höttl, Wilhelm, Einsatz für das Reich, Koblenz 1997.
365 Es konnte nicht geklärt werden, ob Frankenberger und Lorenz im Rahmen des Unternehmens »Mercator II« von Skipper Heinrich Garbers mit der Passim I im Herbst 1943 mit nach Deutschland zurückgenommen worden sind oder in Südamerika verblieben.
366 Vgl. »Jolle Operation«, a.a.O., Anhang; Saint-Loup, Die Geisterschiffe Hitlers, Berg.Gladbach 1978, S. 198 ff.
367 Vgl. ebenda, S. 13.
368 »Jolle Operation«, a.a.O., S. 11. Funksprüche: Argentinien/Berlin v. 22.3.1944 u. Berlin/Argentinien v. 29.3.1944. Vgl. Offizieller Bericht über die Spionagetätigkeit, a.a.O.

2. Das »Unternehmen Mercator II«[369]

Nachdem Brasilien dem Deutschen Reich am 28. August 1942 den Krieg erklärt hatte, waren alle dort arbeitenden deutschen Agenten verhaftet und abgeurteilt worden. Die in Argentinien tätigen Agentennetze konnten offenbar den hierdurch entstandenen Informationsausfall nicht ausgleichen. Dieses insbesondere deshalb nicht, weil die Mengen des über Brasilien laufenden amerikanischen Nachschubs immer umfangreicher wurden. Die in Argentinien tätigen deutschen Agenten konnten aber hierüber keine ausreichenden Nachrichten beschaffen. Zu der Zunahme des über Brasilien laufenden Nachschubs hatte insbesondere beigetragen, daß ab August 1942 die von den Amerikanern zur Flugbasis ausgebaute britische Insel Ascension als Zwischenlandeplatz für ihre Versorgungsflüge auf der Flugroute USA -- Brasilien – Naher und Ferner Osten genutzt werden konnte. Die US-Streitkräfte legten daher sehr große Treibstoffvorräte auf der Insel an. Zum Schutz gegen die lange von ihnen befürchteten handstreichartigen Überfälle oder Luftangriffe des deutschen Gegners von französischen Stützpunkten in Afrika aus, die der Vichy-Regierung unterstanden, wurde Ascension stark von ihnen befestigt. Gleichzeitig konnten die Amerikaner von diesem Stützpunkt aus Einsätze gegen deutsche U-Boote im Südatlantik fliegen und dabei auch ihren Nachschubschiffsverkehr von Brasilien für die alliierten Fronten im Mittleren Osten und Afrika sichern. Insofern wurde die Insel ab 1942 auch zu einem wichtigen »Flugzeugträger« der Alliierten zur Sicherung ihres Nachschubs über See, der über die Route USA – Brasilien – Afrika – Mittlerer Osten von U-Booten ungefährdeter als über den Nordatlantik lief.

Daher mußte die deutsche Abwehr weiterhin bemüht sein, genaue Informationen über die US-Basen in Brasilien zu erhalten, ferner Meldungen über den Umfang, die Zusammenstellung und die Ladung der Geleitzüge sowie deren genaue Abfahrtszeiten und ihre Routen zu bekommen.[370] Hierdurch hätte sich die Möglichkeit ergeben, deutsche U-Boote zielsicher auf diese Geleite anzusetzen. Vielleicht war aber auch bei einem neuerlichen Agenteneinsatz in Brasilien noch eine weitere Überlegung wichtig. Im Raum von Rio de Janeiro befanden sich in unmittelbarer Küstennähe große Versorgungslager der Amerikaner und Brasilianer. Diese konnten daher leicht, weil dort ein solcher Angriff nicht erwartet wurde, von Küstenjägern der Division Brandenburg angegriffen werden.[371] Diese Überlegungen der Abwehr erklärten auch den Auftrag der beiden für das »Unternehmen Mercator II« vorgesehenen Agenten Köpff und Baarn.

Der Auftrag[372]:

1. Die Bestätigung von Erkenntnissen der deutschen Abwehr über Militäranlagen im Raum von Rio de Janeiro aus dem Jahr 1942.

---

369 Vgl. gKdos Amt Ausl.Abwehr IM 2/N B. Nr. 833/43 v. 2.5.1943/BA-MA RW 49/599.
370 Vgl. Maurer, M., Paszek, L.J., Origin of the Laconia Order, in: Air University Review, Alabama 1974.
371 Vgl. hierzu auch 1.Skl I Op. 3762/44 Chefs. v. 22.12.44/BA-MA RM 7/1074: »In der Anlage wird die gewünschte Zusammenstellung von Abwehrunternehmen gegen die südamerikanische Küste übersandt.«
372 Vgl. Hilton, a.a.O., S. 322 f. (Port. Ausgabe).

2. Erkundung von Schiffsbewegungen im Raum Recife/Pernambuco/ Natal-Enge und Rio de Janeiro.
3. Aufbau von Nachrichtenverbindungen mit Deutschland sowie zum Netz »Sargo« in Argentinien.
4. Die Anwerbung weiterer Agenten in Brasilien.

Um die beiden für diesen Einsatz vorgesehenen Agenten nach Brasilien zu bringen, befahl die Abwehr am 2. Mai 1943 die Durchführung des »Unternehmens Mercator II«.[373]

Hierzu ordnete sie im einzelnen an, daß ein Segelschiff von 17,7 Meter Länge und 5,05 Meter Breite und mit einem Hilfsmotor ausgerüstet unter Führung von Sonderführer (Leutnant z.S.) Heinrich Garbers mit einer Besatzung von sieben Mann zwei Agenten an der Küste Brasiliens im Raum von Bahia/Recife absetzen sollte.[374] Der Anstrich des Schiffes und die Flaggenführung waren je nach Seegebiet zu wechseln. Der Schiffsführer hatte den Befehl, jedem gesichteten Schiff auszuweichen. Falls dies nicht möglich war, sollte er nach einem dem jeweiligen Seegebiet unverdächtigen Kurs steuern. Der für die Fahrt benötigte Treibstoff sollte in zehn Eisenfässern an Deck, fünf auf jeder Seite des Schiffes, gut sichtbar gelagert werden.

Auf hoher See führte das Fahrzeug eine normale Schonerbesegelung, Ballonklüver, Spinnaker und Stagsegel, in Küstennähe außerdem zur besseren Tarnung noch ein vorgehißtes Fischernetz. Die Besatzung wurde marineblau eingekleidet[375], trug aber dem jeweiligen Seegebiet angepaßte Fischerkleidung. Das Schiff führte an Waffen zwei schwere Maschinengewehre, zwei Maschinenpistolen und zwei Kisten mit Handgranaten unter Deck mit. Die Besatzung hatte den strengen Befehl, die Waffen – nur wenn unbedingt nötig – nach vorherigem Hissen der Reichskriegsflagge einzusetzen.[376]

Ein neutraler Hafen durfte nur nach vorheriger Versenkung der militärischen Ausrüstung angelaufen werden, damit sich die Besatzung als Seeleute-Heimkehrer tarnen konnte.

Das Schiff verfügte auch über eine Funkausrüstung. Es sollte seine Position jedoch lediglich nach Passieren der Azoren und Kapverden melden. Um blind abgesetzte Sprüche aufnehmen zu können, mußte das Funkgerät stets auf Empfang geschaltet sein. Für die Rückreise galt der gleiche Befehl. Die Funkverbindung sollte über die Marine-Außenstelle Le Havre und bei deren Ausfall über die Funkstelle der Abwehr/Frankreich geführt werden.

---

373 Vgl. Ausl.Abwehr B.Nr. 833/43 a.a.O.

374 Neben Heinrich Garbers gehörten zur Besatzung: als Erster Offizier Hans Garden aus Hamburg, Claus Langhorst aus Bremen, Karl Malzahm aus Hamburg, Günther Stacke (Funker) aus Hattingen, Willi Dizoleit (Koch), naturalisierter Brasilianer, und Bob (Nachname nicht bekannt) aus Stralsund. Vgl. hierzu Ministro Da Guerra, 2a, Seccoo/OF/Nr. 493-B (C.E.S.), Rio de Janeiro 29.IX.1944, Archiv des Superior Tribunal Milit – Aussage Wilhelm Heinrich Köpff, o.Sign.

375 Diese Uniform wurde deshalb gewählt, damit die Besatzung im Fall einer unverhofften Gefangennahme als Soldaten behandelt wurde.

376 Es sollten Kriegshandlungen nur durchgeführt werden, nachdem sich die »Passim« zuvor als Kriegsschiff zu erkennen gegeben hatte, da sonst die Gefahr bestanden hätte, daß die Besatzung wegen Piraterie angeklagt worden wäre.

Das Auslaufen des Schiffes aus Archachon wurde für den 15./20. Mai 1943 vorgesehen. Es war beabsichtigt, das Fahrzeug unter der französischen und spanischen Küste nach Süden bis auf die Höhe von Kap Finesterre laufen zu lassen, dann konnte es mit südwestlichem Kurs in den NO-Passat gelangen. Der Äquator sollte in ca. 23 Grad/25 Grad West geschnitten werden. Von dort konnte die Fahrt nach Erreichen des SO-Passates bis auf die Höhe von Bahia nach Süden führen. Der in Aussicht genommene Absetzpunkt sollte dann mit nordwestlichen Kursen angesteuert und nach Absetzen der Agenten die Heimreise sofort angetreten werden.

Die Agenten: Wilhelm Heinrich Köpff wurde am 22. Januar 1901 in Hamburg geboren und besuchte dort auch das Gymnasium. Im Ersten Weltkrieg wurde er als Kriegsfreiwilliger an der Westfront eingesetzt. Dort geriet er unverletzt in französische Gefangenschaft. Ab 1925 arbeitete er für ein Bremer Unternehmen, das vornehmlich im Südamerikahandel tätig war. Für diese Firma ging er auch nach Peru. 1931 machte er sich dort durch die Gründung eines eigenen Unternehmens selbständig. Ein Jahr später heiratete er die Peruanerin Alicia Delgado de la Flor. Nach der Geburt einer Tochter erhielt Köpff auf seinen Antrag die peruanische Staatsbürgerschaft. Mit seiner Firma war er bis zum Kriegsausbruch sehr erfolgreich. Im Februar 1941 wurde das Unternehmen von der peruanischen Regierung auf die »Schwarze Liste« gesetzt. Um diese Maßnahme aufzufangen, bestimmte Köpff den Peruaner Guillermo Vogelmann aus Lima, Las Manzanas 151, zu seinem Treuhänder. Er übergab ihm Waren im Wert von 26.000 peruanischen Sol, zumeist Produkte der Firma Pelikan, Hannover, die in deren Werken in Rio de Janeiro, Buenos Aires und Santiago hergestellt worden waren. Aber auch die Übergabe an Vogelmann konnte die Firma aus einem einfachen Grund nicht retten: Mitarbeiter der Rockefeller Organisation für »Interamerikanische Angelegenheiten«[377] hatten den Käufern deutscher Produkte, so auch den Kunden Köpffs, deutlich gemacht, daß sie diese nicht mehr kaufen sollten, da sie sonst von US-Firmen nicht mit Waren beliefert werden würden.[378] Aufgrund dieses Käuferboykotts ging die Firma Köpffs 1941 in Konkurs. Im gleichen Jahr zerbrach auch seine Ehe. Nach der Trennung von Frau und Tochter beantragte er bei der deutschen Gesandtschaft seine Wiederaufnahme in den deutschen Staatsverband, verbunden mit dem Wunsch, nach Deutschland zurückzukehren. Köpff wurde mit einem Diplomatenpaß ausgestattet und gelangte über ein in Texas befindliches Lager für die Repatriierung diplomatischen Personals[379] nach New York. Von dort lief ein von den Kriegführenden neutralisiertes Schiff am 13. Mai nach Lissabon aus. Nach seiner Ankunft dort wurde Köpff zu einer Residenz der Abwehr in Estoril weitergeleitet. Ende Juni reiste er über Stuttgart nach Stettin. Dort erhielt Köpff eine Agentengrundausbildung.[380] Gleichzeitig wurde er im

---

377 Vgl. S. 4.
378 Vgl. hierzu Geständnis von Köpff in: Ministro Da Guerra, a.a.O.
379 Es verwundert, daß Köpff sogleich mit einem Diplomatenpaß ausgestattet und zusammen mit Diplomaten repatriiert wurde. War er ein »Langzeitagent«, den die Abwehr vielleicht bereits sehr früh nach Südamerika gebracht hatte? Die Amerikaner kannten Köpff von diesem Aufenthalt. Er mußte daher als Agent als »verbrannt« gelten.
380 Wahrscheinlich umfaßte diese Ausbildung Funken, Umgang mit unsichtbarer Tinte, Selbstverteidigung und Pistolenschießen.

Funken unterwiesen. Während seiner Ausbildungszeit in Stettin wohnte der Agent im Hotel »Metropol«.

Zwei wesentliche Dinge fehlten jedoch noch zur Agentenausstattung von Köpff[381]: gültige brasilianische Personalpapiere, die offenbar von der Abwehr nicht in Europa beschafft werden konnten, und die Möglichkeit der schnellen Aneignung von portugiesischen Sprachkenntnissen, wofür vor dem Einsatz des Agenten keine Zeit blieb. Aus diesem Grund wurde Köpff eines Tages von einem gewissen »Wehner« (wahrscheinlich Deckname) aufgesucht, der mit ihm zu den Pelikan-Werken in Hannover reiste. Hier stellte sich »Wehner« Herrn Rossweg von der Firma Pelikan als Vertreter deutscher Wirtschaftsinteressen im Ausland vor. Diesem erklärte er, daß er die Aufgabe habe, jetzt bereits deutsche Sondergesandte in die Länder zu schicken, zu denen Deutschland bis zum Kriegsausbruch gute Wirtschaftsbeziehungen gehabt habe. Die Aufgabe dieser Gesandten bestünde dabei darin, die Wirtschaftsentwicklun für die entsprechenden deutschen Firmen in diesen Ländern zu beobachten. Sofort nach Kriegsende könnten dann gemäß dem beobachteten Kenntnisstand neue Geschäftsbeziehungen in diesen Ländern aufgenommen werden.

»Wehner« schlug Rossweg Köpff für Rio de Janeiro vor, da er als ehemaliger Vertreter der Pelikan-Werke für Peru hierfür am besten geeignet sei. Der Chef der Pelikan-Werke dort sollte Köpff daher die Gelegenheit geben, einige Zeit in seinem Betrieb zu arbeiten, um sich die notwendigen Kenntnisse anzueignen. Gleichzeitig könnte der Fabrikdirektor für Köpff die notwendigen brasilianischen Personalpapiere beschaffen und dieser die portugiesische Sprache erlernen und sich nach einem geeigneten Quartier umsehen. Rossweg lehnte die Einbindung seines Hauses in politische Belange ab. Da »Wehner« aber insistierte, wurde er an den Vorgesetzten von Rossweg weitergeleitet, der diesen Vorschlag aber ebenfalls ablehnte. »Wehner« und Köpff mußten daher unverrichteter Dinge abreisen. Fünf Tage später wurden sie allerdings erneut aufgefordert, nach Hannover zu fahren. Dieses Mal empfing Rossweg sie sehr freundlich. Wahrscheinlich hatte zwischenzeitlich eine höhere Stelle der Abwehr bei den Pelikan-Werken interveniert. Rossweg verfaßte sogleich für Köpff ein Empfehlungsschreiben an den Chef des Hauses in Rio de Janeiro. Gleichzeitig fertigte er eine Kopie dieses Briefes mit Begleitschreiben für den Leiter der Pelikan-Niederlassung in Buenos Aires an. Er bat diesen um diskrete Weiterleitung der Briefkopie nach Rio de Janeiro. Der Inhalt des Schreibens enthielt weitgehend das zwischen »Wehner« und Rossweg Besprochene. Gleichzeitig wurde in diesem Brief das alte Geschäftszeichen Köpffs »Z/37/5« verwendet. Ihm wurde nach seiner Rückkehr nach Stettin befohlen, dieses Geschäftszeichen immer als Erkennungszeichen anzugeben.

Im Februar 1943 kam Köpff nach Berlin. Hier wurde er in seinen Südamerikaauftrag eingewiesen.

Im Anschluß daran brachte ihn die Abwehr zu ihrer Funkstelle nach Hamburg, um ihn mit seiner »Gegenstelle« bekanntzumachen. Hierbei lernte dieser Funker auch die »Handschrift« von Köpff kennen.[382]

---

381 Diese Darstellung folgt den Verhörangaben Köpffs in: Ministro Da Guerra, a.a.O.
382 Unter »Handschrift« versteht man die Art eines Agenten, seine Zeichen zu geben, die der »Gegenstelle« bekannt ist.

Während seines Aufenthalts in Hamburg war Köpff im Hotel »Reichshof« untergebracht.

Von Hamburg wurde der Agent nach Paris gebracht. Dort traf er am 15. Juni 1943 seinen Partner Baarn. Die Abwehr brachte beide Agenten dann nach Bordeaux, wo sie ihre Ausrüstung und die letzten Einweisungen erhielten.

William Marcus Baarn war Mulatte.[383] Er wurde 1908 als uneheliches Kind in Paramaripo/Niederländisch-Guayana geboren. 1927 heuerte er als Seemann an und fuhr auf verschiedenen Schiffen. Später ließ er sich in Port of Spain auf der Insel Trinidad nieder. Hier war er für ein niederländisches Unternehmen tätig. Ab 1930 bereiste er im Auftrag seiner Firma viele südamerikanische Länder.

Sein Ziel war es allerdings, nach Holland zu gelangen, weil sein Vater Niederländer war: 1935 heuerte er daher auf einem holländischen Schiff an, mit dem er nach Amsterdam gelangte. Dort arbeitete er bis zum Kriegsbeginn in Restaurants, Hotels und Bars. Im Januar 1943 nahm die Abwehr Kontakt zu ihm auf. Sie hatte zuvor ein Dossier über ihn angelegt und wußte daher, daß er sich kleinerer Vergehen schuldig gemacht hatte. Er war für die Abwehr interessant, weil er sich in Südamerika auskannte und sich dazu als Mulatte überall unauffällig bewegen konnte. Baarn willigte ein, für die Abwehr zu arbeiten, ohne jedoch zunächst zu wissen, wo er eingesetzt werden sollte. Er erhielt in Amsterdam von Januar bis April eine Agentenausbildung.

Die Ausrüstung: Agentenfunkgeräte von Telefunken (AFUs). Beide Agenten sollten zur Verschlüsselung ihrer Funksprüche Buchcodes benutzen. Köpff erhielt zu diesem Zweck das Buch »Sorte Grande« von Armando Ferreira. Baarn wurde eine von der Oxford University Press 1938 herausgegebene Bibel ausgehändigt. Schriftliche Meldungen hatten beide Agenten an folgende Anschriften zu senden: Paul Barbosa, Calle Hortiguerra 4, Buenos Aires/Argentinien oder Alberto Gomez, Calle Ibanez, Bilbao/Spanien. Ferner erhielten die Männer Pässe, Mikrofilmkameras, Filme und Anschriften von Anlaufstellen. An Geld bekam Köpff 8.000 $ und Baarn 5.000 $ in verschiedenen Währungen. Köpff erhielt außerdem eine Mauser-Pistole mit Munition und den Decknamen »Hedwig«.

Die Fahrt: Von Bordeaux wurden die beiden Agenten nach Archachon in Marsch gesetzt. Dort gingen sie an Bord der »Passim I«, die am 9. Juni 1943 den Hafen verließ. Wenige Tage später wurden die Gewässer der Iberischen Halbinsel mit Kurs auf die Kanaren verlassen. Das Segelschiff war unter der spanisch-portugiesischen Küste unter dem Namen »White Star« gelaufen. Jetzt wurde er in »Santa Maria« verändert. In den brasilianischen Gewässern führte das Schiff den Namen »Santa Barbara«.[384]

Die Tarnung der »Passim I« als Fischerboot hielt selbst, als Garbers auf dieser Fahrt nachts in einen aus Gibraltar kommenden Geleitzug geriet, dessen Begleitzerstörer sein Schiff sehr intensiv mit ihren Scheinwerfern anleuchteten und betrachteten. Sie ließen das Schiff aber unbeanstandet passieren. Auf seinem Weg nach Brasilien gab Garbers für seine Dienststelle verschiedentlich kurze Q-Signale ab, die aber von den

---

383 In den deutschen Unterlagen wird er als »Schwarzer« bezeichnet.
384 Vgl. Angaben Köpffs in Ministro Da Guerra, a.a.O., sowie »Jolle Operation«, a.a.O., S. 15. Saint-Loup gibt allerdings den ersten Namen des Schiffes nach dem Auslaufen mit »Maria Luisa« an.

Amerikanern nicht entschlüsselt werden konnten.[385] Nach 63 Tagen auf See, von denen 21 absolut windstill gewesen waren[386], erreichte das Schiff zwei Wochen später als geplant die brasilianische Küste.[387]

Beide Agenten sollten in einem zeitlichen Abstand von vierundzwanzig Stunden morgens zwischen zwei und drei Uhr an der Atlantikküste des Südteiles von Rio de Janeiro (Gave) abgesetzt werden. Köpff hatte dann die Küstenstraße zu überqueren und durch den Botanischen Garten in die Stadt zu gehen, um die Pelikan-Fabrik zu erreichen. Deren Direktor mußte den Agenten dann in seinem oder einem anderen Haus unterbringen. Auf diese Weise wäre es Köpff möglich gewesen, sofort unterzutauchen.

Tatsächlich entschloß sich Garbers in Übereinstimmung mit den beiden Agenten aber, diese erheblich weiter nördlich bei Gragau in der Nähe von Campos an einer einsamen Stelle, wie er meinte, abzusetzen.

Warum wich der Schiffsführer von der ursprünglichen Planung ab? Die Besatzung und er waren wegen des mehrfachen Überfliegens ihres Schiffes durch ein amerikanisches Flugzeug auf der Höhe von Bahia sehr nervös geworden. Sie glaubten, entdeckt worden zu sein. Daher wollten sie so schnell wie möglich die Agenten absetzen, um den brasilianischen Küstenbereich wieder verlassen zu können.

Der neue Absetzpunkt lag etwa 300 km nördlich des vorgesehenen. Er war aufgrund von Büchern für deutsche Touristen, die sich an Bord befanden, gewählt worden. Sie enthielten eine genaue Beschreibung aller Hafen- und Küstenstädte sowie der Strände. Garbers und die Agenten wählten diesen Absetzpunkt, weil es sich hier um eine absolut ruhige Bucht handelte, in der auch kleine Schiffe bei starkem Südwind Unterschlupf finden konnten. In der Nähe befand sich das Dorf »Saon Joan da Barra«. Von dort sollte nach der Buchbeschreibung ein Weg nach Campos führen. Von dieser Stadt fuhren zwei Mal in der Woche Eisenbahnzüge nach Niteroi/Rio de Janeiro. Köpff plante seine Furunkulose, unter der er litt, erst in Campos auszuheilen, bevor er nach Rio de Janeiro weiterreiste.

Die Wahl dieses Absetzpunktes war deshalb absolut falsch und führte auch zum sofortigen Scheitern des Auftrages nach der Anlandung, weil zwei Fremde ohne portugiesische Sprachkenntnisse und gültige Personalpapiere, die überdies noch Koffer bei sich trugen, in kleinen Dörfern sofort auffallen mußten.

In der Nacht vom 9./10. August wurden die beiden Agenten getrennt voneinander an Land gebracht. Das Schlauchboot, mit dem Baarn angelandet wurde, kenterte in der Brandung. Der Agent verlor dabei einige der Dinge, die er bei sich trug. Nachdem er den Strand erreicht hatte, vergrub er dort seinen Koffer mit dem Funkgerät und den größten Teil seines Geldes. Eine Stunde später wurde Köpff an Land gebracht. Er hatte zwei Koffer bei sich. Einer enthielt das Funkgerät, der andere seine persönlichen Dinge. Auch er vergrub den Koffer mit dem Funkgerät sofort am Strand und ruhte sich dort, da er durch einen Furunkel am Bein beim Gehen behindert war, eine Weile aus.[388]

385 Vgl. »Jolle Operation«, a.a.O., S. 14.
386 Vgl. die Angaben von Köpff in Ministro Da Guerra, a.a.O.
387 Die nachfolgende Darstellung folgt den Angaben von Köpff, a.a.O.
388 Vgl. Köpff, in Ministro Da Guerra, a.a.O.

Zwischenzeitlich hatten die deutschen Seeleute auch frische Hufspuren im Sand entdeckt. Dieses deutete darauf hin, womit sie nicht gerechnet hatten, daß diese einsame Gegend offensichtlich überwacht wurde. Die »Passim« konnte aber, ohne behelligt zu werden, die Anker lichten und die Heimreise antreten.[389]
Beide Agenten wurden bereits in dem nächsten sehr kleinen Dorf Gargau durch einen Hilfspolizisten gestellt und von diesem nach Saon Joan da Barra gebracht. Hier gestand Baarn auf den Vorhalt seiner brasilianischen Vernehmer, daß er deutscher Spion sei, bereits, er habe sich mit der deutschen Abwehr nur eingelassen, um von Europa wieder nach Südamerika kommen zu können.[390] Baarn führte seine Vernehmer nach diesem Geständnis an den Strand und übergab ihnen sein vergrabenes Funkgerät.
In der Zwischenzeit war Köpff nach Campos transportiert und dort in einer Kaserne untergebracht worden.
Nach der Rückkehr von Baarn wurden beide Männer nach Niteroi gebracht, wo sie am späten Nachmittag des 11. August eintrafen. Hier unterzogen die Brasilianer Köpff einem Verhör, bei dem sie den Gefangenen folterten. Der Agent brach unter diesen Torturen zusammen. Er wurde unter Bewachung an die Küste geführt, wo er seinen Koffer ausgraben und seinen Bewachern übergeben mußte. Es hatte Köpff bei seinen Vernehmungen nichts genützt, daß er seinen Vernehmern gegenüber immer argumentiert hatte, er sei peruanischer Staatsbürger, der sich auf der Durchreise zu seiner Frau und Tochter befände. Die brasilianischen Beamten bezeichneten ihn von Anbeginn als deutschen Spion und nannten ihm dabei auch seinen genauen Absetzpunkt.[391]
Die beiden Agenten wurden später von der Polizei der brasilianischen Armee überstellt. Diese entschloß sich, die Gefangenen zu zwingen, mit der deutschen Seite ein Funkspiel nach den Weisungen der Militärs zu beginnen. Der Sinn dieses Funkspiels mit der deutschen Abwehr, bei dem sechzig Funksprüche ausgetauscht wurden, bestand für die Brasilianer darin, herauszufinden, ob es Kontaktleute für die beiden Agenten in Brasilien oder den Nachbarländern gab und ferner festzustellen, ob noch weitere Agentennetze in ihrem Land vorhanden waren, zu denen die Agenten Kontakte aufnehmen konnten. Die hierfür verantwortlichen brasilianischen Offiziere hatten für dieses Funkspiel allerdings nur Köpff bestimmt, weil dieser über die größere Intelligenz und geistige Beweglichkeit verfügte und sie sich daher die Zusammenarbeit mit ihm einfacher als mit Baarn vorstellten.
Den Fachleuten der brasilianischen Armee war es gelungen, den Funkschlüssel von Köpff zu entschlüsseln. Hierzu hatten die Anweisungen zum Funkverkehr, die der Agent auf Mikrofilm mit sich geführt hatte, wesentlich beigetragen. Köpff selbst war hierzu eingehend und hart verhört worden. Der Agent hatte angegeben, daß er ab dem 26. August in der Zeit zwischen 19.00 und 19.30 Uhr (MEZ) und dann noch einmal zwischen 23.00 und 23.30 Uhr von der Abwehr angefunkt werden würde.

389 Vgl. Saint-Loup, a.a.O., S.179 ff.
390 Vgl. Ministro Da Guerra, a.a.O.
391 Die Pferdespuren an der sehr einsamen Landungsstelle und die genaue Kenntnis der Brasilianer von der Landungsstelle legen den Verdacht nahe, daß ihnen die geplante Anlandung der beiden Agenten bereits vorher bekannt war.

Vom 1. September an würde ihn seine Gegenstelle fünf Tage lang mit wechselnden Anrufbuchstaben rufen. Danach würde seine Gegenstelle in Hamburg fünf Tage warten, bevor sie einen weiteren Versuch, ihn zu erreichen, unternehmen würde. Bei diesem Funkverkehr waren die Brasilianer zunächst nicht in der Lage festzustellen, ob die deutschen Funksprüche in Buenos Aires oder Hamburg abgesetzt wurden. Erst nach geraumer Zeit fanden sie heraus, daß sich die deutsche Funkstelle, wie von Köpff angegeben, in Hamburg befand.

Der Agent war nur unter erheblichen Bedenken bereit gewesen, mit den Brasilianern zusammenzuarbeiten, da er in seiner Situation wahrscheinlich keinen anderen Ausweg sah. Er fühlte sich aber durch diese erzwungene Kooperation so belastet, daß er am 4. September den Versuch unternahm, sich mit einer Glasscherbe die Pulsadern aufzuschneiden. Danach wurde Köpff, um eine Wiederholung eines solchen Selbstmordversuches auszuschließen, Tag und Nacht noch schärfer bewacht.[392] Die Brasilianer wollten offensichtlich auf jeden Fall am 6. September mit der Hilfe von Köpff einen Kontakt zur deutschen Abwehr herstellen.

Der Vertreter des FBI in Rio de Janeiro bat den US-Botschafter, den brasilianischen Kriegsminister General Dutra zu veranlassen, den Amerikanern diesen Fall zu überlassen. Botschafter Caffery war aber dagegen, da er davon überzeugt war, daß der Abwehr die Verhaftung ihrer beiden Agenten bereits bekannt sein mußte. Der Diplomat meinte, daß die Tatsache, daß die Deutschen Köpff einmal angerufen hatten, nicht bedeuten konnte, daß sie von seiner Verhaftung nichts wußten. Dieser Anruf könnte auch bedeuten, daß sie erfahren wollten, ob zusammen mit Köpff auch ihre Funkschlüssel in die Hand des Gegners gefallen waren. Überdies würde Dutra einen solchen Vorschlag wahrscheinlich ablehnen, weil dieses der erste Spionagefall der brasilianischen Armee war.[393]

Da Washington sich offensichtlich der Meinung des Botschafters anschloß, wurde diese Angelegenheit den Brasilianern überlassen.

Dem brasilianischen Generalstab gelang es Ende Oktober 1943, einen Kontakt zu der Gegenstelle von Köpff herzustellen. Ein Funker der Armee saß beim Funken stets neben dem Agenten, um seine »Handschrift« kennenzulernen. Er half auch dabei, die empfangenen Nachrichten zu entschlüsseln. Köpff hatte von der Abwehr den Decknamen »Hedwig« erhalten.

Die deutschen Anfragen bezogen sich auf den Schiffsverkehr, das Vorhandensein von U-Boot-Netzen zur Sicherung des Hafens von Rio de Janeiro, die Zusammensetzung des brasilianischen Expeditionskorps für Europa und den Einsatz der brasilianischen Luftwaffe außerhalb Brasiliens.[394]

Mit dem Funkspruch Nr. 19 vom 22. Januar 1944 gratulierte die Abwehr ihrem Agenten zum Geburtstag. Ferner teilte sie ihm wahrscheinlich auf seine Anfrage mit, daß es in Brasilien keine Kontaktperson gäbe, die ihm helfen könnte.[395]

---

392 Vgl. Ministro Da Guerra, a.a.O., S. 319.
393 Vgl. Hilton, a.a.O., S. 346; Caffery an State Department v. 19.9.1943/Dok. Nr. 862.
394 Die nachfolgend zitierten Funksprüche befinden sich in Ministro Da Guerra/Annex.
395 Diese Mitteilung war sicher für die Brasilianer sehr wichtig. Sie kamen hierbei zu dem Ergebnis, daß es entweder tatsächlich keine Kontaktperson in ihrem Land gab oder Berlin den Namen und die Anschrift einer solchen Person »Hedwig« nicht mitteilen wollte.

Mit Funkspruch Nr. 20 vom 24. Januar wurde »Hedwig« mitgeteilt, daß er nur nach dem Süden (gemeint war Argentinien, d.Verf.) ausweichen sollte, falls die Situation für ihn unerträglich würde. Die Anschrift dort sei noch in Ordnung.[396]

Im Funkspruch Nr. 23 vom 6. Februar 1944 hieß es: »Chef hat Sie zum Eisernen Kreuz vorgeschlagen.«[397]

Am 8. Februar 1944 fragte die Abwehr mit Funkspruch Nr. 25 an: »Warum funken Sie nicht. Wir bitten Sie, unsere Fragen zu beantworten.«

Um die Schwierigkeiten von »Hedwig« deutlich zu machen, funkten die Brasilianer nicht fortlaufend, sondern nur mit Unterbrechung nach Deutschland. Die wenigen von »Hedwig« an die Abwehr erhaltenen Funksprüche enthalten nichts Wichtiges. In Nr. 5 vom 7. November 1943 teilte »Hedwig« mit: »Heute Hafen Rio Schuppen Nr. 12 angerollt. Motorgeschütze Kaliber 15 cm, 40 Lastkraftwagen, 1 Reparaturwagen. Schuppenmeister sagte Bestimmung Nordstaat, Dampfer noch nicht hier.«[398]

Auf die deutsche Anfrage in Funkspruch Nr. 10 vom 3. Dezember 1943 nach der Sicherung des Hafens von Rio de Janeiro erfolgte die Antwort erst am 23.Januar 1944: »Hafenüberwachung Rio durch Forts und Marineflugzeuge. Lage von Sperren noch nichts erfahren...«[399]

Die Brasilianer beantworteten die deutsche Anfrage deshalb so spät, weil diese hohe Offiziere bei ihnen in große Aufregung versetzt hatte. Sie nahmen an, daß die Deutschen beabsichtigten, die brasilianische Hauptstadt anzugreifen. General Goes Monteiro, der Chef des brasilianischen Generalstabs, warnte den amerikanischen Botschafter vor dieser Gefahr. Er schlug vor, der Abwehr verstärkt falsche Informationen über Schiffsbewegungen mitzuteilen, um dadurch feindliche U-Boote vor der brasilianischen Küste in Fallen zu locken und zu vernichten. Der amerikanische Militärattaché hielt von dieser Idee nicht sehr viel. Das Funkspiel hatte für ihn nur einen zweifelhaften Wert. Er war der Meinung, daß die Abwehr diese Anfrage in Kenntnis der Festnahme von Köpff gestellt hatte, um die Alliierten in der Absicht zu täuschen, Marineeinheiten aus Schwerpunkten abzuziehen und nach Rio de Janeiro zu verlegen. Botschafter Caffery teilte den Skeptizismus seines Militär-attachés: »Es ist kaum zu glauben, daß die Deutschen nicht wissen, daß Köpff sich unter brasilianischer Kontrolle meldet...«[400]

Im Zusammenhang mit der politischen Krise in Argentinien[401] ließen die Brasilianer

---

396 Gemeint war die Köpff mitgegebene Anschrift von Paul Barbosa, Calle Hortiguerra 4 Buenos Aires. Hierbei handelte es sich um einen Mitarbeiter der spanischen Botschaft namens Cruz, der hier wohnte. Barbosa war der Mädchenname seiner Frau.

397 Es fehlt hier der Zusatz welcher Klasse.

398 Beide Funksprüche in BA/MA RW 49/559.

399 Ebenda.

400 Zitiert bei Hilton, a.a.O., S. 348. Caffery an State Department, Dokument Nr. 121943. Die Überlegungen des Militärattachés waren richtig. Eine solche Meldung konnte nur den Sinn haben, die Kräfte des Gegners an einem bestimmten Ort zu binden. Vgl. hierzu auch das KTB/BdU vom 20.2.1944/ Anlage: »Die Aufgabe, die Kräfte des Gegners zu binden, ist, wie sich aus Beobachtungen der Boote, Agentenmeldungen und Nachrichten des B-Dienstes ergibt, bislang gelungen.«

401 Politische Krise in Argentinien: Am 10. März trat Präsident Ramirez infolge einer Militärrevolte zurück. General Farrell übernahm die Macht und die Präsidentschaft. Vizepräsident wurde Oberst Juan Peron, der zur politisch treibenden Kraft dieses Regimes wurde.

»Hedwig« am 30. März folgenden Funkspruch absetzen: »Meine Situation hat sich durch die politische Entwicklung in Argentinien sehr verschlechtert, da Ausländer nun noch gründlicher kontrolliert werden...Ich habe den Verdacht, überwacht zu werden...«[402] In einer weiteren Nachricht vom gleichen Tag kündigte er an, daß er seinen Sender verstecken werde. Dieses war die letzte Nachricht, die der brasilianische Generalstab im Schlüssel von Köpff nach Hamburg funken ließ. Die Antwort der Abwehr kam sehr schnell: »Wir raten zu allergrößter Vorsicht.«[403] Wenig später, Anfang April, wurde »Hedwig« von seiner Gegenstelle angewiesen, seinen Standort zu wechseln und sich unter allen Umständen die zur Erhaltung seiner Mobilität nötigen Papiere zu beschaffen.[404]

Am 14.Juni fragte die Abwehr in Funkspruch Nr. 30 an: »Warum benutzen Sie nicht die Ihnen mitgegebene Adresse, um Nachrichten weiterzugeben?«[405]

Im Juli 1944 informierte »Sargo« Berlin darüber, daß sich Baarn und Köpff im Gefängnis befanden.[406] Dieser Funkspruch wurde von den Amerikanern aufgefangen. Sie wußten daher seit diesem Zeitpunkt, daß die Deutschen über die Gefangennahme ihrer beiden Agenten informiert waren.

Der Prozeß gegen Köpff und Baarn fand, was ungewöhnlich war[407], erst am 25. April 1945 statt. Beide erhielten Haftstrafen von 25 Jahren und sechs Monaten. Über eine vorzeitige Haftentlassung wurde nichts bekannt.

3. Das »Unternehmen Wollin«[408]

Die endgültige Planung für dieses Unternehmen begann am 22. März 1944. »Luna« teilte Berlin an diesem Tag mit, daß »Jolle« (Garbers) nicht später als Ende April 1944 in Argentinien eintreffen sollte. Die Abwehr antwortete daraufhin, daß ein so frühes Eintreffen des Bootes unmöglich sei. Das Schiff könnte frühestens Ende April den Hafen verlassen, um vielleicht Anfang bis Mitte Juli in Argentinien zu sein. Tatsächlich verließ Garbers den Hafen von Arcachon zwischen dem 1. und 9. Mai 1944.[409]

---

402 Ministro Da Guerra/Annex.
403 Ebenda.
404 Ebenda.
405 Ebenda.
406 Vgl. »Jolle Operation«, a.a.O., S. 7.
407 Vgl. Ministro Da Guerra, a.a.O. Alle anderen von den Brasilianern verhafteten Agenten wurden sofort verurteilt. Es fällt auf, daß die Gerichtsakten von Köpff und Baarn im Gegensatz zu den Akten aller anderen von den Brasilianern verurteilten deutschen Agenten keine Paßbilder enthalten. Es kann daher vermutet werden, daß beide Agenten nach Beendigung des Krieges, zum Dank für ihre Mitarbeit, abgeschoben wurden, Köpff wahrscheinlich nach Peru und Baarn nach Niederländisch-Guayana.
408 Diese Darstellung folgt der »Jolle Operation«, a.a.O. Diese wiederum ergab sich aus den aufgefangenen und entschlüsselten deutschen Funksprüchen. Weitere Unterlagen über das Unternehmen sind außer der Darstellung von Saint-Loup nicht vorhanden.
409 Ein Funkspruch »Luna«/Berlin mit dem Wunsch, noch einen bestimmten Gegenstand zu laden, wurde von Berlin am 10.5.44 wie folgt beantwortet: »Jolle bereits Scheidung eingereicht«, was bedeutete: Schiff ist bereits ausgelaufen./004-4623 Berlin Argentinien v. 10.5.44, zitiert in »Jolle Operation«, a.a.O.

An Bord befanden sich die beiden deutschen Agenten »Cobija« (Walter Burckhardt und »Valiente« (Alfonso Chantrain), die in Argentinien abgesetzt werden sollten. Ferner ein verschweißter Leichtmetallkoffer, der Garbers von der Kanzlei des Führers zum Transport nach Argentinien ausgehändigt wurde[410] sowie die Ladung.[411] Garbers funkte am 21. Juni, daß er sich acht Tage später am vereinbarten Treffpunkt befinden würde. Am 25. Juni gab er einen weiteren Funkspruch an »Luna« ab, in dem er mitteilte, daß das Zusammentreffen aufgrund ungünstiger Winde erst am 1. Juli stattfinden könnte. Wenig später deutete Garbers wiederum in einem Funkspruch eine mögliche Verzögerung seines Eintreffens bis zum 3. Juli an. Das Treffen fand dann aber in den frühen Morgenstunden des 1. Juli 1944 statt.

Der tatsächliche Treffpunkt wurde mehrfach verändert. Zunächst war daran gedacht worden, ihn in die unmittelbare Nähe von Buenos Aires zu legen. Am 22. März 1944 schlug »Luna« den Punta Indio oder den Mar de Ajo vor. Vielleicht war damit aber der Rio de Ajo gemeint. Diesen Begegnungsort hatte »Luna« wegen der ruhigen Gewässer vorgeschlagen. Der genaue Punkt vor der Küste lag auf 35 Grad 13'S.57 Grad 09'W. Vielleicht wegen der Nachbarschaft zu sehr dicht besiedelten Gebieten wurde aber dieser Treffpunkt von der Abwehr nicht gebilligt. Berlin schlug daher Miramar, Nechea oder Mar del Plata vor. Obgleich Berlin Necochea immer allen anderen Treffpunkten vorzog, wählte »Luna« am 3. Juni einen Ort vier Meilen südlich von Mar del Plata aus und weigerte sich, einem anderen Ort zuzustimmen. Seine Wahl war auf eine schmale Bucht in der Nähe von Punta Mogotes, eine halbe Meile südlich des Mogotes Leuchtturms, gefallen. Der genaue Punkt des Zusammentreffens lag auf 38 Grad 06'24 »S, 57 Grad 34'12«W. Dieser Ort galt jetzt für den 1. Juli, obgleich die Abwehr nach wie vor die Gegend von Necochea bevorzugte. Garbers selbst hatte noch am 21. Juni Punta Indio als Treffpunkt auf 35 Grad 15'S, 57 Grad 12'W gefordert. Dieser Begegnungsort war deshalb von »Luna« zurückgewiesen worden, weil er angesichts der Kürze der noch zur Verfügung stehenden Zeit dort keine ausreichenden Sicherheitsvorkehrungen mehr treffen konnte. »Luna« stimmte allerdings dem von Garbers geforderten Treffpunkt für den Fall zu, daß sein Mogotes-Plan scheitern sollte. Es war nicht nötig, die Pläne zu verändern. »Luna« stand ab 25. Mai mit seinen Männern bei Mogotes zum Empfang Garbers bereit.

Zwischen »Luna« und Garbers war schon am 15. Juni ein direkter Funkkontakt aufgenommen worden. Bereits am 21. Juni gelang es den Amerikanern, den ersten Funkspruch zwischen den beiden abzuhören, es war ihnen aber nicht möglich, in den Funkverkehr zwischen der Abwehr und Garbers bis zum 15. Juni einzubrechen. Von diesem Zeitpunkt an gab es offenbar keine Funkverbindung mehr zwischen Berlin und dem Skipper. Die Abwehr konnte daher auf eine entsprechende Anfrage von »Luna« lediglich schätzen, daß sich Garbers nur noch wenige Tage von dem verabredeten Treffpunkt entfernt befinden müßte.[412]

Die Landungsoperation wurde von »Luna« sehr gründlich geplant und durchgeführt, obgleich im Vorfeld dieses Unternehmens in Funksprüchen heftige gegenseitige Vor-

---

410 Vgl. Saint-Loup, a.a.O., S. 193 u. S. 200.
411 Zur Ladung vgl. Ladeliste im Anhang.
412 Vgl. 004-4997 Berlin/Argentinien v. 14. Juni 1944.

würfe zwischen Berlin und Argentinien ausgetauscht wurden. »Luna« warf seinen Berliner Vorgesetzten einen Mangel an Zusammenarbeit hinsichtlich der Zusammenstellung der Ladung vor. Weiterhin beklagte er die ständigen Änderungen in der Operationsplanung. Berlin hielt »Luna« vor, wesentliche an ihn gerichtete Fragen nicht beantwortet zu haben und wichtige Sicherheitsvorkehrungen unbeachtet zu lassen. In einem Funkspruch vom 15. Juni 1944 »...behalten Sie Ihre Kritik für sich, wenn Ihnen nicht alle Einzelheiten bekannt sind...hierdurch wird nur deutlich, daß aufgrund Ihrer ›klugen‹ Handlungsweise die ursprünglich geplante Landung bereits entdeckt wurde...«[413]

Mit Mogotes war sicherlich ein guter Landeplatz bestimmt worden. Es gab dort nur eine sehr leichte Brandung. Die Küste bestand aus Sand. Die Gegend war sehr einsam. Trotzdem erlaubte eine wenig benutzte Straße einen direkten Zugang zum Strand, so daß auch hier Wagen geparkt und Lichtsignale gegeben werden konnten. Kurz vor der Landung von Garbers brachte »Luna« eine bewegliche Funkstation nach Punta Mogotes. Auf diese Weise war er in der Lage, zu dem Schiff die ganze Zeit einen Funkkontakt aufrechtzuerhalten. Vom 21.–25. Juni stand er mit dieser Funkstelle in der Nähe des Miramar-Leuchtturms. Vermutlich verlegte »Luna« am 30. Juni bereits in die Nähe der voraussichtlichen Landungsstelle von Garbers.[414]

«Luna» hatte seine eigenen Leute auf einem Landgut im Inland 200 km von der Küste entfernt untergebracht. Aus diesem Grund mußte sich Garbers alle drei Tage bei ihm melden, damit er die Männer rechtzeitig in die Nähe der angegebenen Landungsstelle holen konnte. In der Nacht der Landung warteten die Agenten 2,5 km südwestlich von Mogotes in drei geparkten Wagen. Um 1.00 Uhr fuhren sie an die Küste. Sie gaben von dort in bestimmten Abständen mit starken Taschenlampen Lichtsignale ab. Nachdem das Schiff gesichtet worden war, mußten die notwendigen Anordnungen vor Ort erteilt werden.

In den frühen Morgenstunden erreichte Garbers den verabredeten Landeplatz. Die Ladung wurde in Schlauchbooten an Land gebracht. Sie bestand aus dreißig Kisten, die in Gummifolie wasserdicht verschweißt waren. Diese Art der Verpackung war in Funksprüchen als »Präservativ« bezeichnet worden.[415] Ein Teil dieser Ladung wurde sofort an Land vergraben und sollte später in kleinen Mengen unauffällig nach Buenos Aires gebracht werden. Danach wurde der Leichtmetallkoffer ausgeladen und an Land in einem Buick verstaut, der sofort mit ihm wegfuhr.[416]

Zum Schluß wurden die drei Agenten übernommen, die nach Deutschland gebracht werden sollten. Es waren dieses: Philipp Imhoff, Jürgen Sievers und Heinz Lange. Noch in den Morgenstunden des gleichen Tages begann die Heimreise nach Europa. Die Meldung von der erfolgreichen Landung in Argentinien wurde aber erst am 4. Juli nach Berlin durchgegeben.[417]

In der Zeit zwischen dem 3. und 10. Juli stellte die amerikanische Funküberwachung fest, daß »Luna« vergeblich versuchte, Garbers zu erreichen. Auch dem Skipper ge-

413 004-4991 Berlin/Argentinien v. 15. Juni 1944/zitiert in: »Jolle Operation«, a.a.O.
414 Vgl. »Jolle Operation«, a.a.O., S. 21.
415 Vgl. 004-4880 Berlin/Argentinien v. 3. Juni 1944.
416 Vgl. Saint-Loup, a.a.O., S. 200 f.
417 Vgl. 004-5131 Berlin/Argentinien v. 4. Jul 1944, zitiert in: »Jolle Operation«, a.a.O.

lang es in dieser Zeit nicht, eine Funkverbindung zu »Luna« herzustellen. Eine Funkverbindung kam zwischen beiden aber nicht zustande. Funksprüche konnten daher
nicht mitgehört werden.[418]

Die Amerikaner gingen offenbar davon aus, daß, wenn Garbers, wie ausgesagt, pro
Tag 100 Seemeilen segeln würde, er am 20. August die Höhe von Gibraltar erreichen könnte. Aufgrund der für die Wehrmacht schwierigen Situation in Frankreich
bleibe dem Skipper dann nur die Möglichkeit, in einen spanischen Hafen zu laufen
oder sein Schiff zu versenken.[419] Garbers erhielt über Funk den Befehl, den Hafen
von Vigo anzulaufen und sein Schiff den Spaniern zu übergeben. Einhundert Seemeilen vor Vigo, wahrscheinlich auf der Höhe von Porto, setzte er die drei Agenten
an Land. Dann lief er, wie befohlen, den spanischen Hafen an, nachdem er alle militärischen Gegenstände vorher hatte über Bord werfen lassen. Von Madrid aus wurde Garbers wenig später nach Berlin geflogen.[420]

Heinrich Garbers wurde für diese Fahrt, nachdem er bereits für das »Unternehmen
Mercator II« das Deutsche Kreuz in Gold erhalten hatte, mit dem Ritterkreuz ausgezeichnet.

Die beiden von Garbers am 1. Juli 1944 abgesetzten Agenten Walter Burckhardt und
Alfonso Chantrain wurden bereits am 20. August 1944 von der argentinischen
Bundespolizei verhaftet. Sie gaben zunächst an, daß sie am 5. Juli von einem deutschen U-Boot an der argentinischen Küste abgesetzt worden wären. Diese Einlas-
sung wurde ihnen aber nicht geglaubt. Über das weitere Schicksal dieser Agenten
ist nichts bekannt.[421]

Das »Unternehmen Wollin« wirft die Frage auf, weshalb die Amerikaner das Schiff
von Garbers nicht gestellt haben. Es kann sicherlich nicht davon ausgegangen werden, daß sie dieses aus Respekt vor der großen seemännisch-sportlichen Leistung
von Garbers unterließen. Ihre relativ engmaschige Überwachung des Südatlantiks,
die sie wegen der deutschen U-Boot-Gefahr durchführten, hätte ein Aufbringen des
Bootes möglich gemacht.

Überdies kontrollierten sie durch ihre landgestützten Flugzeuge bereits im August
1943 einen 400 km breiten Seestreifen vor der brasilianischen Küste.[422]

Durch den Einsatz von Maschinen mit noch größerer Eindringtiefe dürfte dieser
Streifen 1944 noch breiter gewesen sein. Die Geschwindigkeit des Schiffes von Garbers war den Amerikanern bekannt. Erhofften sie sich wesentliche Erkenntnisse
über die künftigen deutschen Geheimdienstoperationen und Agentennetze in Südamerika durch die Aussagen von Burckhardt und Chantrain? Befand sich vielleicht
unter den drei von Garbers nach Europa zurückgebrachten Agenten einer, den sie
vorher »umgedreht« hatten und der ihnen daher innerhalb der deutschen Abwehr
sehr nützlich werden konnte? Andere Erklärungen bieten sich für das Verhalten der
Amerikaner und vor der portugiesischen Küste auch der Engländer kaum an.

418 Vgl. »Jolle Operation«, a.a.O., S. 23.
419 Vgl. »Jolle Operation«, a.a.O., S. 24.
420 Vgl. Saint-Loup, a.a.O., S. 210 ff.
421 Vgl. »Jolle Operation«, a.a.O., S. 1.
422 Vgl. KTB/BdU. v. 13.8.1943/BA-MA RM 7/1078.

4. Der letzte Funkspruch an »Sargo« und »Luna«

Anfang Februar 1945 gerieten die britischen Entschlüsselungsexperten für die deutschen Funksprüche, die in Bletchley Park arbeiteten, in Unruhe. Seit 1941 konnten sie aufgrund von erbeuteten deutschen Enigma-Verschlüsselungsmaschinen die meisten Funksprüche ihres Gegners fast mühelos entziffern. Ihr Inhalt bedeutete für die alliierte Kriegführung häufig eine nicht unwichtige Entscheidungshilfe. Ab Anfang Februar 1945 sendeten einige deutsche Funkstellen verschlüsselte Funksprüche, die von den Briten auf die gewohnte Weise nicht mehr entschlüsselt werden konnten. Die deutsche Seite hatte für die Übermittlung wichtiger Meldungen ganz offenbar neue Geräte eingesetzt.[423]

Es kann sicher vermutet werden, daß diese Apparate von der Kriegsmarine für den Einsatz insbesondere auf U-Booten des Typs XXI entwickelt worden waren.[424] Einige dieser Geräte wurden in drei von Marinefunkern bedienten Funkwagen eingebaut (F I-F III)[425], andere offensichtlich stationär verwendet.[426]

Der Funkverkehr zwischen der Seekriegsleitung und dem Führerhauptquartier und umgekehrt, den die Engländer nicht mehr mitlesen konnten, wurde seit dem 6. Februar 1945 unter der Tarnbezeichung »Krokodil« abgewickelt, die auch seit dem 27. März 1945 der Deckname des Ausweichquartiers der Seekriegsleitung war.[427] Der F I befand sich bei der Seekriegsleitung in Plön und F II bis zum 22. April 1945 im Führerhauptquartier in Berlin.[428]

---

423 Dem Verfasser gelang es nicht, die hier eingesetzten Geräte zu identifizieren. Es kann nur vermutet werden, daß es sich hierbei um SFM 43 Geräte gehandelt hat. Die Amerikaner brachten hiervon 1945 sechs erbeutete Exemplare in die USA. Bis heute tauchte hiervon kein Gerät wieder auf. Vgl. hierzu auch Schreiben der Marinefernmeldeschule Flensburg v. 14.8.98 an den Verfasser: »Es besteht auch kein Zweifel an der Echtheit des Funkspruchs, er kommt über die einzige noch verläßliche Nachrichtenverbindung, der mit besonderen Schlüsselmitteln versehenen Marinefunk-trupps.« Vgl. hierzu auch Frank, Wolfgang, Die Wölfe und der Admiral, Oldenburg 1953, S. 527. Vgl. zur Sicherheit der neuen Schlüsselmittel auch die Aussage von Vizeadmiral Erich Voss vom 29. Mai 1955: »Am 30. April und 1. Mai 1945 habe ich die letzten drei Funksprüche aus der Reichskanzlei an den Großadmiral Dönitz durch unseren Marinefunktrupp aufgegeben. Sie war die einzige Funkstelle, die bis zuletzt sicher arbeitete, und zwar mit neuen, sonst nicht bekannten Schlüsselmitteln, so daß die Nachrichten zuverlässig übermittelt werden konnten.« Zitiert in: Joachimsthaler, Anton, Hitlers Ende, Legenden und Dokumente, Berlin 1999, S. 277.

424 Vgl. OKM 2. Abt., Skl, BdU Op.B. Nr. gKdos 4858 A I v. 10.7.1944 »Nachrichtenmittelausrüstung und Einsatzmöglichkeit für Boote Typ XXI«, Nat. Archives Washington, o.Sign.

425 Vgl. Marinenachrichtendienst an OKW/Führerhauptquartier, Adm. Voss vorlegen, F II v. 6.2.1945 National Archives, Washington, o. Sign.

426 Vgl. Marinenachrichtendienst/Chefs. nur durch Offizier/Eingegangen am 24.4.1945...Zusatz Funkraum »Krokodil« (im FHQ, d.Verf.)«...Wenn möglich bittet der WFST um Aufstellung weiterer Marine-Funktrupps für WFST in Krampnitz, da bisher zur Verfügung gestellter Trupp in Reichskanzlei eingesetzt...« »Oeser entdeckte auch einen guten Eisenbahnzug. Möglicherweise war es derjenige, den Kesselring benutzte...die als Fernmeldeabteile eingerichtet waren, enthielten mehrere Enigma-Maschinen und andere Schlüsselmaschinen jüngster Bauart.« Lewin, Ronald, Entschied Ultra den Krieg? Alliierte Funkaufklärung im 2.Weltkrieg, Koblenz/Bonn 1981, S. 438.

427 Vgl. KTB/Skl 1939-1945 Bd. 67/Teil A v. 27.3.1945, Mittler Verlag 1997.

428 Nach diesem Datum taucht der F II in keinem weiteren zugänglichen Dokument auf.

Danach wurde der Wagen offensichtlich zusammen mit dem Führungsstab Süd (B) nach Berchtesgaden verlegt, um von dort aus einen abhörsicheren Funkverkehr mit Plön und Berlin zu gewährleisten. Der Marsch des Führungsstabes dorthin begann mit Teilen bereits am 20. April 1945 ab Luftwaffenschule Wannsee bei Berlin. Der Weg führte über Treuenbrietzen – Wittenberg – Riesa – Meißen – Tharandt – Pilsen – Eisenstein – Passau – Ried – Richtung Berchtesgaden und dort in die Gebirgsjäger-Kaserne Strub. Dort trafen die ersten Fahrzeuge am Abend des 23. April 1945 ein.[429] Der Funkwagen F II stand in der Zeit vom 26. April bis zum 2. Mai 1945 auf dem Gebiet des Berghofes[430] (Hitlers Residenz in Berchtesgaden) am oberen Kehlstein auf Höhen zwischen 1000 bis 1200 Metern. Der Wagen war mit sechs Schlüsselgerätesätzen ausgestattet, die den Kurzwellen-Funkgeräten vorgeschaltet waren. Vermutlich arbeiteten drei für den Empfang und drei für die Abgabe. Das Fahrzeug verfügte ferner über einen ausfahrbaren Antennenmast, der seitlich fixiert wurde. Zugleich wurde eine 150 Meter lange Doppeldrahtantenne in ca. 10 Meter Höhe gespannt.

Die etwa vierzig Mann starke Wachmannschaft des Funkwagens zog im Bunkerraum N 2 unter, der sich im Klingelkopf in 1135 Meter Höhe befindet. Diese unterirdische Gesamtanlage umfaßt etwa 160 qm und bestand aus einem Aufenthaltsraum, einer Toilettenanlage mit Wasseranschluß, Küche und einem Seitenraum für Lebensmittel.[431]

In etwa 800 Meter Höhe befand sich das damalige Gästehaus, in dem Admiral Karl-Jesko von Puttkamer als Verbindungsoffizier des Oberbefehlshabers der Marine Quartier bezogen hatte. Dieser hielt von dort aus den nichtentschlüsselbaren Funkkontakt insbesondere zum Führerhauptquartier und zu Großadmiral Dönitz.[432]

Angeblich wurde in der Nacht vom 1. zum 2. Mai ununterbrochen an allen Geräten des Funkwagens gearbeitet. Der Text auf dem letzten Schlüsselvorgabezettel, der am frühen Morgen des 2. Mai 1945 den Funkern ausgehändigt wurde und der bei der Übergabe aus der Mappe in den Schnee fiel, lautete:

> An »Sargo« und »Luna«
> Verlagerung von GK nach GS
> Krokodil stillgelegt. Abmeldung erfolgt.[433]

429 Vgl. zur Verlegung KTB/OKW Bd.IV: 1944-1945/Zweiter Halbband, S. 1438 ff., hrsg. von P.E. Schramm, Frankfurt/M. 1961.
430 Vgl.zu dem folgenden auch: Beierl, Florian M., History of the Eagle's Nest, Berchtesgaden 1998, S. 194 ff. Beierl erhielt die von ihm dargestellten o.g. Angaben von einem zwischenzeitlich verstorbenen SS-Soldaten, der zur Bewachungsmannschaft des Funkwagens gehörte.
431 Die Anlage wurde 1945 nicht gesprengt, ihr Eingang jedoch verschüttet. Der Bunker kann heute noch, wenn man seine versteckte Lage kennt, besichtigt werden.
432 Da die empfangenen Funksprüche zum Verbindungsoffizier ins Gästehaus und die v. Puttkamer abgesetzten zum Funkwagen gebracht werden mußten, wurde die notwendige Verbindung von Meldern aufrechterhalten.
433 Dieser von dem SS-Soldaten genannte Text scheint auch deshalb glaubhaft, weil dieser sicherlich zuvor nie etwas von den gleichnamigen Agentenringen in Argentinien gehört haben dürfte. »Sargo« und »Luna« haben, wenn sie empfangsbereit waren, wovon in dieser Zeit auszugehen war, diesen Funkspruch empfangen. Bei seiner Übermittlung durch den Funkwagen gab es keine technischen Probleme.Es kann aber davon ausgegangen werden, daß die seit April 1944 in Spanien unter dem Schutz des dortigen Generalstabs arbeitenden Teile der deutschen Funkabwehr diesen Funkspruch

Nach Abgabe dieses Spruches fuhr der Wagen ohne Bewachung zu Tal nach Berchtesgaden. Wahrscheinlich lautete der Befehl für die Funker, nach Königsee zum Führungsstab B und mit diesem weiter nach Zell am See zu fahren. Irgendwo auf dem Weg dorthin wurden sie von einem englischen Kommandotrupp, der unter Führung von Wing-Commander Oscar Oeser nach ihnen suchte, gestellt und ausgehoben.[434] Die Engländer hatten den Funkwagen auf dem Kehlstein wahrscheinlich als einen der Sender angepeilt, der mit den neuen Geräten arbeitete, die sie unbedingt in ihren Besitz bringen wollten.

auffangen und bei Bedarf an die beiden Agentennetze in Argentinien weiterleiten konnten. Vgl. Amtsgruppe Wehrmachtsnachrichtenverbindungen im OKW/Chef/ An den WFST zu Hd. Major i.G. Waizenegger, Berlin d. 8. April 1944/ BA-MA/RW 5-430.

434 Lewin, a.a.O. »Ein Sender, daß wußte er (Oeser, d.Verf.), arbeitete immer noch in Berchtesgaden. Er fand seine Spur und übernahm ohne Schwierigkeiten einen Schlüsselwagen, in dem sich moderne Enigma-Maschinen befanden. Um sie in sicherem Gewahrsam zu haben, übergab er sie den verblüfften Truppen der 7. US-Army.« (Vgl. hierzu Anm.1). Leider gibt der Verfasser hier weder die Gegenstationen an, mit denen der Funkwagen in Verbindung stand, noch macht er weitere Angaben zu den erbeuteten deutschen Geräten. Äußerungen von Oeser hierzu sind aus britischen Archiven nicht erhältlich. Bemühungen, die entsprechenden deutschen Funker ausfindig zu machen, waren leider vergeblich.

V. Das »Unternehmen Schamil«[435]

1. Die Vorbereitungen[436]

Bereits im Frühjahr 1939 erfuhr Erhard Lange von einem Bekannten aus dem Reichsministerium für Volksaufklärung und Propaganda, daß das OKW für einen späteren, jetzt schon absehbaren Konflikt mit der UdSSR die Aufstellung eines besonderen Stoßtrupps plante. Dieser sollte aus von der SU enttäuschten deutschen und österreichischen Kommunisten bestehen und im Konfliktfall hinter den sowjetischen Linien eingesetzt werden. Entsprechende Vorbereitungen hatte die »Baulehrkompanie z.b.V. 800«, Vorläuferin der späteren Division Brandenburg, durchzuführen. Lange ließ sich, weil er an einem solchen Unternehmen interessiert war, Ende Oktober 1939 von den Gebirgsjägern zu den Brandenburgern versetzen. Hier allerdings, so mußte er feststellen, wurde ein solches Unternehmen nicht vorbereitet.

Aus diesem Grund ließ sich Lange nach der ersten in Griechenland erlittenen Verwundung zum OKW/Amt Ausland Abwehr versetzen. Hier wurde er dem Referat des Sonderführers Prof. Dr. Werner Markert, Gruppe Ost/Oberstlt. Erwin Stolze, der Abwehr II zugewiesen. Die bei ihm hier täglich durchlaufenden Abwehr I-Meldungen über die Aufsässigkeit insbesondere der nordkaukasischen Stämme gegen die Sowjets brachten Lange auf den Gedanken, diese Aufstandsbewegungen weiter zu aktivieren und zu koordinieren. Er erhielt den Auftrag, entsprechende Möglichkeiten genauer zu untersuchen. Der Aufstandsgedanke wurde aber von Canaris mit der Begründung, »Kriegsausweitung ist zu vermeiden«, abgelehnt. Daraufhin legte Lange einen Plan »Ölobjektschutz« vor, der genehmigt wurde. Die Planung sah vor, daß vor Beginn der Kampfhandlungen in diesen Gebieten aus sowjetfeindlichen Einheimischen bestehende Ölschutztruppen für die Bereiche Maikop und Grosny aufgestellt werden sollten. Zu diesem Zweck waren zunächst aus je zwei Deutschen und je zwei Kaukasiern bestehende Kernzellen aufzustellen. Ihre Ausbildung sollte im Reichsgebiet stattfinden. Danach mußten diese Gruppen – im Kaukasus abgesetzt – unter der Bevölkerung in der Breite wirken. Kerntruppen sollten zum entsprechenden Zeitpunkt in zwei Wellen in der Stärke je eines Infanteriezuges nachgeführt werden, um bei den Kaukasiern als »Korsettstangen« zu fungieren.

Bald nach Beginn der Vorbereitung dieses Unternehmens teilte der Abteilungschef von Abwehr II, Lahousen, Lange mit, daß die zur Durchführung der Operation erforderlichen Flugzeuge nicht zur Verfügung gestellt werden könnten. Nunmehr

---

435 Schamil, geb.1797, war ein tscherkessischer Freiheitskämpfer und Imam, der sich ab 1824 bis zu seinem Tod im Aufstand gegen die Russen befand.
436 Für die Darstellung des »Unternehmens Schamil« dient neben den Unterlagen des Militärarchivs Freiburg auch eine von Oblt. d.R. Lange 1961 angefertigte Aufzeichnung. Diese wird im folgenden nur mit »Lange« zitiert.

wandte sich Lange an den ihm persönlich bekannten Adjutanten des Reichswirtschaftsministeriums Funk, Dr. Schwedler. Dieser stellte ihm einen Kontakt zum Staatssekretär beim Vierjahresplan, Erich Neumann, her. Der wiederum leitete Lange aus kriegswirtschaftlichen Gründen nach persönlichem Vortrag an den Chef des Generalstabs der Luftwaffe weiter. Nach persönlichem Vortrag auch dort, bekam er die Zusage, daß für das geplante Unternehmen die erforderlichen Flugzeuge zur Verfügung gestellt werden würden.[437]

Wenig später mußte Lange Canaris, Lahousen und Stolze nach Winniza begleiten, um dort Warlimont seinen Plan vorzutragen.[438] Auch dieser billigte die Planung und gab insbesondere genaue Zusagen hinsichtlich des Einsatzzeitpunktes, weil ohne entsprechende Anlaufzeit die notwendige Breitenarbeit unter der Bevölkerung nicht gewährleistet werden konnte.

Auswahl der Soldaten

Lange suchte sich die Männer für das geplante Unternehmen nach folgenden Gesichtspunkten aus: Führerbegabung, psychologisches Einfühlungsvermögen, Menschenkenntnis, geistige Überlegenheit, Weitblick, ausgeprägte Entschlußkraft, taktisches Können, beste körperliche Verfassung und Zähigkeit. Er glaubte, daß Männer unter 25 Jahren weder körperlich noch geistig über diese Eigenschaften verfügten. Überdies waren zu junge Menschen bei den Ostvölkern nicht sehr geachtet. Diese von ihm aufgestellten Forderungen waren nicht bei allen Soldaten erfüllt.[439]

Die deutschen Teilnehmer kamen größtenteils von den »Brandenburgern«. Unter diesen bildeten die Südtiroler Gebirgsjäger mit ihrem unkomplizierten geraden Charakter das Rückgrat des gesamten Unternehmens. Fast jeder von ihnen war eine Persönlichkeit mit der Qualität eines Einzelkämpfers. Überdies verfügten sie, was sehr wichtig war, über ein sicheres Orientierungsvermögen.[440]

Die eigentlich wegen ihrer Russischkenntnisse dem Unternehmen zugeteilten Balten waren weitaus komplizierter: Sie waren wegen ihrer unberechenbaren Impulsivität nur schwer zu einer konsequenten Teamarbeit zu veranlassen. Etwa zwei Wochen nach Beginn der Aufstellung meldete der baltische Gruppensprecher seine gesamte Gruppe zur Rücksprache bei Lange an. Hierbei stellte es sich heraus, daß die Balten sich nicht freiwillig zu diesem Einsatz gemeldet hatten, sondern dazu kommandiert worden waren. Überdies glaubte Lange, daß der von der Abwehr II zum »Unternehmen Schamil« befohlene halbrussische Dolmetscher Milewski-Schröten die Balten aufgehetzt hatte. In der Beurteilung dieses Feldwebels hieß es doch auch, daß ihm »...zwar bisher nichts habe nachgewiesen werden können, daß aber stets nach kurzer Zeit in seiner Umgebung Zersetzungszeichen bemerkbar würden..«[441] Daraufhin wurden die Balten mit diesem Feldwebel sofort zu ihren Truppenteilen

---

437 Diese Angaben verwundern deshalb, weil Lange den Dienstweg nicht einhielt, ohne deswegen später von seinen Vorgesetzten gerügt zu werden.
438 Warlimont war Stellvertretender Chef des Wehrmachtführungsstabes.
439 Vgl. Lange, a.a.O.
440 Vgl. ebenda.
441 Zitiert bei Lange, a.a.O.

zurückgeschickt. Die jetzt als Ersatz zugewiesene Gruppe von Balten war zwar im Schnitt älter, für Führungsaufgaben war aber nur einer von ihnen bedingt tauglich. Die für den Einsatz benötigten Kaukasier wurden unter Kriegsgefangenen und Überläufern ausgewählt. Ihr Alter bewegte sich zwischen 18 und 50 Jahren, ohne daß trotz dieses großen Altersunterschiedes Leistungsdifferenzen zu bemerken waren. Sie entstammten durchweg der ländlichen Bevölkerung. Bei ihrer Auswahl waren sie besonders eingehend nach den Gründen, weshalb sie gegen den Sowjetstaat kämpfen wollten, befragt worden. Hierbei spielten Gesichtspunkte wie religiöse Überzeugung, Herkunft und Abstammung aus verfolgten Familien eine besonders wichtige Rolle. Die Gefangenen wurden nach Stammeszugehörigkeit zusammengefaßt und sollten später auch in den entsprechenden Wohngebieten im Kaukasus eingesetzt werden. Eine weitere Überprüfung ihrer Zuverlässigkeit sollte während der Ausbildung stattfinden. Das Hauptproblem bestand für Lange darin, die unterschiedlichen Charaktere und Fähigkeiten der Männer im Rahmen der Möglichkeiten zusammenzuführen. Hierbei mußte eine enge Bindung der Soldaten untereinander und zum Führer der Gruppe erreicht werden. Eine solche war unter den Deutschen, soweit sie schon gemeinsame Einsätze durchgeführt hatten, bereits vorhanden. Bei dem Rest der Männer allerdings nicht. Diese Zusammengehörigkeit in der Kürze der zur Verfügung stehenden Zeit zu erreichen, war für den Erfolg des geplanten Einsatzes schwierig, aber unerläßlich.

Für die zweite Welle wurden zunächst nicht genügend Soldaten zur Verfügung gestellt. Die kurz vor Einsatzbeginn zu Lange befohlenen Männer konnten als Gruppe in der Kürze der verbleibenden Zeit nur unzureichend zusammengeführt werden, ein Umstand, der sich nach dem Absetzen dieser Soldaten äußerst negativ bemerkbar machte.

Ausbildungsorte

Außer dem Gut Queenzsee bei Berlin verfügte die Abwehr II über keine weitere für ein solches Unternehmen geeignete Ausbildungsstätte. Außerdem mußte bei der Ausbildung jeder Kontakt zu Außenstehenden vermieden werden. Daher wurde auf möglichst abseits liegende RAD-Lager zurückgegriffen: zunächst Großjahnsberg bei Berlin, dann Barmsee bei Krün zwischen Garmisch Partenkirchen und Mittenwald und schließlich als das Geeignetste Mauterndorf am Rande des Tauernpasses. Hier gab es sämtliche auch dem Einsatzgebiet Kaukasus entsprechende Geländeformen, vom Hochmoor über Bergwald, Fels und Geröllgelände bis zur Schnee- und Eisregion.
Von Mauterndorf aus wurden eine Reihe hochliegender Straßenarbeiterlager als Stützpunkte benutzt. Als ständiges Hochlager wurde das alleinliegende, kaum zugängliche kleine Hüttenhotel am Prebersee verwendet. Von einem Zeltlager aus führte Lange eine einwöchige Gletscherübung am Großglockner durch.[442]

---

442 Lange, a.a.O.

Unterstellung

Das Unternehmen war während der Ausbildungszeit unmittelbar der Abwehr II unterstellt. Dieses schien nicht nur für die Geheimhaltung sehr wichtig, sondern verkürzte auch den umfangreichen Geschäftsverkehr, was deshalb nicht unwesentlich war, weil die Wehrmachtsbestimmungen die Durchführung derartiger Sonderunternehmen nicht vorsahen. Ein solches Unternehmen konnte daher auch nicht im üblichen Wehrmachtsrahmen abgewickelt werden.

Daß allerdings zu diesem Zeitpunkt der Verbindungsoffizier der Luftwaffe zur Abwehr II, Oberleutnant Herbert Gollnow, für die »Rote Kapelle« arbeitete und daher das Unternehmen den Sowjets wahrscheinlich bekannt wurde, wußte zu diesem Zeitpunkt auf deutscher Seite noch niemand.[443]

Gliederung der Einsatzgruppe

Die Gliederung war durch die drei vorgesehenen Einsatzgebiete vorgegeben. Die deutsche Mannschaft wurde so zusammengestellt, daß aus jeder Einsatzgruppe drei Zellen gebildet werden konnten, die unabhängig voneinander operieren sollten. Diese kleinen Gruppen waren überdies in der Lage, sich im Einsatzgebiet unauffälliger zu bewegen. Die Stärke jeder Einsatzgruppe betrug 25 Mann. Davon waren ein Drittel Deutsche. Von ihnen sprach die Hälfte Russisch. Sobald die erste Welle festen Fuß gefaßt hatte, sollte die zweite Welle nachfolgen. Deren Aufgabe bestand darin, unter der Bevölkerung militärisch brauchbare Zellen für Aufstandsbewegungen zu formieren. Die Aufstellung dieser zweiten Welle wurde aber erst so kurz vor dem Einsatz der ersten Gruppe genehmigt, daß sie praktisch nicht mehr verwendbar war. Soweit diese Männer trotzdem eingesetzt wurden, haben sie sich mangels ausreichender Ausbildung nicht bewährt.[444]

Ausbildung[445]

Zu Beginn der Ausbildung ergaben sich zunächst einige sprachliche Schwierigkeiten. Außer den Balten sprach niemand Russisch. Bei den Kaukasiern aber war die Kenntnis der russischen Sprache eher dürftig. Es bildete sich daher schnell eine Mischsprache aus Deutsch, Russisch und Tatarisch heraus, die eine ausreichende Verständigung ermöglichte.

Im ersten Ausbildungsabschnitt wurde Exerzierdienst mit deutschen Kommandos, die den Kaukasiern zuvor auf Russisch erklärt worden waren, durchgeführt. Daneben wurde sehr intensiv Gymnastik und Leichtathletik betrieben. Dieses insbesondere deshalb, weil die Kaukasier in zum Teil sehr schlechtem körperlichen Zustand

---

443 Vgl. ebenda. »Oblt. Gollnow wurde am 19.12.1942 wegen Vergehens gegen den Führerbefehl über Geheimhaltung vom Volksgerichtshof zum Tode verurteilt.« Tgb. Lahousen v. 22.12.1942/BA-MA RW 5/489.

444 Vgl. Lange, a.a.O. und »Unternehmen Schamil« BA-MA RW 5 49/143.

445 Vgl. hierzu Lange, a.a.O. und »Unternehmen Schamil« BA-MA RW 5 49/143.

aus den Gefangenenlagern zu der Einsatzgruppe gekommen waren. Ihre körperliche Leistungsfähigkeit mußte daher auch durch sportliche Übungen wiederhergestellt werden.

Die Männer erhielten zuerst eine Schießausbildung an Pistolen, Gewehr, Maschinenpistolen, leichtem Maschinengewehr und leichtem Granatwerfer. Hierbei wurde besonderer Wert auf den Schnellschuß, Hüftschuß und auf den Schuß durch die Taschen der Kleidungsstücke gelegt. Beim Pistolenschießen wurde besonders die »Feuereindeckung« eingeübt. Der Schütze mußte mit seiner Pistole das Magazin leerschießend auf eine Mannscheibe zulaufen und dabei möglichst viele Treffer anbringen. Auf diese Weise wurden alle Kommandoangehörigen sehr gute Schnellschuß-Pistolenschützen. Bei der weiteren Schießausbildung erwiesen sich die Kaukasier als sehr gute Gewehrschützen. Eine Funkausbildung war für alle deutschen Soldaten der Einheit verbindlich.

Nach Beendigung der Grundausbildung begann die eigentliche, dem Unternehmenszweck dienende Ausbildung. Sie umfaßte Kampfübungen wie Überfall, das Anlegen von Hinterhalten, das Überrollenlassen, Durchsickern und Tarnen. Sabotage wurde unmittelbar am Objekt gelehrt. Hierzu wurden große und kleine Brücken besichtigt und dabei erklärt, wo die Sprengsätze angebracht werden müßten, um die größte Wirkung zu erzielen. Das gleiche galt für Lokomotiven, Bergwerke und Hochöfen. Hierbei erklärten die Ingenieure und Straßenbaumeister die schwächsten Punkte.

Ferner wurde gelehrt: geheime Verbindungs- und Meldetechnik, Kontaktaufnahme zu Symphatisanten, Aufbau und Abbrechen von Verbindungen zu Einheimischen und das Anlegen toter Briefkästen. Für diese Dinge verfügten die Kaukasier über eine ausgesprochene Begabung. Einer von ihnen hatte kurz vor seiner Gefangennahme einen Brief von seinen Eltern erhalten, in dem sie ihm genau beschrieben, wie man den »Wolf« mit der Axt erschlagen habe, der immer in ihre Herden eingebrochen sei. Hierbei handelte es sich um den Kommissar, der ihnen vierteljährlich von ihren Hammelherden Tiere abtrieb, was auch nach sowjetischen Bestimmungen über das zulässige Maß hinausging.

Die Soldaten wurden in einer erweiterten »Erste Hilfe« sowie ausführlich in Medikamentenkunde unterwiesen.

Eine Fallschirmausbildung fand nur theoretisch statt. Es wurde besprochen: das Verhalten am Schirm, die Landung, das Verhalten nach der Landung mit entsprechenden Bodenübungen. Die Männer erhielten vor ihrem Einsatz keine Gelegenheit zu einem Übungsabsprung.

Während der gesamten Ausbildung gab es für die Soldaten auch Schwimmunterricht, Unterweisung im Reiten sowie für alle Nichttiroler Bergsteigen, Klettern und Skilaufen. Für alle Deutschen war der Erwerb des Wehrmachtführerscheins III verbindlich.

An Einsatzfaktoren wurden herausgearbeitet: Abwurfzonen für Nachschub, Festlegung der »Arbeitsräume« für die Bildung von Zellen unter der Bevölkerung, Unterschlupfmöglichkeiten bei den Einheimischen nach Angaben der Kaukasier. Sie stellten auch eine Liste mit Namen derjenigen ihrer Landsleute auf, die sofort für eine subversive Tätigkeit herangezogen werden konnten. Ferner wurden Leitsätze für die Propaganda im Kaukasus festgelegt.

Ausrüstung[446]

Die Beschaffung der Ausrüstung für das Unternehmen fiel in die Zuständigkeit der Gruppe »T« des Amtes Ausland/Abwehr. Diese Gruppe konnte für einen solchen speziellen Einsatz mit entsprechenden nicht routinemäßigen Anforderungen weder Anregungen geben noch Vorschläge machen. Das Kommando war daher vorwiegend auf die Entfaltung von Eigeninitiativen angewiesen. Materialanforderungen mußten über den für sie zuständigen Gruppenleiter bei Abwehr II »T« zugeleitet werden. Dort angefordertes Material kam entweder nur mit großer Verzögerung oder überhaupt nicht. Dieses war deshalb besonders schwierig, weil das angeforderte Material dringend zur Ausbildung der Männer gebraucht wurde. Kam es überhaupt nicht oder nur mit großer Verspätung, ging wertvolle Ausbildungszeit verloren. So wurden anstelle der angeforderten Eierhandgranaten, die aus Gewichts- und Transportgründen nur verwendet werden konnten, lediglich und dazu noch sehr spät, Stielhandgranaten geliefert. Weiteres dringend benötigtes Sabotagegerät war ebenfalls zu schwer und zu sperrig. Die Gruppe »T« lieferte auch nur mit großem Verzug angeforderte Schrittmesser, die zur Orientierung in nur ungenau kartographiertem Gelände dringend benötigt wurden. Beschlagfreie Gletscherbrillen ebenso wie wasserdichte Uhren konnten von »T« überhaupt nicht beschafft werden.

Schalldämpfer für Pistolen existierten für die Beschaffer der Abwehr nur in der Phantasie von Romanschreibern. Der Führer der Einheit, Oberleutnant Lange, erfuhr jedoch vom Direktor der Münchener Kriminalpolizei, welche Firmen in Deutschland solche Geräte anfertigten. Für Gewehrscheinwerfer gab es einen Münchener Hersteller. Beide Waffenzusätze wurden jedoch trotz dringender Anforderung von »T« nicht geliefert. Sie gehörten erst gegen Kriegsende für Pistolen, Gewehre und Maschinenpistolen zur Ausrüstung deutscher Kommandoeinheiten.

Die Kriminalpolizei gab auch Lieferanten für Kleinstwerkzeuge an. Da das übliche Pioniergerät für diesen Einsatz zu schwer war, empfahl sich die Beschaffung solcher sehr leichter Werkzeuge. Die Gruppe »T« beschaffte jedoch auch diese Geräte nicht. Die Münchener Kriminalpolizei gab auch dem Ausweismann des Unternehmens Gelegenheit, seine Kenntnisse im Fälschen von Ausweisen zu verbessern. Leider war die Abwehr nicht in der Lage, russische Vorlagen zu liefern, nach denen gearbeitet werden konnte, weil sie über solche Dokumente nicht verfügte. Jede Gruppe wurde mit zwei UKW-Koffer-Funkgeräten ausgestattet, mit denen auch Radiosendungen abgehört werden konnten. Die Leistung dieser Geräte war ausgezeichnet. Leider verfügten die zur Verfügung stehenden Batterien nur über eine begrenzte Lebensdauer und Lagerfähigkeit.

Als Fußbekleidung dienten die bewährten Bergschuhe der Gebirgsjäger. Im Einsatz stellte sich dann aber heraus, daß durch die Randnägel verräterische Spuren hinterlassen wurden. Auf felsigem Untergrund machten sie Geräusche. Insofern waren auch diese Schuhe, andere standen nicht zur Verfügung, für diesen Einsatz nicht geeignet.

Die damals gerade von einem Chemnitzer Textilbetrieb entwickelte Wehrmachtsunterwäsche mit bei Hautwärme entstehenden Abgasen zur Ungeziefervernichtung

---

446 Vgl. hierzu Lange, a.a.O. und »Unternehmen Schamil« a.a.O.

wurde trotz dringender Anforderung nicht bewilligt. Die Männer litten daher – was vermeidbar gewesen wäre – während des gesamten Einsatzes insbesondere unter Läusen. Nach langem Hin und Her wurden der Einheit dann wenigstens für diesen Einsatz die leichteren Luftwaffenstahlhelme bewilligt.

Alle deutschen Soldaten wurden mit der sehr störanfälligen deutschen MPI 40 ausgerüstet. Bei dieser Waffe klemmte bei Stürzen die Kammerbahn. Sie verdreckte auch schnell und klemmte dann. Auch bei gesicherter Waffe lösten sich bei Erschütterung sehr leicht Einzelschüsse. Die unempfindlichere englische Sten wurde trotz dringender Anforderung von der Gruppe »T« nicht beschafft.

Die Kaukasier wurden mit Infanteriegewehren ausgestattet, die für diese Waffen angeforderten Zielfernrohre aber nicht mitgeliefert.«T« war auch nicht, was verwundert, in der Lage, russische Waffen zu beschaffen. Die Ausrüstung hiermit wäre wahrscheinlich sehr viel zweckmäßiger gewesen.

Die Sanitätsausrüstung war von einem erfahrenen Tropenarzt zusammengestellt worden. Jeder Soldat erhielt ein »Erste-Hilfe-Päckchen«, jede Gruppe zusätzlich eine umfangreichere Apotheke. Letzteres erwies sich als organisatorischer Fehler, da die Apotheke beim Absprung verloren ging und daher den Soldaten später dringend benötigte Medikamente nicht zur Verfügung standen. Es wäre sinnvoller gewesen, jeden Angehörigen der Einsatzgruppe mit Medikamenten besser auszustatten und auf die Mitnahme der Apotheke ganz zu verzichten.

Jeder Soldat bekam einige Pervitintabletten[447] und Zyankali zur Selbsttötung bei schwerer Verwundung oder Gefangennahme. Letzteres wurde, da Kunststoffkapseln nicht zur Verfügung standen, in Pergamentumschlägen ausgehändigt. Durch diese unzureichende Verpackung wurde das Gift feucht und zerfiel.

Jedem Soldaten wurde ein russisches Soldbuch und ein russischer Personalausweis ausgehändigt. Überdies erhielt jede Gruppe russisches Dokumentenpapier nebst diversen Blankoausweisen und Stempeln. Da es hierfür aber keine entsprechenden Vorlagen gab, hätten sich beim Ausfüllen dieser Blankoausweise wahrscheinlich Fehler einschleichen können, die tödlich gewesen wären.

Die Zahlmeisterstelle von Abwehr II stellte für das Unternehmen sehr großzügige Geldmittel in Rubel und Toman zur Verfügung.

2. Bereitstellung

Der Einsatz der Einheiten von Abwehr II erfolgte an der Front auf Veranlassung und unter Verantwortung der hier zuständigen Heeresgruppen- und Armeeoberkommandos.[448] Insoweit hatte die Abwehr dann auf die Art der Verwendung ihrer Gruppen an der Front keinen Einfluß mehr.[449]

447 Pervitin ist ein Aufputschmittel.
448 Vgl. Tgb. Lahousen v. 16.4.1942, a.a.O.
449 Hierdurch wurde eine spezielle Vorbereitung von bestimmten Gruppen auf eine festumrissene Aufgabe sinnlos, da die HGr und AOKs in der Regel sicherlich andere Vorstellungen von der Verwendung dieser Gruppen hatten als Abwehr II.

Am 16. Juli 1942 befahl Lahousen, das »Unternehmen Schamil« startbereit zu machen und den Sonderverband aus seiner bisherigen Unterkunft Mauterndorf nach einem verkehrstechnisch günstigeren Ort, wahrscheinlich Wien, zu verlegen. Die Einheit sollte beschleunigt einen Sprengangriff auf das Eisenbahndreieck Krasnador durchführen.[450]

Lahousen rief am 27. Juli aus dem Hauptquartier der Heeresgruppe B in Berlin an und drängte auf beschleunigte Inmarschsetzung des »Unternehmens Schamil«.[451] Lange fuhr sofort nach Erhalt des Aufbruchbefehls nach Berlin, um dort bei Abwehr II noch eine Reihe offener Fragen zu klären und überdies noch fehlende Ausrüstungsstücke zu beschaffen. Der Oberleutnant erhielt in Berlin die letzten Befehle über den Abtransport aus Mauterndorf und konnte außerdem Probleme in bezug auf noch fehlende Ausrüstungsteile für seine Einheit klären.[452]

Der Abflug der Gruppe erfolgte vom Flugplatz Zelten/Steiermark, nachdem die Soldaten mit ihrer Ausrüstung im Landmarsch von Mauterndorf dorthin überführt worden waren.[453] Der Bereitstellungsraum Stalino wurde im Non-Stop-Flug noch am gleichen Tag erreicht. Hatte Lahousen zunächst auf sofortige Bereitstellung der Einheit gedrängt, um einen S-Angriff gegen ein wichtiges Eisenbahnziel durchführen zu lassen, so konnte dieser Einsatz wegen angeblich fehlender Absetzflugzeuge nicht durchgeführt werden. Offensichtlich aber gab es bei der jetzt zuständigen Heeresgruppe keine Vorstellungen über den Einsatz der Einheit.

Lange hatte ursprünglich darum gebeten, lange Wartezeiten in Bereitstellungsräumen zu vermeiden, was ihm von Warlimont und Lahousen auch zugesagt worden war. Der Einheitsführer befürchtete, sicherlich nicht zu Unrecht, daß lange Wartezeiten dazu führen könnten, die Kaukasier mit deutschen Besatzungsfehlern vor Ort zu konfrontieren und das mühsam entwickelte Zusammengehörigkeitsgefühl der Einheit durch unkontrollierbare Fremdeinflüsse zu gefährden.[454] Auch in Gesprächen mit den Truppenstäben wurde deutlich, daß auch dort keinerlei Einsatzbefehle für die Einheit Lange vorlagen.

Erst als die deutschen Truppen unmittelbar vor Maikop standen, wurde die Gruppe des Feldwebels Moritz des »Unternehmens Schamil« der Heeresgruppe zum Einsatz von der Abwehr II »angeboten«. Oberleutnant Lange stimmte diesem Einsatz, für den die Gruppe weder ausgebildet noch vorgesehen war, zu, weil er hoffte, daß diese Gruppe auch durch kurzfristige Kontakte zur Bevölkerung wenigstens den Weg der vorstoßenden eigenen Truppen auflockern und somit erleichtern könnte.[455] Die Gruppe Moritz wurde am 6. August 1942 aus offenbar großer Höhe bei Neumond und voll bedecktem Himmel über einem Urwaldgebiet abgesetzt.[456] Durch diese Art des Abwurfs war den Männern der größte Teil der Ausrüstung, einschließlich

---

450 Vgl. Tgb. Lahousen v. 16. Juli 1942.
451 Vgl. ebenda v. 27. Juli 1942.
452 Vgl. Lange, a.a.O.
453 Vgl. ebenda.
454 Vgl. Lange, a.a.O.
455 Vgl. ebenda.
456 Diese Darstellung folgt Lange, a.a.O.

der Funkgeräte, verlorengegangen. Eine Funkmeldung war daher nicht möglich, die abgesprungenen Soldaten fanden nach ihrer Landung nicht zueinander.
Später stellte sich heraus, daß die Männer völlig abseits vom vorher festgelegten Sprungplatz in einem Quadrat von großer Seitenlänge verstreut abgeworfen worden waren. Die abgesetzten Soldaten hingen bis zum Morgengrauen an ihren Schirmen in Bäumen von mehr als 30 Meter Höhe. Erst dann konnten sie sich aus ihrer schwierigen Lage befreien. Einer der Soldaten, der glaubte, unmittelbar über dem Boden gelandet zu sein, klinkte aus, stürzte ab und brach sich beide Hände. Alle Angehörigen der abgesetzten Gruppe (bis auf einen vermißten deutschen Soldaten) einschließlich der Kaukasier kamen einzeln bis Anfang September zu den deutschen Linien zurück. Keiner der Kaukasier hatte sich trotz Heimatnähe zu seiner Familie abgesetzt. Der während der Ausbildung entstandene Gruppenzusammenhalt hatte sich also bewährt.
Feldwebel Moritz selbst wurde wegen Spionageverdachts eine Woche bei dem Bataillon, bei dem er anlief, festgehalten. Die Truppe war über das Unternehmen nicht informiert. Der Meldung von Moritz über eine im Vorfeld der deutschen Spitzen befindlichen kleine, voll intakte Ölraffinerie wurde nicht nachgegangen. Nachdem seine Identität bestätigt worden war und die Truppe zu dieser Raffinerie vorstieß, war die Anlage bereits gesprengt worden.
Der Abteilungschef von Abwehr II, Lahousen, vermerkte über diesen Einsatz in seinem Tagebuch: »Das Abwehrkommando 201 meldete, daß nunmehr die gesamte Gruppe Fw. Moritz, die in der Gegend von Maikop eingesetzt war, bis auf einen Mann wieder bei der deutschen Truppe angekommen ist.«[457]
»Über den Einsatz der Gruppe ›Maikop‹ des Sonderverbandes ›Schamil‹ unter Führung Fw. Moritz liegen jetzt einige weitere Angaben vor. Es war dieser Gruppe gelungen, eine Ölraffinerie südöstlich von Maikop in Besitz zu nehmen und vor Zerstörung zu schützen. Entgegen der ursprünglichen Planung, wonach Maikop in den Bezirk der 1. Pz. Armee fiel, wurde tatsächlich die 17. Armee hier angesetzt. Im Gegensatz zum Pz.AOK 1 war AOK 17 über das ›Unternehmen Schamil‹ nicht unterrichtet. Fw. Moritz wurde mit seinen Leuten von der deutschen Truppe gefangen genommen und fünf Tage lang als russische Spione gefangen gehalten. Während dieser Zeit wurde die Ölraffinerie durch einen russischen Partisanentrupp nachträglich gesprengt.«[458]

3. Der Einsatz

Die eigentliche Aufgabe der Einsatzgruppe sollte darin bestehen, Aufstandsherde im mittleren Kaukasus zum Schutz der Ölanlagen zu bilden. Aufgrund des raschen Vor-

---

457 Tgb. Lahousen v. 27.8.1942.
458 Ebenda v. 28.8.1942. – Die Aufzeichnungen Lahousens verzeichnen einen »Erfolg«, den es nicht gab. Moritz hatte mit seiner Gruppe, die nach der Landung nicht zusammenfinden konnte, die Ölraffinerie nie besetzt. Daß das AOK 17 über das »Unternehmen Schamil« nicht unterrichtet wurde, kann nur als Schlamperei bezeichnet werden. Der Einsatz der Gruppe Moritz war von der Zielsetzung her bereits unsinnig. Das offensichtlich planlose vertreute Absetzen der Soldaten über Wäldern, weitab vom vorgegebenen Zielgebiet, verantwortungslos.

stoßes der deutschen Truppen in diesem Raum stand hierfür nicht mehr genügend Zeit zur Verfügung. Überdies war die Einheit durch den sinnlosen Einsatz des Feldwebels Moritz und seiner Männer geschwächt worden. Lange erhielt daher unmittelbar vor seinem Einsatz eine neue Aufgabe: »kleine kriegsmäßige Störung« der Straße Grosny – Botlich – Derbent. Voraussetzung hierfür war allerdings, daß Grosny etwa zwei Wochen nach dem Absprung der Einsatzgruppe fallen würde.[459] Nachdem die Wetterverhältnisse während eines längeren Zeitraums ein Absetzen über dem Einsatzgebiet nicht zuließen, erfolgte der endgültige Start am 25. August 1932 um 20.30 Uhr vom Flugplatz Amarvir.[460] Die Gruppe bestand aus elf deutschen Soldaten und neunzehn kaukasischen Freiwilligen. Alle Männer, erlöst von der sinnlosen Warterei in der Bereitstellung, schliefen gleichmütig, bis der Absetzer gegen 1.00 Uhr das Kommando »Fertigmachen« gab. Über dem Absprunggebiet lag eine geschlossene Wolkendecke. Der Absprung erfolgte aus einer Höhe von 2.000 Metern ohne Bodenorientierung. Als Absetzraum war ein Waldgelände 5 km südlich von Agischty vorgesehen. Die Sprungzeit betrug zehn Minuten. Als Oberleutnant Lange die Wolkendecke durchstieß, stellte er fest, daß die Sprungkette sehr schnell auseinandertrieb und quer zu den Tälern am Himmel stand. Die dunklen Tarnfallschirme stachen scharf gegen den vom Vollmond durchleuchteten Wolkenhimmel ab. Die Männer waren daher vom Boden sehr gut auszumachen. Die gesamte Ausrüstung einschließlich der Waffen war in an Lastenfallschirmen gehängten Rucksäcken verpackt, die ihrerseits durch eine Leine mit jedem Soldaten verbunden waren. Diese Leinen rissen sämtlich bis auf zwei in der Luft ab. Die Fallschirme mit den Rucksäcken trieben ab. Die Ausrüstung ging daher verloren. Sehr bald schon, noch an den Fallschirmen hängend, erhielt die Einsatzgruppe starkes MG- und Gewehrfeuer aus den mit sowjetischen Soldaten besetzten Ortschaften Tschischki und Datschu-Barsoi. Ein Teil der Einsatzgruppe landete dann auch mitten in den Ortschaften etwa 30 km südlich von Grosny.[461]
Auch die ebenfalls gleichzeitig abgeworfenen Abwurfbehälter mit der Reserveausrüstung, das gesamte Sanitätsmaterial sowie das mitgeführte russische Geld fielen in die Hände der Sowjets. Die Männer, die sich unter diesen ungünstigen Landeverhältnissen am Boden nicht sammeln konnten, verfügten jetzt nur noch über Handgranaten und Pistolen. Sie kämpften sich einzeln aus den Ortschaften hinaus und fanden sich in den nächsten Tagen in kleineren Gruppen zusammen. Lange selbst war als einziger ostwärts des reißenden Schare-Argun-Flusses gelandet und zunächst zwölf Tage allein. Auf dem Weg ins Hochgebirge traf er dann auf einige seiner Männer. Bis zum 17. Tag fand der größte Teil der Einsatzgruppe mit Hilfe der Bevölkerung südwestlich des Absprunggebietes zusammen. Die Gruppe hatte beim Absprung und der Landung folgende Verluste erlitten: ein Freiwilliger fiel zeitweise durch eine Genickverletzung, die er bei der Landung erlitten hatte, aus. Ein weiterer lief zu den Sowjets über. Ein anderer Kaukasier hatte sich beim Aufprall einen

---

459 Vgl. hierzu Lange, a.a.O. und »Unternehmen Schamil«, a.a.O.
460 Vgl. »Unternehmen Schamil«, a.a.O.
461 Vgl. hierzu Lange, a.a.O. und »Unternehmen Schamil«, a.a.O. Vgl. hierzu auch Anm. 9. Lange glaubte, daß auch das Absprunggebiet von Gollnow verraten worden war und die Gruppe daher dort von den Sowjets erwartet wurde.

Fuß gebrochen und war danach von einer Suchpatrouille gestellt worden. In einem 24-stündigen Gefecht mit den Sowjets verschoß er seine gesamte Erstausstattung an Munition, wobei er nach Angaben der Anwohner zehn Gegner tötete. Nachdem er sich verschossen hatte, tötete er sich mit einem Pistolenschuß. Ein vermutlich deutscher Soldat wurde in einiger Entfernung vom Absprungort verhaftet. Bei seinem Abtransport, so Angaben von kaukasischen Anwohnern, fiel er plötzlich tot um. Wahrscheinlich hatte er sich des Zyankalis bedient. Ein anderer der deutschen Soldaten war offenbar von einer Fallbö in eine Schlucht geschleudert und dabei getötet worden. Unter den Gefallenen befand sich allerdings auch der Hauptfunker mit seinem Gerät. Die Durchführung des Auftrages war angesichts des fast völligen Verlustes der Ausrüstung unmöglich geworden.

Zwar gelang es später durch die Hilfe der Bevölkerung, einen Teil der zunächst verlorenen Ausrüstung wiederzubekommen, wertvolle Teile blieben jedoch verschwunden. Für die Gruppe standen nunmehr 18 Pistolen, 5 Maschinenpistolen, 1 automatisches Gewehr, 1 Karabiner mit je einer einfachen Munitionsausstattung sowie für jeden Mann drei Handgranaten zur Verfügung. Einige Tage später wurde auch ein Funkgerät, aber ohne die Funkunterlagen, herangebracht. Alle Bemühungen, trotz der fehlenden Unterlagen, eine Verbindung mit der Gegenstelle herzustellen, waren vergeblich. Später stellte sich heraus, daß sich der Abwurfbehälter mit dem Reservegerät und den Funkunterlagen in der Maschine verfangen hatte und daher nicht nachgeworfen werden konnte.[462] Aus diesem Grund war es Lange nicht möglich, an die Abwehr eine Meldung über die eigene Situation abzusetzen.

Hier wurde zunächst lediglich festgestellt: »Von der Einsatzgruppe Grosny des Sonderverbandes Schamil lagen noch keine Nachrichten vor. Angesetzte Nachtaufklärung verlief wegen tiefhängender Wolkendecke erfolglos...«[463]

Aufgrund dieser Ungewißheit wurde wenig später eine weitere Gruppe der Einheit abgeworfen.

»...Da zur Gruppe Grosny des Sonderverbandes ›Schamil‹ noch keine Funkverbindung hergestellt werden konnte, wurde am 29.8.42 eine zweite Welle unter Führung des Uffz. Reckert in Stärke von 12 Mann in dem betreffenden Gebiet abgeworfen. Zu dieser zweiten Welle besteht Funkverbindung. Eine Aufnahme der Tätigkeit durch dieses Kommando konnte noch nicht erfolgen, da in seiner unmittelbaren Umgebung von ziemlich starker russischer Truppe Befestigungsarbeiten durchgeführt werden...«[464]

Bereits einen Tag später wurde über die zweite Gruppe gemeldet, daß sie sich

»...nach eigener Funknachricht in die Berge zurückgezogen hat. Sie findet Unterstützung bei der Bevölkerung. Während der Nacht wird sie von feindlichen Aufklärern, bei Tage von berittenen Truppen gesucht. Zur ersten Welle besteht noch keine Verbindung.«[465]

---

462 Vgl. »Unternehmen Schamil«, a.a.O.
463 Tgb. Lahousen v. 29.8.42, a.a.O.
464 Ebenda v. 31.8.42.
465 Ebenda v. 1.9.42.

Wenige Tage später meldete sich die Gruppe Reckert wieder: »...der Führer der zweiten Welle Uffz. Reckert forderte erneut Nachschub an Waffen und Munition. Eine unmittelbare Verbindung zum Einsatz Oblt. Lange (erste Welle) hat er nicht, wohl aber ist er auf Leute gestoßen, die Angehörige des Einsatzes Lange beherbergt hatten.«[466]

Bereits einen Tag später konnte Uffz. Reckert Näheres über die Gruppe Lange mitteilen, so daß der Abwehr bekannt wurde, daß Lange mit seinen Männern noch am Leben war und warum der Oberleutnant sich nicht gemeldet hatte. »...Die Gruppe Grosny des 'Unternehmens Schamil' sprang infolge von Dunkelheit mitten in die Dörfer Tschischki und Datsu-Basoi[467]. Ein Funker sprang mitten in ein Dorf. Das Funkgerät ging verloren, der Funker konnte sich retten. Zwölf Mann, die vor zehn Tagen in Machketity gewesen sein sollen, sind ohne Angabe des Zieles wieder abgerückt. Die Versuche, mit Oblt. Lange und seinen Leuten in Verbindung zu kommen, werden fortgesetzt...«[468] Erst am 4. September meldete Reckert, daß er zur ersten Welle, Oblt. Lange, Verbindung hergestellt habe.[469]

Zwischenzeitlich hatte Lange festgestellt, daß im mittleren Teil Tschetscheniens noch keine militärischen Kräfte der Sowjets zusammengezogen worden waren. Aus einer V-Mann-Meldung ging lediglich hervor, daß der Gegner aus Grosny 400 Mann Miliz zur Bekämpfung der abgesetzten Gruppen abgestellt hatte. Die festgestellte Haltung der Tschetschenen übertraf die Erwartungen des Oberleutnants. Der Russenhaß der Bevölkerung war ungebrochen und das Land daher zum sofortigen Aufstand bereit. Einer Zellenbildung, wie ursprünglich geplant, bedurfte es nicht mehr. Lange war allerdings auch klar geworden, daß die Tschetschenen und Inguschen über keine militärische Ausbildung und Kampferfahrung verfügten. Aufgrund ihrer politischen Unzuverlässigkeit waren sie von den Sowjets nie zum Militärdienst herangezogen worden. Sie hatten daher lediglich eine gewisse Erfahrung als Straßenräuber. Ihr Individualismus war dabei aber so ausgeprägt, daß sie sich nur sehr schwer oder garnicht ein- und unterordnen konnten. Die verschiedenen Regionen des Landes wurden von diversen Sippen- und Bandenhäuptlingen beherrscht, die aufeinander sehr eifersüchtig waren und sich zeitweise auch bekämpften.

Die im Land vorhandenen Waffen hatten zum größten Teil nur noch einen musealen Wert. Für die moderneren unter ihnen gab es maximal nur fünf Patronen. Aus diesem Grund war eine Verbindungsaufnahme zu den deutschen Stellen zwecks schneller Zuführung von Waffen, Munition, Sprengmaterial, Verpflegung und Verbandszeug von großer Wichtigkeit. Der Oberleutnant beschloß sofort nach einem günstigen Ort für ein zentrales Lager tief in den Bergen suchen zu lassen, von dem der geplante Aufstand ausgehen sollte und geleitet werden konnte. Gleichzeitig mußten aber auch Abwurf- und Landeplätze sowie Ausweichstellen erkundet werden.[470]

In diesen Tagen erhielt Lange von kaukasischen Sympathisanten die Meldung über weitere gelandete »Paraschutisten«. Zusätzliche Nachrichten hierzu ließen vermu-

---

466 Tgb. Lahousen v. 4.9.42, a.a.O.
467 Eine unrichtige Angabe, weil diese Landung sicherlich das Ergebnis falschen Absetzens war.
468 Tgb. Lahousen v. 7.9.42, a.a.O.
469 Ebenda v. 14.9.42.
470 Vgl. Lange, a.a.O.

ten, daß es sich hierbei nur um Unteroffizier Reckert handeln konnte. »...auch diese Gruppe war befehls- und sinnwidrig ohne Kontakt zur 1. Welle abgeworfen worden...«[471] Diese Männer mußten, so beschloß der Oberleutnant umgehend, zu seiner Gruppe ins Hochgebirge gebracht werden, was nach Lage der Dinge nur in ganz kleinen Trupps mit Hilfe der Bevölkerung möglich war. Der Oberleutnant schickte daher zwei Kaukasier mit einem schriftlichen Befehl zu Reckert, dem befohlen wurde, seine Funkstelle sofort zu Lange in Marsch zu setzen, jede Kampfhandlung zu vermeiden und seine Gruppe in Teiltrupps nach Anweisungen der Kaukasier zu Lange heranzuführen. Reckert sollte dabei mit der letzten Gruppe marschieren und bis dahin für Tarnung und Ordnung sorgen.[472]

Als nach der von Lange angestellten Zeitberechnung die Ankunft des ersten Teiltrupps bereits eine Woche überfällig war, erschien einer der beiden zu Reckert geschickten Kaukasier mit einem Zettel: »Uffz. Reckert hat bisher Vereinigung verboten. Er war schwer gelbsüchtig, ist vorgestern abseits gegangen und nicht wiedergekommen. Wir sind nur zwei deutsche Funker mit rund 20 Kaukasiern, die nicht auf uns hören. Einwohner hier sind interessiert an unseren Waffen. Sie lassen uns nicht weg. Kommen sobald wir uns lösen können. Haben Funkverbindung. gez. Gefreiter Gawrilek o.ä....«[473] Lange übergab dem Überbringer einen neuen schriftlichen Befehl an die Funker, dem Übermittler dieses Befehls sofort zu folgen.

Die beiden Funker erreichten aber das Gebiet, in dem sich zu diesem Zeitpunkt der Oberleutnant mit seiner Gruppe aufhielt, erst drei Monate später, also unmittelbar vor Weihnachten, kurz nachdem Lange wieder bei den deutschen Linien angekommen war. Die Funker, junge und unerfahrene Soldaten, schilderten in einem Funkspruch ihre schlechte körperliche und seelische Verfassung und baten um den Abwurf eines Weihnachtsbäumchens. Der Oberleutnant, soeben selbst erst zurückgekommen, konnte ihnen per Funk einige Ratschläge geben.[474]

Zwischen den beiden Funkern und dem Abwehrkommando 201 bestand noch bis zum 8. Januar 1943 eine Funkverbindung. An diesem Tag setzten die beiden Funker ihren letzten Funkspruch ab: »Falls Verbindung abreißen sollte, bitte ab 5.1. jeden 10. Tag blind senden...« Daraufhin wurde am 15.1., 25.1., 5.2., 15.2. und 25.2. vom Abwehrkommando 201 folgender Spruch blind abgesetzt: »Front hat sich wesentlich verlagert. Rückkehr z.Zt. nicht mehr möglich. Wendet Euch im Auftrag von Oblt. Lange an V-Mann Hussas Tschiantijew Dadijewitsch in Gandalbas bei Niscny Datich. Dort Winterquartier beziehen und völlig untertauchen. Euren Angehörigen wird geschrieben. Oblt. Lange erhielt vom Führer das Ritterkreuz.« Dieser Spruch mußte blind abgesetzt werden, da die Funkstelle wahrscheinlich wegen schwacher Batterien nicht mehr senden konnte. Am 5. März wurde der Funkspruch durchgegeben, daß mit Rücksicht auf die schwache Stromquelle bei der Gegenfunkstelle nur am 15. und 1. jeden Monats Funkverkehr aufgenommen wird.[475] Das weitere Schicksal dieser beiden Funker ist unbekannt.

471 Ebenda.
472 Vgl. ebenda.
473 Lange, a.a.O.
474 Vgl. ebenda.
475 Abwehrgruppe A/Abwehrkommando 201 o.U. d. 10. März 1943/Nr.18/43/Kdo II/Betr. Sonderunternehmen »Schamil«/BA-MA RW 5/449.

Das Zusammenführen der Gruppe des Oberleutnants durch die Zivilbevölkerung hatte einen großen Nachteil: Durch wiederholt festgestellte Spitzel waren die Sowjets über die Lage der Stützpunkte der Einheit informiert. Eine weitere Gefahr zeichnete sich dadurch ab, daß Lange mit seinen Leuten Gefahr lief, in die Gegensätzlichkeiten der verschiedenen Banden hineinzugeraten. Daher beschloß der Oberleutnant am 13. September 1942, den bisherigen Stützpunkt zu verlassen und wechselnde Quartiere im Hochgebirge zu beziehen. Diese Verlegungsmärsche wurden jetzt nicht verdeckt, sondern aus Propagandagründen offen durchgeführt. Die Bevölkerung fühlte sich dadurch gestärkt, und die verschiedenen Banden gingen vermehrt zu Angriffen auf die Sowjets über. Sie waren aufgrund ihrer schlechten Munitionsausstattung zwar nicht bereit, bestimmte ihnen erteilte Aufträge durchzuführen, nahmen aber jetzt vermehrt jede Gelegenheit wahr, um die Sowjets nach ihnen von der Einsatzgruppe erteilten Richtlinien zu schädigen.

Was aber war zwischenzeitlich mit der Gruppe Reckert geschehen?[476] Die Soldaten waren nach ihrem Absprung zusammen gelandet und nicht verstreut worden. Sie hatten sofort durch die Vermittlung eines Anwohners Kontakt zu einer Bande von 20–25 Aufständischen bekommen, die sie begeistert aufnahmen. Etwa am 19. September erfuhr Reckert, daß sich Lange in einem angrenzenden Bezirk aufhalten würde. Der Unteroffizier sandte sofort durch einen Kaukasier einen Brief an den Oberleutnant. Das Schreiben wurde wenige Tage später beantwortet und durch einen Freiwilligen Reckert überbracht.[477] Der Unteroffizier beschränkte sich zunächst ausschließlich auf Propagandaarbeit. Er berichtete den Aufständischen, deren Zahl sich innerhalb sehr kurzer Zeit auf 50 Personen erhöhte, von den Verhältnissen in Deutschland und den gemeinsamen Zielen im Kampf gegen die Sowjets. Später ließ er durch die Zivilbevölkerung Erkundungen über die militärische Lage im nahen Umkreis durchführen. Die Lage der Gruppe bei den Aufständischen wurde deshalb allmählich schwierig, weil der von Reckert versprochene Nachschub ausblieb. Trotzdem verpflegten die Kaukasier die Einsatzgruppe sehr gut und versicherten, daß sie lieber sterben als einen deutschen Soldaten an die Sowjets verraten würden; eine Haltung, die überall in der Zivilbevölkerung verbreitet war. Am 23. September erhielt die Gruppe den ersten Nachschub: »...die zweite Welle der Einsatzgruppe Grosny des Unternehmens Schamil, Führer Uffz. Reckert, hat den ersten Nachschub an Waffen und Gerät erhalten. Für die erste Welle desselben Unternehmens, Führer Oblt. Lange, wurden außerdem ein Funker und Dolmetscher abgesetzt, die gut angekommen sind.«[478] Es wurden offenbar insgesamt 65 Versorgungsbehälter in mehreren Nächten abgeworfen.[479] Während der Zeit des Abwurfs des Nachschubs fanden sich bei Reckert im Lager etwa 250–300 Mann ein. Durch diese große Zahl unbekannter Kaukasier be-

---

476 Die nachfolgende Darstellung folgt dem Bericht des Freiwilligen Zagolow, der in der bereits angegebenen Akte »Unternehmen Schamil« enthalten ist.
477 Lange erwähnt diesen Briefwechsel nicht. Zagolow macht über den Inhalt dieses Briefwechsels keine Angaben.
478 Tgb. Lahousen v. 23.9.42. Weder Lange noch Zagolow erwähnen den Funker und den Dolmetscher.
479 Vgl. Zagolow, a.a.O.

dingt, herrschte dort ein ständiges Kommen und Gehen. Sehr schnell stellte sich aber heraus, daß ein großer Teil der Leute nach dem Erhalt von Waffen wieder in ihre Dörfer zurückgingen, ohne in die Einsatzgruppe eingegliedert worden zu sein. Der russische Freiwillige Zagolow arbeitete in diesen Tagen folgenden Plan aus:

»1. Völlige Geheimhaltung unserer Arbeit. Aufsuchen eines neuen Stützpunktes für unseren Stab. Einrichtung verschiedener, im Lande verteilter, ständig wechselnder kleiner Stützpunkte für unsere Leute, die in kleinen Gruppen abgesetzt werden sollten.

2. Nunmehr Durchführung von Aktionen in Form einer Art Kleinkrieg. Den einzelnen Gruppen sollten Spähtrupps zugeteilt werden, die Ansatzmöglichkeiten für Sabotage zu erkunden hatten.

3. Eine straffe organisatorische Gliederung der Männer und der Aufgabengebiete. Auswahl von Führern der Einsatzgruppen. Abstoßen ungeeigneter Leute.

4. Vorschläge über die Erziehungsarbeit bei durchweg antisowjetisch eingestellter Bevölkerung und Einrichtung einer politischen Organisation, mittels derer das ganze Land erfaßbar sein würde.«[480]

Zagolow war der Meinung, daß diese Ziele aufgrund des Vertrauens der Bevölkerung zu den Deutschen hätten erreicht werden können. Es wäre sicherlich möglich gewesen, mit Hilfe nachgeworfener Waffen einen Kleinkrieg zu organisieren, der den Sowjets große Probleme bereitet hätte.

Oberst Keller[481] wurde in diesen Tagen zur Verbindungsaufnahme zu Lange geschickt. Während dieser Zeit begannen die ersten Kämpfe mit sowjetischen Truppen, die mit 500–600 Mann gegen die Gruppe Reckert, die jetzt über eine Stärke von 90 Mann verfügte, vorgingen und sie einschlossen. Nach wenigen Tagen harter Kämpfe löste sich die Gruppe auf. Jeder versuchte jetzt auf eigene Faust aus der Einschließung zu entkommen. Reckert gelang es dabei, mit sechs Mann seiner alten Einsatzgruppe die Einschließung zu durchbrechen; sie verbargen sich in einem Waldtal. Dort hielten sie sich sechs Tage auf. In dieser Zeit entfernte sich der schwer an Gelbsucht erkrankte Reckert von seiner Gruppe, um eine Möglichkeit des Weitermarsches zu erkunden. Der Unteroffizier kehrte nicht zurück, obgleich seine Männer zwei Tage auf ihn warteten. Danach schlugen sich die Freiwilligen zu den deutschen Linien durch.

Oberleutnant Lange hatte zwischenzeitlich laufend durch nicht nachprüfbare Gerüchte erfahren, daß die Aufständischen mehrfach sowjetische Truppen angegriffen hatten. In einem Gefecht mit den Sowjets übernahm der Oberleutnant mit seiner Gruppe die Flankensicherung der angreifenden Kaukasier.[482] Diese hatten am 18. September eine etwa 60 Mann starke Einheit der Sowjets bei Onschnj angegriffen, die im Gebirge den Anwohnern gehörende Pferde eingefangen hatte und dabei war, diese Tiere wegzutreiben. Die Sowjets verloren in einem siebenstündigen Gefecht

480 Ebenda.
481 Wahrscheinlich ein mit Reckert abgesprungener deutscher Soldat!
482 Die Darstellung folgt hier Lange, a.a.O. und »Unternehmen Schamil«.

13 Tote und mehrere Verwundete. Die Pferde wurden ihnen abgejagt und ins Gebirge zurückgetrieben.

Am 17. September schob sich ein sowjetischer Verband in Bataillonsstärke langsam ins Hochgebirge vor. Diese Truppen wurden aufgrund von Langes Bitten durch eine Gruppe von 70 Aufständischen angegriffen. Die Sowjets mußten infolge der ständigen Angriffe der Aufständischen nach dreitägigen Gefechten den Rückzug antreten. Der Oberleutnant beschloß trotz eines sicherlich zunehmenden sowjetischen Drucks, aufgrund folgender Überlegungen, in dieser Gegend zu bleiben:

1. Er wollte eine einheitliche Führung der Aufständischengruppen ausbauen,
2. von seiner derzeitigen Stellung aus Verbindung zu den eigenen Truppen aufnehmen, um Waffen und Munitionsnachschub nachzuführen;
3. bereits bestehende Verbindungen zu einer Gruppe von Aufständischen in Stärke von 400 Mann ausbauen;
4. den Erfolg von sowjetfeindlicher Beeinflussung durch V-Leute bei den essetischen Soldaten in diesem Raum befindlicher Truppenteile abwarten;
5. die Ankunft eines Inguschenbataillons abwarten, dessen Kommandeur angeblich bereits Kontakte zu deutschen Truppen gesucht hatte,
6. Verbindungen zur nachgesprungenen Gruppe Reckert herstellen, deren Eintreffen in der Gegend von Machkety zwar durch V-Männer gemeldet worden war, ohne daß es jedoch gelang, Kontakte zu Reckert aufzunehmen. Dieser hatte auf vier schriftliche und fünf mündlich an ihn gerichtete Befehle bislang nicht geantwortet.

Der Oberleutnant mußte jedoch diese Planungen ändern, nachdem er feststellte, daß die Sowjets offensichtlich eine größere militärische Aktion gegen ihn planten. Aus diesem Grund setzte er einen erneuten Stützpunktwechsel für den 24. September fest. Am Morgen dieses Tages meldeten Späher, daß starke sowjetische Kavallerieeinheiten im Anmarsch auf den Stützpunkt wären. Nach kurzem Schußwechsel gelang es der Einsatzgruppe später jedoch, die nahezu beendete Einschließung zu durchbrechen. Die Einheit wurde aber von den nachsetzenden Sowjets nach Nordwesten gedrückt und geriet am Abend dieses Tages bei Charssenoi wiederum in einen Kessel, aus dem es der Gruppe durch einen Überraschungsvorstoß gelang, auszubrechen.

Bei diesem Durchbruch wurden zwei Deutsche und fünf Freiwillige von der Einsatzgruppe getrennt. Sechs Aufständische fielen. Die Sowjets sollen bei diesen Kämpfen Verluste von 40 Toten erlitten haben. V-Männer meldeten, daß insgesamt ein weiteres Bataillon aus Jalschoroi, Itum-Kahle und Schatoi aufgeboten worden sei, um die Einsatzgruppe zu vernichten. Da die Gruppe aufgrund dieser Lage das Gebiet verlassen mußte, verlor Lange seine mühsam aufgebauten Verbindungen, da er nicht damit rechnen konnte, in absehbarer Zeit hierher wieder zurückzukehren. Unter diesen Umständen waren positive Ergebnisse im Kampf gegen die Sowjets kaum noch zu erzielen. Erschwerend hinzu kam der immer bedenklicher werdende physische und psychische Zustand der Männer. Dieses nicht zuletzt aufgrund des stets ungelösten Problems der Verpflegungsbeschaffung. Häufiger Hunger in Verbindung mit Übernachtungen unter freiem Himmel in unzureichender Bekleidung beanspruchten die Kräfte der Soldaten zusätzlich. Es gab in der Gruppe nur ein

ZweiMann-Zelt. Alle übrigen Männer legten sich mit angezogenen Knien auf die Seite und schoben sich so ineinander. Die Außenseiten wurden gewechselt. Bei jedem Soldaten zeigten sich Magen-, Darm- und Nierenbeschwerden. Jeder machte eine heftige, drei Wochen dauernde Fiebererkrankung durch. Der Oberleutnant erlitt mit einem seiner Männer nach dem Genuß einer offensichtlich nicht eßbaren Beerenart eine schwere Atropinvergiftung. Hinzu kam die jahreszeitlich bedingte Zunahme kalter Nächte. Die mitgeführten Tropenuniformen waren für diese Zeit weder gedacht noch geeignet. Aus diesem Grund mußten diese Sommeruniformen dringend durch den Kauf wärmerer, einheimischer Kleidung ersetzt werden. Der Soldat aber, der die mitgeführten Zahlungsmittel in seinem Brotbeutel bei sich trug, hatte diesen bei den letzten Bewegungen der Gruppe verloren. Lange entschloß sich daher, die benötigte Kleidung durch Tausch gegen zwei Gewehre zu erwerben.
Über die militärische Lage erhielt die Einsatzgruppe keine Nachrichten. Durch verschiedene Spähtruppunternehmen hatte das Einsatzkommando Verluste erlitten. Die Stärke betrug jetzt nur noch fünf deutsche Soldaten und vier Freiwillige.
Aufgrund dieser Lage entschloß sich Oberleutnant Lange, einen Weg zur deutschen Front zu suchen und das Unternehmen zu beenden.

Die Gruppe marschierte jetzt nach Nordwesten, da in dieser Richtung der Frontverlauf vermutet wurde. In der Zeit vom 25. September – 1. Oktober bewegte sich die Einheit ohne Führer durch sehr schwieriges Gelände und praktisch ohne Verpflegung bis nach Marshoi. Dort konnten wieder einheimische Führer gewonnen werden. Die Bewegungsmöglichkeiten der Gruppe wurden dadurch sehr erschwert, da die Sowjets auf allen Verbindungswegen bis hin zu den kleinen Waldpfaden starke Streifen einsetzten. Nach Angaben eines V-Mannes suchten die Sowjets die deutsche Gruppe seit zwei Wochen. Hierdurch, so glaubte Lange, wären Kräfte in Stärke von mindestens eines Bataillons gebunden worden.
Die Gruppe erreichte am 19. Oktober Ssurchochi. Aufgrund des sehr schlechten Gesundheitszustandes seiner Männer nahm Lange das Angebot von Einheimischen, einige Tage dort zu bleiben, an. Obgleich der Oberleutnant das Gerücht verbreiten ließ, daß es sich bei seiner Gruppe um »Banditen« handelte, vermuteten die Sowjets richtig, so meldeten V-Männer, daß diese »Banditen« die von ihnen gesuchte Einsatzgruppe war.
Der Aufenthalt in Ssurchochi war mit einer Teilung der Gruppe verbunden. Nicht alle Männer konnten in einem Ort untergebracht werden. Die vier kaukasischen Freiwilligen wurden bei Bauern in Ssurchochi, die fünf deutschen Soldaten in Einzelquartieren in Ekaschewo untergebracht.
Um seine Einsatzbereitschaft zu beweisen, überfiel der Haupt-V-Mann in Ssurchochi zusammen mit fünf inguschischen Freunden eine Kraftwagenkolonne der Sowjets. Dabei wurden zwei Offiziere sowie sechs Soldaten getötet und zwei Tankwagen in Brand gesetzt. Ein Ingusche fiel bei diesem Unternehmen. Dieser Angriff, so wurde gerüchteweise verbreitet, sei von deutschen Fallschirmjägern durchgeführt worden, die sich als »Banditen« ausgegeben hätten. Die Sowjets besetzten daraufhin Ssurchochi mit starken Kräften. Der Haupt-V-Mann wurde in seinem Haus umstellt. Er schoß einen Offizier nieder und verletzte sieben Mann schwer und entkam,

so berichtete ein anderer V-Mann. Jetzt hatte Lange allerdings die Verbindung zu den Freiwilligen verloren, weil die in Ekaschewo befindlichen deutschen Soldaten in den Aufmarsch der sowjetischen Truppen gegen die deutschen Vorstöße bei Ordshonikidse und Elchotowo hineingerieten. Die deutschen Soldaten blieben zwölf Tage in Ekaschewo. Während dieser Zeit mußten sie zusammen mit Rotarmisten in denselben Höfen, zum Teil in den gleichen Räumen wohnen. Die Tarnung der Gruppe hielt auch dieser für die Männer großen Belastung stand. Es bedurfte allerdings aller Aufmerksamkeit, den von Offizieren geführten Quartierstreifen der Roten Armee dabei zu entgehen, weil diese sofort nach gültigen Papieren fragten, die nicht hatten beschafft werden können. Die mitgeführten Dokumente erwiesen sich für solche Kontrollen als ungeeignet.[483]

Beim weiteren Rückmarsch mußte die Gruppe den Sunsha, die Bahnlinie Salepzewska-Besslan und die große Verbindungsstraße Ordshonikidse/Grosny überqueren. Hier ergaben sich deshalb Schwierigkeiten, weil die Sowjets auf dieser Linie starke Sicherungen zusammengezogen hatten. Mehrfach geriet die Gruppe daher in das Feuer der Sicherungsabteilungen. Ein Soldat und der einheimische Führer der Einheit wurden dabei abgesprengt. Sie fanden jedoch später wieder den Anschluß an die Gruppe. Am 23. November erreichten die Männer 40 km nordostwärts von Ordshonikidse im Gebiet des Keskemer Waldes die sowjetische Front. Bis zum 9. Dezember schob sich die Gruppe an der zweiten sowjetischen Linie entlang, um eine Durchgangsstelle zu den deutschen Stellungen zu finden. Noch während dieser Zeit erhielt Lange V-Mann-Meldungen, wonach die Sowjets mit starken militärischen Kräften den inneren Teil Tschetscheniens besetzt und nach heftigen Kämpfen einen Großteil der Aufständischen niedergeworfen hatten.

Nachdem von der Gruppe am 4. Dezember durch Nahaufklärung die tiefe Staffelung der sowjetischen Stellungen festgestellt worden war, scheiterte der für diesen Tag westlich von Keskem beabsichtigte Durchstoß durch die sowjetische Front.

In der Nacht vom 9. zum 10. Dezember gelang der Einsatzgruppe das unbehelligte Passieren der sowjetischen Stellungen. Diesen Weg hatte ein in einem Erdhaus wohnender Imam, den Lange aufgespürt hatte, mit seinen zwei Freunden für die deutschen Soldaten erkundet.[484] Es war ein Bach, der vom Gebirge in die Ebene floß und sich dabei tief in den Lößboden eingeschnitten hatte. Er durchquerte die sowjetischen Verteidigungslinien und führte zu den deutschen Stellungen. Vor Beginn des Marsches händigte Oberleutnant Lange jedem Soldaten zwei Pervitintabletten aus[485], um ihre letzten Kräfte für diese vor ihnen liegende Anstrengung zu mobilisieren. Die Männer mußten vierzehn Stunden im eiskalten Wasser des Kurpbaches waten, das ihnen bis zu den Schenkeln, zeitweise aber auch bis zur Brust reichte. Der Durchbruch gelang hier einen halben Tag bevor die bereits befohlene Verminung des Bachbettes durchgeführt wurde. Nachdem die Sicherungen der 50. Infanteriedivision, auf die sie trafen, einige Schüsse auf sie abgegeben hatten, gelang die Verständigung

---

483 Wie es der Einsatzgruppe gelang, diesen Kontrollen zu entgehen und nicht enttarnt zu werden, beschreibt Lange nicht.
484 Vgl. Lange, a.a.O.
485 Pervitin = Aufputschmittel

durch den Zuruf: »Hört auf zu schießen ihr Arschlöcher!«[486] Nach den mitgeführten Schrittzählern hatte die Einheit während ihres Einsatzes insgesamt 550 km zurückgelegt.

Die Truppe war über die mögliche Rückkehr der Einsatzgruppe nicht informiert worden. Die Männer wurden daher sofort voneinander getrennt. Für die Rückkehrer fehlte es an sachgerechter ärztlicher Betreuung. Ausgehungert wie die Männer waren, überfraßen sie sich. Es kam zu Durchfall- und Magenerkrankungen. Vielleicht bewirkte der ständige Genuß wild im Wald wachsender Knoblauchzwiebeln, daß die plötzliche Umstellung auf die Überflußernährung keine tödlichen Folgen hatte. Die Haut auf Brust und Rücken war von Läusen völlig zerbissen. Weitere gesundheitliche Schäden stellten sich erst später, während des Heimaturlaubs, heraus. Hier insbesondere ein Schwächegefühl in den Beinmuskeln aufgrund des langen Marsches durch den eisigen Bach. Die nervliche Anspannung normalisierte sich nur sehr langsam. Lediglich einer der Soldaten hatte auf dem Rückmarsch einen Nervenzusammenbruch erlitten.

4. Das Ergebnis

Oberleutnant Lange faßte die Ergebnisse des »Unternehmens Schamil« nach seiner Rückkehr wie folgt zusammen:

»1. Unmittelbare Schädigung der Sowjets durch eigene Kampfhandlungen sowie im einzelnen nicht übersehbare Kampfhandlungen der Aufständischen unter dem Eindruck des Eintreffens deutscher Soldaten.
2. Bindung starker Kräfte der Sowjets zu Sicherungszwecken sowie deren Beunruhigung durch ständige Gerüchte über deutsche Fallschirmjäger.
3. Stärkung der moralischen Widerstandskraft der Zivilbevölkerung.
4. Genaue Erkundungsergebnisse über Stimmung und Verpflegung bei der Zivilbevölkerung sowie über die militärgeographischen Verhältnisse im Landesinnern.
5. Genaue Erkundungsergebnisse über die Wirkung der deutschen Propaganda und über die von der sowjetischen Seite verwendeten Parolen.
6. Aufklärungsergebnisse über die vorbereiteten Widerstandslinien und Schwerpunkte der sowjetischen Verteidigung sowie über Stimmungs- und Verpflegungslage der roten Truppen.
7. Örtliche Aufklärungsergebnisse für Teile des I.R. 121.
8. Zusammenstellung einer Liste von 103 über das ganze Gebiet netzartig verstreuten V-Männern, die als absolut zuverlässig anzusehen sind und als ortskundige Führer usw. dienen können...«[487]

---

486 Vgl. Lange, a.a.O. »Vom Abwehrkommando 201 traf die Meldung ein, daß der Führer des 'Unternehmens Schamil', Oblt. Lange, am 10.12. mit fünf deutschen Soldaten bei den vordersten Linien des Pz.AOK 1 angekommen ist«, Tgb. Lahousen v. 13.12.42.
487 Lange und »Unternehmen Schamil«, a.a.O.

Für diesen Einsatz wurde Lange mit dem Ritterkreuz ausgezeichnet.[488] Er hatte gemäß seiner eigenen Zielsetzung nicht mehr als eine erste Erkundung durchgeführt »und war deshalb über die Verleihung beschämt...«[489]

Als sich die Männer seines Einsatzkommandos wieder einsatzfähig in Meseritz versammelten, war es durch die Entwicklung der Kriegslage unmöglich geworden, den Einsatz – wie geplant – zu wiederholen, was kurzfristig sowieso nicht möglich gewesen wäre. Die für das »Unternehmen Schamil« ebenfalls vorgesehenen gut ausgebildeten Männer der nicht eingesetzte 3. Welle waren zwischenzeitlich wenig sachgerecht verwendet worden. Durch Spähtruppunternehmen in der Kosakensteppe sinnlos dezimiert, hatte die Einsatzgruppe starke Verluste erlitten. Ihr Führer, Leutnant Johansen, war bei einem solchen Unternehmen schwer verwundet liegengeblieben und hatte sich durch eine Handgranate selbst in die Luft gesprengt.[490]

Das von Lange konzipierte und vorbereitete »Unternehmen Schamil« hatte einen richtigen Ansatzpunkt. Auch den Sowjets war es selbst mit Hilfe ihrer Ideologie oder gerade deswegen nicht gelungen, das Unabhängigkeitsbestreben der Kaukasusvölker zu brechen und die ihnen als Unterdrücker entgegengebrachte Feindseligkeit zu überwinden. Diesen Sachverhalt fanden die Soldaten überall während ihres Einsatzes im Rahmen des genannten Unternehmens bestätigt. Anders wäre auch die große Unterstützung nicht erklärbar, die der Gruppe von fast der gesamten Bevölkerung zuteil wurde und ohne die sich die Einheit, die ja nicht durch Nachschub versorgt wurde, solange kaum in diesem Gebiet hätte halten können. Wie groß andererseits das Unbehagen der Sowjets gegenüber diesen Völkern war, erhellt aus der Tatsache, daß Stalin noch im Sommer 1945 eine rigorose tschetschenisch-inguschische Zwangsumsiedlung befahl. Von einem erfolgreichen breiten Aufstand im Einsatzgebiet des »Unternehmens Schamil« wären sicherlich entsprechende unmittelbare Auswirkungen auf die anderen Kaukasusvölker zu erwarten gewesen. Dieses wiederum hätte die Bindung sehr starker sowjetischer Kräfte in diesem Raum bedeutet. Hierdurch wären deutsche militärische Aktionen in diesem Gebiet erheblich entlastet worden. Vielleicht hätte Stalingrad bei einer solchen Flankendeckung durch Aufstände im Kaukasus und die starke Bindung sowjetischer Kräfte dort vermieden werden können.

Eine andere für die Alliierten ungünstige Entwicklung im Vorderen Orient wäre als weitere Folge dieser Kaukasus-Unruhen nicht auszuschließen gewesen. Die Gewinnung der Kaukasusvölker für die deutschen Interessen hatte über den rein stra-

---

488 Obtl. Lange wurde im Auftrag des dienstlich verhinderten Amtschefs durch General Oster das ihm am 15.1.1943 durch den Führer verliehene Ritterkreuz überreicht. Tgb.Lahousen v. 21.1.1943.

489 Lange, Aufzeichnungen, a.a.O. – Diese Angabe in Langes später angefertigten Aufzeichnungen widerspricht zum Teil den oben aufgezählten Ergebnissen, die Teil des unmittelbar nach seiner Rückkehr angefertigten offiziellen Berichtes sind. Dieser Widerspruch erklärt sich daraus, daß sich Lange falsch eingesetzt fühlte. Seine ursprüngliche Zielsetzung, gemäß derer er auch seine Einsatzgruppe ausgebildet hatte, bestand darin, Aufstandsbewegungen gegen die Sowjets im Kaukasus zu entfachen. Durch seinen viel zu späten, dazu noch fehlerhaften Abwurf war diese Zielsetzung nicht mehr erreichbar.

490 Vgl. Aufzeichnungen Lange, a.a.O.

tegischen einen weiteren sehr wichtigen wehrwirtschaftlichen Aspekt: die Ölvorkommen, die das Deutsche Reich für seine Wirtschaft und Kriegführung dringend benötigte.

Die Voraussetzung für die Gewinnung der Unterstützung der deutschen Sache durch die Völker des Kaukasus wäre aber eine ihnen gegenüber sehr liberale Politik gewesen. Diese hätte jedoch eine radikale Änderung der Besatzungspolitik im Osten erfordert. Die bislang dort durchgeführte Politik, wonach das eroberte Rußland ein auszubeutendes Kolonialgebiet war, dessen Bevölkerung sich dieser Maxime zu unterwerfen hatte oder liquidiert wurde, war im Kaukasus nicht anwendbar. Hätten die Aufständischen festgestellt, daß die Deutschen keine bessere Besatzungsmacht als die Sowjets gewesen wären, hätte es Kämpfe mit ihnen gegeben, die, wie die Gegenwartsentwicklung in Tschetschenien gezeigt hat, außerordentlich hart gewesen wären.

Die Vorstellungen Langes, daß im Zusammenhang mit seinem Einsatz entfachte Aufstände eine Initialzündung zum Zusammenbruch der Sowjetunion hätten sein können, waren eine Illusion. Die unsinnige »Ostpolitik« der Reichsführung machte dieses unmöglich.[491]

---

491 Lange meinte, daß aufgrund einer »Apfelsinentheorie« die Sowjetunion in ihre einzelnen zusammengezwungen Teile zerfallen würde, wenn es gelänge, Stücke wie den Kaukasus herauszubrechen. Lange, a.a.O., S. 64.

VI. Das »Unternehmen Reisernte«

1. Die Küstenjäger

Im Sommer 1942 wurde im Rahmen des Regiments Brandenburg z.b.V. 800[492] eine Küstenjägerkompanie aufgestellt, die im Winter des gleichen Jahres zu einer Küstenjägerabteilung ausgebaut wurde. Zu diesem Verband meldeten sich sehr viele Auslandsdeutsche, die wegen ihrer Sprachkenntnisse von der Führung der Abteilung gern genommen wurden. Der militärische Auftrag des Verbandes bestand darin, nach dem Vorbild der englischen Commands seegestützte Einsätze überfallartig im Rücken des Gegners, weit hinter dessen Linien, durchzuführen. Hierbei sollten Zerstörungen kriegswichtiger Anlagen vorgenommen werden. Die Kriegsmarine unterstützte die zur Erfüllung der vorgesehenen Aufgaben notwendige seemännische Ausbildung der Küstenjäger durch die Gestellung von Ausbildungspersonal, Booten, Ausbildungsmittel sowie der Überlassung von Anlagen in Swinemünde mit dem Segelschulschiff »Horst Wessel« als Ausbildungsplatz.[493]

In der Folgezeit kam es ganz offensichtlich zu Spannungen zwischen der Seekriegsleitung (Skl) und den Küstenjägern, weil diese sich bemühten, eigene Fahrzeuge für die von ihnen geplanten Unternehmen zu bekommen, was wiederum nur zu Lasten entsprechender Bauprogramme der Kriegsmarine gehen konnte.[494]

Die Küstenjäger bemühten sich deshalb um eigene Boote, weil sie an schwimmendem Material nur über Sturm-, Verkehrs- und Schlauchboote verfügten, mit denen sie lediglich Entfernungen bis zu 50 km bewältigen konnten, was bedeutete, daß sie nur Unternehmen im Rahmen dieser recht geringen Entfernungen selbständig durchzuführen in der Lage waren. Die Küstenjäger mußten daher, was sie zunächst nicht beabsichtigt hatten, die Kriegsmarine vor jedem größeren Einsatz um die Gestellung des notwendigen Schiffsraums bitten. Dieses bedeutete auch, daß den Marinedienststellen eine Begründung für den geplanten Einsatz zugeleitet werden mußte. Zwar erkannte die Skl die Notwendigkeit von schlagartigen Zerstörungen wichtiger Versorgungs- und Verkehrsanlagen, Schiffsraum und Produktionsstätten innerhalb eines feindlichen Küstenbereichs durch die Küstenjägerabteilung grundsätzlich an[495], sie machte aber gleichzeitig geltend, daß die ersten Einsätze der Küstenjäger im Schwarzen Meer nicht zu den erwarteten Erfolgen geführt hatten. Überdies bezweifelte die Skl, daß seegestützte selbständige Unternehmen der Küstenjäger ohne Beteiligung seemännischen Personals überhaupt erfolgreich sein könnten.[496]

Aufgrund ihrer angespannten Personalsituation gab die Kriegsmarine an, daß sie nicht einmal auch nur vorübergehend seemännisches Personal zu den Küstenjägern

492 Das Regiment Brandenburg wurde am 1.11.1942 zur Division Brandenburg.
493 Vgl. Skl Q.A I SS 288 gKdos v. 30.1.1943/BA-MA/RM 7/1074.
494 Vgl. Skl Q.A I S a 25 436/43 gKdos v. 26.12.1943/BA-MA RM 7/1074.
495 Vgl. Skl Q.A I SS 288 gKdos v. 30.1.1943 BA-MA/RM 7/1074.
496 Vgl. ebenda.

128

abkommandieren könne.[497] Von den Küstenjägern wurde in dieser Zeit offenbar auch die Frage des Seetransports durch die Kriegsmarine bei Fernunternehmen angesprochen.

Die 1. Skl räumte zwar grundsätzlich Transportmöglichkeiten der Küstenjäger durch Hilfskreuzer ein, machte jedoch geltend, daß diese Möglichkeit z.Zt. nicht in Betracht käme. Grundsätzlich sei aber die Einschiffung auf U-Booten möglich. Diese müßte jedoch rechtzeitig zusammen mit einer »erschöpfenden« Darstellung der vorgesehenen Unternehmung beantragt werden. Die 1. Skl würde sich dann dazu äußern, ob es möglich sei, die Küstenjäger in der Nähe des geplanten Einsatzortes abzusetzen und von dort gegebenenfalls auch wieder abzuholen.[498]

Im März 1943 erhielt Kapitänleutnant von Martiny von der Küstenjägerabteilung vom Amt Ausland/Abwehr den Auftrag, in Tunesien die Möglichkeiten des Einsatzes der Küstenjäger zu prüfen. Hierbei wurde festgestellt, daß der Verband zu wirkungsvollen Unternehmen hinter der Front des Gegners deshalb nicht in der Lage war, weil ihm dafür die notwendigen Fahrzeuge fehlten. Daraufhin bat das Deutsche Marinekommando Italien die Skl, Martiny die notwendigen Fahrzeuge zur Verfügung zu stellen, da die Durchführung entsprechender Unternehmen der Küstenjäger eine wesentliche Ergänzung der eigenen Verteidigung Tunesiens darstellen könnte.[499]

Am 7. Mai 1943 teilte daraufhin das Oberkommando der Kriegsmarine dem Dt. Marinekommando Italien mit, »...daß die Skl nach wie vor der Ansicht sei, daß es unzweckmäßig sein muß, die Überführung über See der Küstenjägerabteilung mit eigenen Fahrzeugen zu überlassen, daß vielmehr entsprechend dem Vorschlag der Skl für diesen Zweck Fahrzeuge von Fall zu Fall von der Kriegsmarine zur Verfügung gestellt und eingesetzt werden...«[500]

Die Kriegsmarine hat sich ganz offensichtlich zunächst dagegen gewehrt, daß sich die Küstenjäger eigene Boote verschafften und die von ihnen geplanten Unternehmen unabhängig von ihr durchführten. Ein Grund mag dafür gewesen sein, daß die Skl befürchtete, Baukapazitäten an die Küstenjäger zu verlieren, wenn sie ihnen den Bau eigener, bedarfsgerechter Boote zugestand. Überdies scheint die Skl den Unternehmen der Küstenjäger zunächst sehr kritisch gegenübergestanden zu haben und von deren Erfolg nicht überzeugt gewesen zu sein.

Nur vor diesem Hintergrund wird, was das Transportmittel anging, die etwas abenteuerliche erste Planung des »Unternehmens Reisernte« verständlich.

2. Die Planungen und Vorbereitungen des »Unternehmens Reisernte«

Am 22. März 1943 übersandte das OKW/Amt Ausland/Abwehr dem OKM/1.Skl eine Beschreibung des geplanten Unternehmens zur Überprüfung und Genehmi-

---

497 Vgl. Fernschr. v. 27.12.1943/OKM/Skl Q I S a 25 744/43 gKdos BA-MA RM 7/1074.
498 Vgl. Skl Br.Nr. 1 Abt. Iop 477/43 gKdos v. 20.1.1943/BA-MA RM 7/1074.
499 Vgl. Dt. Marinekommando Italien/31137/43 A I gKdos v. 22.3.1943/BA-MA RM 7/1074.
500 OKM/Skl Q A I S 2071 gKdos v. 7. Mai 1943/BA-MA RM 7/1074.

gung.[501] Die Zielsetzung des vorgesehenen Einsatzes sollte darin bestehen, die Handelsschiffahrt des Gegners durch Versenkung und Beschädigung seiner Schiffe vor der westafrikanischen Küste zu stören. Gleichzeitig sollten die Küstenjäger in die Häfen des Gebietes eindringen, um hier Sabotageakte durchzuführen. Wenn möglich, war auch vorgesehen, Kriegsschiffe des Gegners anzugreifen.

Für dieses Unternehmen erbat sich das Kommando der Küstenjäger von der Kriegsmarine das erbeutete amerikanische Schnellboot RA 10. Dieses Boot sollte für das geplante Unternehmen entsprechend umgerüstet werden, und zwar durch:

– Wiederanbringung der englischen Torpedoausstoßrohre,
– Austausch der an Bord befindlichen Packard-Motoren gegen italienische MAS-Motoren,
– zusätzliche Ausrüstung des Bootes mit zwei Außenbordmotoren von je 50 PS,
– Ausstattung mit einer Sonder-Segeltakelage, einem Granatwerfer und einer Sonderfunkausrüstung,
– Anbringen eines kleinen Ladebaumes zum Ausbringen und Einholen einer kleinen Motorjolle mit Takelage und eines afrikanischen Beibootes.

Sämtliche erforderlichen Arbeiten sollten in La Spezia durchgeführt werden.

Der Verlauf des Unternehmens war wie folgt geplant: Das Boot sollte seine Fahrt von Marseille aus beginnen. Die ersten Brennstoffaufnahmen waren im letzten französischen Hafen Port Vendres und auf der Fahrt nach Gibraltar in der Nähe von Malaga[502] geplant. Das Boot sollte die Straße von Gibraltar als Segler getarnt nur unter Segel durchlaufen.[503]

Später, so wurde vorgeschlagen, sollte die Brennstoff- und Proviantversorgung durch ein U-Boot im Atlantik erfolgen. Nach 8–10 Wochen war eine weitere Versorgung durch ein U-Boot in der Nähe von St. Helena vorgesehen.

Auch nach Passieren der Straße von Gibraltar sollte das Boot ausschließlich unter Segel laufen, um auf diese Weise als Segler getarnt den Gegner zu täuschen.

Als Fahrstrecke war vorgesehen, die westafrikanische Küste entlang bis zur Kongomündung zu segeln. Die wichtigsten an dieser Route liegenden Häfen sollten dabei erkundet und je nach Lage durch an Land gesetzte Stoßtrupps Sprengungen mit Haftladungen und Spezialminen durchgeführt werden. Bei sehr lohnenden Zielen waren auch Angriffsunternehmen mit dem als Segler getarnten RA 10 vorgesehen. Nach einem Einsatz von 6–8 Wochen sollte die Heimreise angetreten werden. Die Rückreise konnte entweder wieder durch die Straße von Gibraltar erfolgen oder ein west-französischer Hafen angelaufen werden.

Als besondere und personelle Maßnahmen wurden von der Kriegsmarine folgendes erbeten:

1. den Funkverkehr durch besondere Schlüsselmittel sicherzustellen,

---

501 Vgl. hierzu insgesamt die Akte »Unternehmen Reisernte« BA-MA/RM 7/1074.
502 Offenbar verfügte die Abwehr über entsprechende Stützpunkte im neutralen Spanien.
503 Es ist kaum denkbar, daß nachdem RA 10 auf einer italienischen Werft umgebaut worden war, der Gegner diesen Sachverhalt nicht kannte. Es dürfte daher für das Boot kaum möglich gewesen sein, als Segler getarnt die Straße von Gibraltar unentdeckt zu passieren.

2. vor dem Auslaufen allen Marinedienststellen die besonderen Kennzeichen von RA 10 bekanntzugeben,
3. mit den Vorarbeiten zur Durchführung des Unternehmens Kapitänleutnant von Martiny zu beauftragen, ihn zuvor aber zu einem Torpedoschießkurs abzukommandieren,
4. zwei Küstenjäger in der Bedienung der Sprenggeräte zu unterweisen,
5. mit der Bootsführung den Leutnant z.S. Brussatis zu beauftragen, der sich sofort mit sieben Mann auf dem Boot einschiffen sollte.

Die Skl betrachtete den Vorschlag der Brandenburger zum »Unternehmen Reisernte« zunächst mit offenbar sehr großer Skepsis: »...die ganze Sache macht einen sehr phantastischen Eindruck...«[504] Wenig später hatte die Skl ihre Meinung hinsichtlich des geplanten Unternehmens offensichtlich geändert. Den Küstenjägern wurde mitgeteilt, daß die Skl nach eingehender Prüfung dem »Unternehmen Reisernte« gewisse Erfolgsaussichten zubillige. Es sei damit zu rechnen, daß Handelsschiffe des Gegners in den angegriffenen Häfen versenkt oder beschädigt werden könnten. Die Skl verbot allerdings Kampfhandlungen, wie von den Küstenjägern geplant, auf hoher See, um eigene Hilfskreuzer und Blockadebrecher, die unter fremder Flagge liefen, nicht zu gefährden. Ferner könnte die Beschädigung oder Versenkung neutraler Schiffe unerwünschte politische Komplikationen zur Folge haben. Aus diesen Gründen sollten sich die Aktivitäten der Küstenjäger ausschließlich auf Häfen an der westafrikanischen Küste beschränken. Die Skl hielt allerdings die geplante Durchführung des Unternehmens deshalb für nicht möglich, weil aus einem als Schnellboot gebauten Fahrzeug durch Aufbau einer Takelage kein seetüchtiges Segelboot werden würde.

Außerdem müßte davon ausgegangen werden, daß sich ein solches Unternehmen über einen Zeitraum von mehreren Monaten erstrecken würde. Die Versorgung des Bootes, insbesondere mit Brennstoff durch U-Boote während dieser Zeit sei zwar ein- bis zweimal, jedoch nicht beliebig häufig möglich. Treibstoff aber müßte sicherlich zusammen mit Trinkwasser und Proviant öfter ergänzt werden, da RA 10 nicht über ausreichenden Lagerraum verfügte.

Die Skl schlug daher vor, für das geplante Unternehmen einen Hochseemotorkutter von mindestens 200 BRT einzusetzen. Ein hierfür geeignetes Fahrzeug könnte in Deutschland, Norwegen oder im Westraum erfaßt und auf einer deutschen Werft für den geplanten Zweck umgebaut werden. Als Auslaufhafen käme dann sicherlich ein Hafen an der westfranzösischen Küste in Betracht. Das Boot könnte aber auch, bei entsprechender Tarnung, durch die Nordsee-Island-Faröerinseln laufen. Der Beginn des Unternehmens sollte am besten so angesetzt werden, daß der Äquator im Spätherbst passiert werden könnte.[505]
Bereits am 27. April 1943 übersandte der Erste Generalstabsoffizier der Division Brandenburg einen modifizierten Einsatzvorschlag zum »Unternehmen Reisernte«

504 Vgl. OKM,B. Nr. 1 Skl 1 op. 8910 gKdos v. 27.3.1943/BA-MA RM 7/1074.
505 Vgl. Division Brandenburg Abt. Ia Nr. 200/43 gKdos v. 27.4.1943/BA-MA RM 7/1074.

an die 1. Skl und schlug vor, den Küstenjägern nicht einen sondern zwei Hochsee-
motorsegler zur Verfügung zu stellen. Diese sollten auf getrennte Ziele, nämlich an
der westafrikanischen Küste und der amerikanischen Ostküste, angesetzt werden. Da
in der Küstenjägerabteilung viele Soldaten dienten, die für ein solches Unternehmen
sowohl über die notwendigen Landes- als auch Sprachkenntnisse verfügten, sei ein
solcher Einsatz naheliegend.
Zweck dieser Unternehmen sei es, Störungen und Zerstörungen in feindlichen Häfen und gegen alle lohnenden Küstenziele vorzunehmen. Hierdurch sollte der Gegner beunruhigt und zahlreiche seiner Kräfte gebunden werden.
Gleichzeitig hatte sich die Division Brandenburg mit der Operationsabteilung des
BdU wegen U-Boot-gestützter Kampfeinsätze der Küstenjäger im gleichen Ein-
satzraum in Verbindung gesetzt.[506]
Die Brandenburger erbaten ferner von der Kriegsmarine:
Zwei Schoner von 150–200 BRT in der Bauweise der alten Nordsee-Lotsen-Scho-
ner mit gekupferter Wasserlinie und eingebautem Hilfsmotor von 100–150 PS. Beide Schiffe sollten in einer Werft an der Unterelbe ausgerüstet werden.
Die Division hatte hierfür an Schiffspersonal je Schiff vorgesehen: einen Kapitän
und sechs Mann (Segler). Hiervon konnten die Küstenjäger einen Schiffsführer und
drei Segler stellen. Ein weiterer Kapitän und zwei Segler waren von den Brandenburgern bereits benannt und angefordert worden. Die Kriegsmarine mußte daher nur
noch sieben geeignete Segler benennen.
Die Küstenjäger konnten das erforderliche Nachrichtenpersonal stellen. Eine Ausbildung an den Nachrichtengeräten der Kriegsmarine war aber noch erforderlich.
An Kampfpersonal hatte die Küstenjägerabteilung pro Schiff einen Offizier, einen
Oberjäger und zehn Küstenjäger vorgesehen.
Beide Schiffe sollten zur gleichen Zeit aus einem westfranzösischen Hafen auslaufen. Der Zeitplan:

20.5.1943:   Zusammenziehen beider Schiffe an der Unterelbe
20.5.–15.8.1943: Beendigung der Ausrüstung und erforderlichen Ausbildung der
                 Besatzung
1.9.1943:   Auslaufbereitschaft der Schiffe im Absprunghafen
10.10.1943:   Passieren des Äquators in südlicher Richtung[507]
Mai 1944:   Rückkehr

Die Division Brandenburg beauftragte mit der Leitung und Vorbereitung des »Unternehmens Reisernte« Oberleutnant Conrad von Leipzig. Die 1. Skl wies ihre Quartiermeisterabteilung am 28. April 1943[508] an, die Forderungen der Division Bran-

---

506 Es wird hier nicht klar, weshalb in den gleichen Kampfräumen Küstenjäger mit Hilfe von Motorse-
   glern und U-Booten eingesetzt werden sollten. Ein Einsatz zur gleichen Zeit wäre aufgrund der un-
   bestimmten Fahrzeit des Motorseglers schwierig geworden. Ein Einsatz nacheinander hätte deshalb
   keinen Sinn gemacht, weil der Gegner durch den ersten Einsatz der Küstenjäger gewarnt sehr viel
   wachsamer gewesen wäre.
507 Bei dieser Zeitplanung fällt auf, daß sie sich offenbar nur auf den Afrika- nicht aber den Amerika-
   einsatz bezieht.
508 Vgl. Seekriegsleitung 1. Skl.I.Op. 12255 gKdos v. 28. April 1943/BA-MA RM 7/1074.

denburg zu erfüllen und den Küstenjägern geeignete Schiffe und das fehlende Personal zu beschaffen.

Die Suche der Kriegsmarine nach für die Zwecke der Brandenburger brauchbaren Booten verlief zunächst ergebnislos.[509] Der offenbar als Kapitän für das eine Schiff vorgesehene Kapitän Christian Nissen[510] befand dann zwei auf der Burmester-Werft in Swinemünde im Bau befindliche Kriegsfischkutter (KFK) als für den vorgesehenen Zweck geeignet.
Die beiden Boote sollten als Bezeichnung ihre Baunummern erhalten.[511] Es waren dieses KFK 203 und KFK 204. Beide Schiffe sollten bei Burmester nur insoweit fertiggestellt werden, wie es Nissen für erforderlich hielt, um dann sofort zur Bootswerft Eckmann nach Hamburg-Finkenwerder geschleppt zu werden. Hier waren die Schiffe nach Angaben von Kapitän Nissen so umzubauen, wie es für den geplanten Einsatz erforderlich war.[512] Die beiden KFKs hatten bis zum 1. August 1943 fertiggestellt zu sein, um zu diesem Zeitpunkt den Küstenjägern zur Verfügung zu stehen.[513]
Am 24. Mai wurde der Sonderführer (Kptlt.) Ludwig Schlimbach zur Durchführung einer Sonderaufgabe zur Division Brandenburg kommandiert.[514] Es kann vermutet werden, daß Schlimbach als Kapitän des zweiten Bootes vorgesehen war.[515]
Die für den Einsatz »Reisernte« von der Skl bereitgestellten Soldaten hatten sich am 10. Juni 1943 bei Kapitän Nissen auf der Eckmann-Werft zu melden. Dort in Hamburg sollte dann 14 Tage lang überprüft werden, wer für das geplante Unternehmen brauchbar war und wer nicht. Die Soldaten waren zu strengster Geheimhaltung zu verpflichten.[516]
Nissen bat besonders dringlich um die Kommandierung des Steuermannsgefreiten Otto Klaehn (Beruf: Kapitän der Hapag).[517] Wenig später wurde mitgeteilt, daß Klaehn derzeitig eine Gefängnisstrafe verbüßen würde. »Umgehende Mitteilung erbeten, ob auf Kommandierung bestanden wird?«[518]
Die von der Division Brandenburg gewünschte Abordnung des Marinestabsarztes Dr. Reus[519] wurde unter Hinweis auf die angespannte Personallage abgelehnt.[520] Statt dessen wurde die Kommandierung eines Sanitätsunteroffiziers angeboten.[521]

509 Vgl. Skl Q A VI H I Nr. 3132/43 gKdos v. 8.5.1943/BA-MA RM 7/1074.
510 Christian Nissen war ein bekannter Sportsegler. Er hatte bereits 1935 mit seinem Freund Ludwig Schlimbach an der Transatlantikregatta mit der kleinen Yacht Störtebeker III teilgenommen. 1940 hatte er mit einem kleinen Segelboot Agenten nach Irland gebracht und 1941 war er mit dem 34 BRT großen Kutter »Kyloe« nach Südafrika gesegelt, um dort einen Agenten abzusetzen.
511 Vgl. Skl Q A I S r 6302/43 gKdos v. 24. Mai 1943/BA-MA RM 7/1074.
512 Vgl. OKM/K I Ks Nr. 1481/43 gKdos v. 28.5.1943/BA-MA RM 7/1074.
513 Vgl. ebenda.
514 Vgl. OKM MPA I Nr. 3507 geh. v. 24.5.1943/BA-MA RM 7/1074.
515 Vgl. Ebenda und Fernschr. v. 14.5.1943 Ost O.Qu/MPA I 3393 geh. BA-MA RM 7/1074.
516 Vgl. Skl Q.A I S r 6361 gKdos. v. 29.5.1943/BA-MA RM 7/1074.
517 Vgl. ebenda.
518 Vgl. OKM/AMA/Wehr Ia Nr. 2213/43 gKdos v. 4.6.1943/BA-MA RM 7/1074.
519 Vgl. Skl Qu A I S r 6361 gKDos v. 29.5.1943/BA-MA RM 7/1074.
520 Vgl. Skl Qu A I S 7844/43 gKdos v. 27.7.1943/BA-MA RM 7/1074.
521 Vgl. ebenda.

Im Oktober 1943 waren die Vorbereitungen für das »Unternehmen Reisernte« offensichtlich abgeschlossen.[522] In einer Besprechung mit der 1. Skl. teilte Rittmeister von Leipzig mit, daß das OKW/Wehrmachtführungsstab befohlen habe, die Küstenjäger zunächst mit allen Kräften in der Ägäis einzusetzen.[523] Aus diesem Grund müßte das geplante Unternehmen zunächst zurück-gestellt werden. Nachdem für den Umbau der beiden Schiffe und die Ausbildung der für den Einsatz vorgesehenen Soldaten erhebliche Mittel aufgewendet worden sind, sollte grundsätzlich an der Durchführung von »Reisernte« festgehalten werden. Der Chef der Küstenjägerabteilung, Rittmeister von Leipzig, glaubte, spätestens im Frühjahr 1944 Soldaten für dieses Unternehmen abstellen zu können. Er schätzte dabei die künftigen Erfolgsaussichten nicht geringer ein als die jetzigen.

Sicherlich konnte es nicht zweckmäßig sein, die Boote während dieses halben Jahres auf der Werft liegenzulassen. Es mußte daher für Schiffe und Besatzungen besser sein, in dieser Zeit anderweitig eingesetzt zu werden. Da die beiden Boote aber durch den Umbau den Charakter von Hochseeyachten erhalten hatten, sie waren beide mit je zwei 20 Meter hohen Masten ausgerüstet worden, bestand die Gefahr, daß der Gegner bei einem anderen als dem vorgesehenen Einsatz Bilder von ihnen erhielt. Dieses bedeutete, daß die Schiffe für ihre spätere Verwendung kompromittiert waren, weil der Gegner sie kannte.

Die Abwehr II hatte die beiden Boote für die Zwischenzeit bereits der Gruppe Nord angeboten. Diese wollte die Schiffe im Rahmen des »Unternehmens Greif« zur Überwachung der schwedischen Schärengewässer einsetzen. Der Chef des Stabes wurde nunmehr darauf hingewiesen, daß die Boote nur für Einsätze verwendet werden dürften, bei denen keine Kompromittierungsgefahr bestünde. Überdies könnte die Abwehr II nicht ohne Beteiligung der Skl über die Boote verfügen. Die Gruppe Nord sagte zu, KFK 203 und 204 nur so einzusetzen, daß eine Kompromittierungsgefahr mit Sicherheit ausgeschlossen werden könnte.[524]

Am 25. Oktober 1943 erhielt die Division Brandenburg ein Fernschreiben der Quartiermeisterabteilung der Skl, in dem mitgeteilt wurde, daß der KFK 203 fahrbereit sei und mit der Fertigstellung von KFK 204 Ende November gerechnet werden könnte. Absprachegemäß würden beide Boote im Rahmen der Gruppe Nord-Flotte eingesetzt werden. Die Division Brandenburg wurde gleichzeitig gebeten, frühestmöglich mitzuteilen, wann der Einsatz »Reisernte« beabsichtigt sei.[525]

---

522 Vgl. 1.Skl 29608 gKdos v. 22.10.1943/BA-MA RM 7/1074.
523 Vgl. KTB OKW v. 12.10.1943. Hiernach wurde lediglich der Stab der Küstenjägerabteilung und die 2. Kp. der Abt. in den Südostraum verlegt. Es ist daher nicht verständlich, weshalb die wenigen für »Reisernte« benötigten Küstenjäger für das lange geplante und unter großem Aufwand vorbereitete Unternehmen nicht bereitgestellt werden konnten.
524 Es ist kaum ein Einsatz vorstellbar, bei dem die Boote nicht kompromittiert worden wären.
525 Vgl. Skl/Qu A I Sr 12 822/43 gKdos v. 25.10.1943/BA-MA RM 7/1074. Es muß sogar davon ausgegangen werden, daß der KFK 203 bereits Mitte Oktober einsatzbereit war. Der Kutter nahm schon am 6.10.43 6 cbm und am 13.10.1943 13 cbm Trinkwasser an Bord. Diese Wassermenge reichte aus, um die Trinkwassertanks des Schiffes randvoll zu machen. Wäre der KFK 203 zu diesem Zeitpunkt nicht voll einsatzbereit gewesen, hätte man nicht diese Trinkwassermenge an Bord genommen. Die Wasserversorgung wurde von einer Hamburger Firma durchgeführt, die nur in Hamburg liegende

3. Die Weiterführung des »Unternehmens Reisernte« durch die Kriegsmarine

Nachdem der Division Brandenburg am 25. Oktober 1943 von der Skl die Einsatzbereitschaft der beiden für den Einsatz der Küstenjäger hergerichteten KFKs mitgeteilt worden war, diese aber die Schiffe erst im Frühjahr 1944 nutzen konnte, mußte die Division damit rechnen, daß die Kriegsmarine, was dann auch geschah, die beiden KFKs anderweitig einsetzen würde.[526]

Nach seiner Beförderung zum Oberbefehlshaber der Kriegsmarine hatte Großadmiral Dönitz der Skl befohlen, dem Einsatz von Kleinkampfmitteln größere Bedeutung beizumessen. Der Gegner sollte durch Kommandounternehmen unter Ausnutzung des Überraschungsmoments mit möglichst wechselnden Kampfmitteln beunruhigt und gleichzeitig gezwungen werden, seine Streitkräfte aufzuteilen, um diese dadurch an entscheidenden Fronten zu schwächen. Die guten Erfolge der Italiener und Engländer (»Tirpitz«) mit solchen Kleinkampfmitteln machten die Bedeutung einer derartigen Kleinkriegführung deutlich.[527]

Bislang hatte lediglich das Amt Ausland/Abwehr unter Admiral Canaris in sehr kleinem Rahmen Kommandounternehmen der Küstenjäger durchgeführt, die hierbei ohnehin sehr häufig auf die Unterstützung der Kriegsmarine angewiesen waren.

Dem Flottenkommando wurde daher befohlen, sich mit der Planung einer solchen Kleinkriegführung und der Aufstellung entsprechender kleiner Verbände zu befassen. Unter Konteradmiral Hellmuth Heye als Chef des Stabes wurde hierfür innerhalb des Flottenkommandos ein besonderer Stab gebildet. Ihm gehörten an: K.Kpt. Fritz Frauenheim als Admiralstabsoffizier, dem als zusätzliche Kräfte K.Kpt. Hans Bartels und Kptlt. d.R. Obladen zugeordnet waren.[528]

Nach ihren Planungen wurden unter anderem Marinestoßtrupps/Marineeinsatzkommandos (M.E.K.) aufgestellt, die in Lübeck, Mummark/Dänemark und verschiedenen kleineren Plätzen, meistens früheren Arbeitsdienstlagern, ausgebildet wurden. Diese sollten nach dem Vorbild der britischen Commands von Schiffen aus wichtige Ziele im Hinterland des Gegners angreifen und zerstören. Durch die Aufstellung dieser Marineeinsatzkommandos konnte nunmehr die Kriegsmarine weitgehend die Aufgaben wahrnehmen, die sich bislang die Küstenjäger vorbehalten hatten. Aus diesem Grund lag auch die Wahrscheinlichkeit nahe, daß die beiden von der Marine den Küstenjägern zur Verfügung gestellten KFKs von diesen neuaufge-

---

Schiffe versorgte. Da die Rechnungen der »Kriegsmarinedienststelle« Hamburg zugeleitet wurden, unterstand das Schiff zu diesem Zeitpunkt noch der Kriegsmarine. Vgl. hierzu: Wasserlieferungsgeschäft Jacobsen & Cons. Nr. 309 u. 322 v. 11. u. 13.10.1943/BA-MA o.Sign.

526 Spätestens mit der Aufstellung der Marineinsatzkommandos und Kampfschwimmereinheiten mußte den Küstenjägern deutlich werden, daß die Kriegsmarine auch die beiden ihnen zugedachten KFKs nunmehr nur noch für eigene Unternehmen, was auch geschah, nutzen würde.

527 Vgl. Darstellung Vizeadmiral Weichold über die Entwicklung der deutschen Kleinkampfverbände. Weichold war ursprünglich mit der Planung ihrer Aufstellung beauftragt. Ihr Kommandeur wurde später Admiral Heye. BA-MA/N 316 v. 84.

528 Vgl. Weichold, a.a.O.

stellten M.E.Ks. und den jetzt ebenfalls im Rahmen der Kleinkampfverbände ausgebildeten Kampfschwimmern[529] für entsprechende Einsätze genutzt werden sollten.
Daher konnten die Küstenjäger kaum noch damit rechnen, daß ihnen für ihre Unternehmen künftig noch Schiffe der Kriegsmarine zur Verfügung gestellt werden würden, da diese neu aufgestellten Einheiten jetzt jede Aufgabe erledigen konnten, die
zuvor ausschließlich den Küstenjägern aufgrund ihrer besonderen Ausbildung vorbehalten gewesen war.
Das OKW befahl dem Flottenkommando im Januar 1944 der Abwehr zwei KFKs
zur Verfügung zu stellen.[530]
Das geplante Unternehmen, dessen Ziel unbekannt blieb, fand aber nicht statt. Die
Kriegsmarine verlangte daher die Rückgabe der beiden Schiffe, die im Hamburger
Segelhafen ankerten, wo sie mit einer neuen Takelage ausgerüstet wurden. Danach
verbrachte man die beiden KFKs nach Heiligenhafen. Hier begann die Einweisung
der Besatzung auf dem KFK 203. Für Kommandoeinsätze ausgebildetes Marine-
personal, wahrscheinlich Kampfschwimmer, wurde zur weiteren seemännischen
Ausbildung zugewiesen. Die gesamte Ausbildung stand unter dem Befehl von Leut-
nant z.S. (S) Klaehn.[531]
Am 5. Januar 1944 hatte das OKW der 1. Skl mitgeteilt, daß sich ein Oberarzt der
Luftwaffe, der 1938/39 als Arzt der Lufthansastation in Bathhurst/Banjul/Senegal
tätig gewesen war, angeboten habe, das Wasserwerk oder die Kabel-Funkstation der
Stadt Bathhurst zu zerstören. Die Skl wurde aufgefordert mitzuteilen, »...ob mari-
neseitig an der Zerstörung dieser Anlagen oder weiter im gleichen Raum liegender
Anlagen Interesse besteht...«[532]
Bathhurst lag auf dem späteren Kurs von KFK 203. Die angebotenen Ziele, die ein
Ortskundiger zerstören wollte, waren lohnend. Überdies war es ein Arzt, der sich gemeldet hatte. Als Mediziner konnte er für jedes Kommandounternehmen von gro-
ßem Nutzen sein.

---

529 Die Kampfschwimmer wurden in Valdagno bei Venedig, Bad Tölz und List/Sylt ausgebildet.
530 Die nachfolgende Darstellung stützt sich auf Angaben, die der Kptlt.d.R. Friedrich Obladen im Juni
    1945 gegenüber seinen britischen Vernehmern gemacht hat. Die Unterlage befindet sich im Ministry
    of Defense/Naval Staff/Foreign Doc.Sect. o.Sign./London. – In den Unterlagen der Deutschen
    Dienststelle Berlin wird nur ein Kapitänleutnant Michael Opladen, der bei den Kleinkampfverbän-
    den Dienst tat, geführt. Ein Kptlt. Friedrich Obladen kann dort nicht nachgewiesen werden. da die
    Unterlagen der Deutschen Dienststelle nahezu vollständig sind, muß angenommen werden, daß viel-
    leicht Michael Opladen seinen Vernehmern gegenüber keine ganz richtigen Personalangaben ge-
    macht hat bzw. ein anderer Angehöriger der Kleinkampfverbände sich dieses Namens bediente. Die
    Angaben von Obladen werden dadurch gestützt, daß der KFK 204 am 12. Januar 1944 für 30 Reichs-
    mark Trinkwasser an Bord nahm. Eine Menge, die ausreichte, um alle Trinkwassertanks des Kutters
    randvoll zu machen. Die Anbordnahme einer solchen Wassermenge deutete auf einen bevorstehen-
    den Einsatz hin. Der Liegeplatz war zu diesem Zeitpunkt Hamburg. Die Wasserlieferung erfolgte
    wiederum durch die Fa. Jacobsen, Hamburg. Der Adressat der Rechnung für das gelieferte Wasser
    war jetzt nicht mehr die Kriegsmarine, sondern das Oberkommando der Wehrmacht/Abwehr. Der
    KFK 204 unterstand zu diesem Zeitpunkt also der Abwehr. Vgl. Fa. Jacobsen, Hamburg, Rechn. Nr.
    951/44 v. 29.1.1944/BA-MA/o.Sign.
531 Es handelt sich hier wahrscheinlich um Klaehn, Otto, geb. 3.3.1905 in Hamburg.
532 Betr. Zerstörung von Anlagen in Bathhurst OKW/WFSt/(M)Nr.00159/44 gKdos v. 5.1.1944/BA-MA
    RM 7/1974.

136

Am 18. Januar 1944 lehnte die 3. Skl das Angebot mit der Begründung ab, »...eine Beurteilung der unmittelbaren militärischen Folgen eines Ausfalls der genannten Anlagen ist im Einzelnen nicht möglich...Bathhurst ist seit der Öffnung des Mittelmeeres an Bedeutung zurückgegangen...und daher würden Störungen dieses Stützpunktes auf die Seekriegführung des Gegners keine wesentlichen Rückwirkungen haben.«[533] Eine Begründung, die nicht unmittelbar nachzuvollziehen ist, da es ja bei solchen Einsätzen auch darum ging, den Gegner durch entsprechende eigene Aktivitäten dort, wo er es nicht erwartete, zu verunsichern. Dieses wäre aber durch einen solchen Einsatz gegen Bathhurst möglich gewesen.

4. Das Sonderkommando »203«[534]

Im November 1944 erhielt Kapitänleutnant Obladen den Einsatzplan für den KFK 203, der Sabotageakte gegen Schiffe des Gegners auch in neutralen afrikanischen Häfen vorsah. Obgleich Obladen seit August 1944 mit Einsatzplanungen nicht mehr befaßt war, widersprach er diesem Plan, weil die in neutralen Häfen vorgesehenen Sabotageakte gegen internationales Recht verstießen. Das OKW[535] entschied jedoch, das geplante Unternehmen so weiter vorzubereiten. Der Einsatzbefehl wurde dann aber von Kapitänleutnant Thomsen so formuliert, daß Angriffe lediglich gegen gegnerische Häfen durchgeführt werden sollten.

Der endgültige Operationsbefehl wurde am 6. Januar 1945 ausgefertigt: »Für das Vorhaben des KFK 203, dessen Aufgabe Einsatz von Meereskämpfern in Übersee gegen Schiffe und Hafenanlagen sein soll, hat der A.d.K.[536] den Op.Befehl erlassen. Das Fahrzeug soll Anfang Januar klar werden und voraussichtlich von der nordnorwegischen Küste abspringen. Ausfertigung des Op.Befehls in den Akten bei I.op.«[537] Obladen unterstützte Klaehn, den Kommandanten des KFK 203, bei den Vorbereitungen des geplanten Unternehmens insoweit, als Klaehn die notwendige Ausrüstung bekam, die eine Filmkamera und Wörterbücher einschloß.[538] Die an Bord genommenen Vorräte waren so umfangreich, daß der KFK 203 ohne Schwierigkeiten das Malayische Archipel erreichen konnte. Das ganze Unternehmen stand allerdings von Anbeginn an unter ungünstigen Vorzeichen. Nachdem das Boot gerade Heiligenhafen verlassen hatte, brach die Ankerkette in schwerem Wetter. Einige der Besatzungsmitglieder wurden dabei ernsthaft verletzt. Ein weiteres Mitglied der Besatzung verletzte sich beim Hantieren mit einer Sprengladung, die für die Kampfschwimmer an Bord genommen worden war.

---

533 Ebenda.
534 Diese Bezeichnung wird in den Personalunterlagen von Otto Klaehn bei der Deutschen Dienststelle verwendet.
535 Es muß wahrscheinlich heißen O.K.M.
536 Admiral der Kleinkampfverbände. (V.Adm. Heye).
537 KTB/Skl/Teil A 1.Abt. Januar 1945/v. 6. Januar 1945.
538 Es wird nicht deutlich, wozu die Filmkamera dienen sollte.

Aus diesem Grund mußte eine Reihe von Besatzungsmitgliedern durch schlechter ausgebildete Mannschaften ersetzt werden. Der KFK 203 lief nach Harstadt, um von dort aus das geplante Unternehmen zu beginnen.[539]

Die Engländer beobachteten offensichtlich die deutsche Behelfsyacht »Mary«, die Ende Dezember 1944 aus einem deutschen Hafen ausgelaufen war und mit einer Geschwindigkeit von acht Knoten unter der norwegischen Küste nach Norden lief. Sie stand am 20. Januar auf der Höhe von Rörvik nördlich von Drontheim. Die »Mary« sendete Funksprüche in 5er Gruppen, die von den Engländern zwar empfangen, aber offensichtlich nicht dekodiert werden konnten.[540]

Am 25. Januar hatte das Schiff offenbar Harstadt erreicht und wartete dort auf den Befehl zum Auslaufen: »A.d.K. hat die Freigabe des Auslaufens für Sonderunternehmen KFK 203 erbeten (Sabotageangriffe in Übersee), O.d.M. einverstanden.«[541] Am 6. Februar erhielt das Schiff offensichtlich den Auslaufbefehl: »Nach erteilter Auslaufgenehmigung für KFK 203 erläßt der A.d.K. den Auslaufbefehl gem. 230/Chef.«[542] Es ist zu vermuten, daß der Kutter tatsächlich erst später auslief. Erst am 13. Februar 1945 um 22.30 Uhr wies ein Funkspruch von Dönitz alle U-Boot-Kommandanten an: »Der Angriff auf Segelboote und Fischerboote im europäischen Nordmeer und Nordatlantik ist bis auf weiteres verboten. Dönitz.«[543] Dieser Befehl stand sicherlich in einem unmittelbaren Zusammenhang mit dem Auslaufen des KFK 203.[544]

Der Kutter verfügte über eine ausgezeichnete Besegelung und einen Hilfsmotor, eine Ausstattung, die dem Schiff eine sehr große Reichweite ermöglichte. Die an Bord genommenen Vorräte reichten für ein ganzes Jahr.[545] Der KFK war als norwegischer Trawler getarnt. Die Besatzung umfaßte zwölf Mann. Die Männer beherrschten die englische oder norwegische Sprache. Wenige Wochen später empfingen deutsche

---

539 Hier enden die Angaben von Obladen.

540 Vgl. US-Fleet/Cominch File/F-21/75/Hq. of the Commander in Chief/Navy Dep./Ultra Top Secret/o.D. – Da zu dieser Zeit nicht sehr viele Behelfsyachten von Deutschland nach Norwegen liefen, muß davon ausgegangen werden, daß es sich bei der »Mary« um den KFK 203 gehandelt hat.

541 KTB/1.Skl Teil A. Januar 1945 v. 25.1.1945. – Es verwundert, weshalb sich Dönitz »in kleinem Kreis« mit der Auslaufgenehmigung für einen KFK befaßte, die zu erteilen er sich offensichtlich selbst vorbehalten hatte. Was war an dem Auftrag dieses Kutters so wichtig, daß sich der Ob.d.M., wahrscheinlich nicht zum ersten Mal, bei dieser Kriegslage die Zeit nahm, sich mit dem Schiff und seiner Aufgabe zu befassen? Es drängt sich daher die Vermutung auf, daß der Auftrag dieses Schiffes vielleicht ein ganz anderer, viel wichtigerer gewesen ist, als die spärlichen Hinweise ausweisen.

542 Ebenda v. 6.2.1945.

543 KTB/BdU v. 14.2.1945.

544 Die Zeitdifferenz zwischen dem Auslaufbefehl v. 6.2.45 und dem Angriffsverbot von Dönitz v. 13.2.45, dem wahrscheinlich tatsächlichen Zeitpunkt des Auslaufens, erklärt sich dadurch, daß die Einweisung der neuen, als Ersatz für die verletzten Besatzungsmitglieder zugewiesenen Soldaten einige Tage in Anspruch genommen hat.

545 Diese und die folgenden Angaben sind dem Buch C. Bekkers »Einzelkämpfer auf See«, Oldenburg 1968, entnommen. Da Bekker (Hans-Dieter Berenbrok) bereits 1975 verstorben ist, konnte er nach seinen Quellen nicht befragt werden. Da der Admiral der Kleinkampfverbände, Heye, aber das Vorwort zu diesem Buch schrieb, ist zu vermuten, daß dieser Bekker mit entsprechenden Informationen versorgt hat. Im Nachlaß Heye im BA-MA Freiburg gibt es keine diesbezüglichen Hinweise.

Funkstellen noch einmal ein verabredetes Kurzsignal des Schiffes. Aus ihm ging hervor, daß sich der KFK 203 auf der Höhe von Westafrika befand und weiter südwärts seinen Einsatzzielen Südafrika, dem Persischen Golf und Vorderindien entgegensegelte.[546] Seitdem gilt der Kutter als verschollen.

Die Angriffsziele können nur vermutet werden. Die Kampfschwimmer sollten wahrscheinlich von dem KFK in der Nähe gegnerischer Häfen abgesetzt werden, in diese eindringen, um dort an der Schlingerleiste vor Anker liegender Schiffe Sprengladungen anzubringen. Diese waren mit einem Propellerzünder ausgerüstet. Der Propeller begann sich erst zu drehen, wenn ein Fahrstrom von mindestens 6 sm auf ihn einwirkte. Hierdurch wurde die Zünduhr in Gang gesetzt. Die Sprengladungen detonierten aber erst nach einer Fahrzeit von 5–6 Stunden. Zu diesem Zeitpunkt befanden sich die entsprechenden Schiffe bereits auf hoher See.

Ein solches Verfahren hatte sich als wirkungsvoller als die Versenkung der Schiffe in Häfen erwiesen. Dort bestand die Möglichkeit, die beschädigten Schiffe zu heben und bald wieder einzusetzen. Die Versenkung auf See war eine endgültige. Überdies konnte der Gegner kaum feststellen, wodurch seine Schiffe versenkt worden waren. Hätte der Gegner bemerkt, daß seine im Hafen liegenden Schiffe durch von Kampfschwimmern angebrachte Sprengladungen beschädigt oder vernichtet worden waren, hätte er seine Häfen besser geschützt. Ähnliche Einsätze wären daher künftig sehr erschwert, wenn nicht gar unmöglich gewesen.[547] Es ist denkbar, daß die Kampfschwimmer im Persischen Golf nicht nur die Aufgabe hatten, Pipelines zu sprengen, sondern auch anzubohren, um in entsprechende Leitungen eine die Motoren korrodierende Flüssigkeit einzuleiten. Letzteres war nach der Invasion bereits mit der auf dem Grund des Ärmelkanals verlaufenden alliierten Pipeline geplant gewesen. Entsprechende deutsche Vorhaben waren jedoch nicht mehr durchgeführt worden.[548]

546 Südafrika wird von Admiral Weichold als Einsatzziel angegeben. »Einsatz eines Kommandoschiffes mit Kampfschwimmern nach Südafrika«, vgl. Weichold, a.a.O. – Den Persischen Golf und Vorderindien nennt Bekker als Einsatzziele, a.a.O., S. 204 f. Den Angaben Bekkers hinsichtlich des Funkspruchs, den der KFK 203 auf der Höhe von Westafrika abgesetzt hat, steht die Meldung, daß Otto Klaehn am 15.2.1945 gefallen ist, gegenüber (Marine-Personal-Dokumentationszentrale Hamburg-Alsterdorf v. 16.8.1948). Es besteht natürlich die Möglichkeit, daß noch vor dem Auslaufen des Kutters ein Kommandowechsel vorgenommen worden ist.
547 Vgl. Bekker, a.a.O., S. 105.
548 Vgl. Heye, Hellmuth, Marine-Kleinkampfmittel, in: Wehrkunde Nr. 8, August 1959.

VII. Der letzte Versuch des Reichssicherheitshauptamtes im Dezember/Januar 1944/45 Agenten nach Süd- und Nordamerika segeln zu lassen

Am 18. Dezember 1944 übersandte die Operationsabteilung der Seekriegsleitung (1. Skl) folgendes Fernschreiben an das Marineoberkommando Norwegen:»RSHA beabsichtigt, zu frühestmöglichem Termin Verbringung von V-Leuten mit Segelfahrzeug[549] nach Südamerika. Als Unterlage für Vorbereitung Unternehmung umgehend fernschriftlich Vorschlag für günstigsten Absprunghafen Norwegen und Marsch durch Nordmeer unter Berücksichtigung derzeitiger Feindlage hergeben.«[550] Bereits einen Tag später ging folgende vorläufige Antwort des MOK Norwegen an die Op.Abt. der 1. Skl[551]: »...Mit Segelfahrzeug günstigster Absprunghafen Harstad. Auslaufen entsprechend ›Zugvogel‹ mit nw Kurs bis etwa ab 46 von dort südwestl. Kurse und Durchbruch Dänemarkstrasse oder südl. Island. Durchführung Unternehmens wenig Erfolg versprechend, da feindl. Bewacher nördl. und südl. Island eingesetzt. Außerdem vorherrschende südwest Wetterlage, besonders südl. Island für Segler sehr ungünstig...«[552]
Der BdU ließ offensichtlich die Gewässer um Island herum durch seine U-Boote ständig überwachen, die ihre Beobachtungen sofort über Funk mitteilten: »...hier stärkerer Verkehr meist kleinerer Einzelfahrer mit ostwestlichen Kursen und umgekehrt...lebhafter Fischdampfer Verkehr. Lichterführung bis auf größere Schiffe und Bewachung...Bewacher arbeiten wenig wirksam, arbeiten nach Horch nur einmal kurz Adisc...Schreck und Verdachtswabo...Feuer bis auf ›Akranes‹ und ›Skagi‹ friedensmäßig...«[553]

Die deutsche Seite war daher über den Schiffsverkehr und die Schiffsüberwachung der isländischen Gewässer durch den Gegner ausreichend informiert. Da das RSHA der 1. Skl offenbar nur sehr ungenaue Angaben über das geplante Unternehmen übermittelt hatte, sah sich die Kriegsmarine »mangels näherer Unterlage über Fahrzeugtyp und Reisetermin nur zu allgemeinen Hinweisen in der Lage...«[554]

549 Vgl. handschriftlicher Vermerk v. 22.12.1944.Es handelte sich hierbei um einen dem RSHA/Mil Amt zur Verfügung stehenden eigenen Segler mit Besatzung./BA-MA/RM 7-1074.
550 1.Skl op. 3732/44 v. 18.12.1944/BA-MA RM 7-1074.
551 Vorläufig deshalb, weil die endgültige, umfassende Antwort erst am 22.12.44 erfolgte.
552 MOK o1904 v. 19.12.1944/BA-MA RM 7-1074 »Zugvogel« war ein deutsches Wetterunternehmen.
553 Lage Reykjavik aus Kurzbericht Hein (U-300) gKdos v. 22.12.1945, Arch.d.Verf.
554 1.Skl IIa 20.12.1944/Betr. Blockadedurchbruch eines Segelschiffes Norwegen/Venezuela/ BA-MA RM 7-1074.

Hierbei wurde jedoch festgestellt, daß der »Funkmeßortung«[555] des Gegners eine besonders große Bedeutung zukomme. Die in der Luftüberwachung eingesetzten Flugzeuge flogen ausnahmslos mit Ortungsgeräten, die auch Segler bis auf 10–15 sm Entfernung erfassen konnten. Nachts wurden geortete Ziele mit Scheinwerfern oder Leuchtbomben untersucht. Von feindlichen Überwasserfahrzeugen waren niedrige Segler nur auf geringste Entfernungen von drei Seemeilen auszumachen. Auch Holzschiffe waren ortungsfähig. Dem Boot wurde daher geraten, solange es in der Zone besonders intensiver Feindaufklärung segelte, also 28–30 Grad West, insbesondere im Seegebiet um Island auch bei Nacht mit Motorkraft zu fahren. Westlich dieses Gefahrengebietes wurde die Gefährdung durch gegnerische Erfassung geringer als sie es im Umkreis der britischen Inseln und Islands war. Die von den Azoren und den USA angesetzte Feindaufklärung war weniger intensiv.

Als Tarnung wurde folgendes vorgeschlagen: In den Gewässern um Island als Isländer zu segeln; im Bereich der Fahrtrouten portugiesischer und Grönlandfischer zwischen den Azoren und Grönland bzw. im Azorengebiet und westlich davon bis auf die Höhe von Westindien als Portugiese oder auch als Spanier zu fahren.[556]

Einen direkten Anschluß an die von Februar bis Mai anfahrenden portugiesischen und spanischen Neufundland- und Grönlandfahrer zu suchen, wurde wegen der genauen Überwachung durch die bei den einzelnen Pulks befindlichen Begleitschiffe nicht angeraten.

Als Verhalten bei Feindberührung wurde folgendes empfohlen: Bei der Annäherung gegnerischer Flugzeuge sollte der Kurs beibehalten und der Maschine zugewinkt werden. Bei einem Anhalten durch den Gegner wurde geraten, nicht sofort zur Selbstversenkung zu schreiten, weil für kleinere Schiffe bei entsprechenden Wetterverhältnissen immer noch die Möglichkeit des Entkommens gegeben sei. Als Kursempfehlung wurden die Geleitzugrouten der Alliierten angegeben.

Am 22. Dezember 1944 wurde die Zusammenstellung sämtlicher, bis zu diesem Zeitpunkt von der Skl ermittelten, Ergebnisse dem Kpt.z.S. Theodor Freiherr von Mauchenheim genannt Bechtolsheim im RSHA/Amt VI/Marine zugeleitet. Die Skl teilte mit, daß aufgrund des geringen deutschen Einblicks in die Feindlage im fraglichen Raum die übersandten Unterlagen sicherlich nicht vollständig wären. Sie könnten möglicherweise aber noch ergänzt werden, wenn der Skl der Zeitpunkt des Unternehmens und die Art des Fahrzeugs mitgeteilt werden würde.[557] Hierzu aber war das RSHA offensichtlich nicht bereit.

Durch folgenden handschriftlichen Vermerk wurde dieser Vorgang bei der Skl wohl abgeschlossen: »RSHA hat die Absicht, einen oder mehrere V-Leute nach Mittelamerika zu bringen. Hierfür steht ein Segler mit Besatzung zur Verfügung. Bechtolsheim hat 1. Skl gebeten, ihm hierfür einige Unterlagen über Feindlage und einige Tips für die Durchführung zur Verfügung zu stellen. Dies ist erfolgt.«[558]

---

555 Gemeint ist Radar.
556 Vgl. Blockadedurchbruch, a.a.O.
557 Vgl. 1. Skl I.op. 3762/44 Chfs. v. 22.12.44 BA-MA/RM 7/1074.
558 Vgl. handschriftlicher Vermerk bei 1. Skl I.op. v. 22.12.44.

Wahrscheinlich handelte es sich bei dem Segler, den das RSHA mit Agenten nach Venezuela oder Kanada[559] schicken wollte, um den alten Lotsenkutter »Prinz Adalbert«. Dieser lag in Rendsburg und war von Heinrich Garbers, der den Atlantik in kleinen Segelbooten bereits mehrfach überquert hatte, entsprechend ausgerüstet worden.

Am 30. Januar 1945 traf die Agentengruppe in Rendsburg ein. Fast gleichzeitig erhielt Garbers ein Fernschreiben, das das Unternehmen absagte.[560]

Es kann aber auch nicht ausgeschlossen werden, daß es sich bei dem für den Südamerika-Einsatz vorgesehenen Schiff um den KFK 204 gehandelt hat. Dieser Kutter konnte am 12. Januar 1944 zum letzten Mal bei einer Frischwasseraufnahme im Hamburger Hafen nachgewiesen werden.[561] Zu diesem Zeitpunkt stand der Segler unter dem Kommando der Abwehr. Es ist daher nicht auszuschließen, daß bei der Übernahme der Abwehr durch das Amt VI/RSHA auch dieser Kutter mit übernommen worden ist. Er konnte daher zu diesem Zeitpunkt durchaus für das geplante Südamerika-Unternehmen zur Verfügung stehen.

Eine Versenkung dieses Schiffes wurde bislang weder von deutscher noch alliierter Seite festgestellt.

559 Vgl. US-Fleet/Commander in Chief, a.a.O. Hiernach hatte sich das ursprünglich für den 26.1.45 geplante Auslaufen der »Prinz Adalbert« aus einem norwegischen Hafen verzögert. Ferner hatten diesem Dokument zufolge, die am 29.11.1944 mit U-1230 in der Frenchman Bay angelandeten deutschen Agenten Gimpel und Colepaugh ihren amerikanischen Vernehmern die Namen der deutschen Agenten genannt, die nach Kanada und Südamerika gebracht werden sollten. Es ist zu vermuten, daß durch alliierte Nachrichtendienste in Erfahrung gebracht werden konnte, daß dieser Transport durch die »Prinz Adalbert« vorgenommen werden sollte. Hinweise darauf, daß auch Agenten in Kanada abgesetzt werden sollten, enthalten die spärlichen deutschen Akten nicht. Vgl. zu Gimpel und Colepaugh: Gellermann, Günther W., Der andere Auftrag, Agenteneinsätze deutscher U-Boote im Zweiten Weltkrieg, Bonn 1997, S. 85 ff.
560 Vgl. Saint-Loup, Die Geisterschiffe Hitlers, a.a.O., S. 217. Vgl. zur »Prinz Adalbert«, die bei diesem geplanten Unternehmen unter dem Namen »Passim« segeln sollte, auch die Dokumente S. 220 ff.
561 Vgl. An das Oberkommando der Wehrmacht/Abwehr v. 29. Januar 1944/BA-MA/ R 951/44.

Schlußbetrachtung

Die Einrichtung des »Büros für inneramerikanische Angelegenheiten« durch den amerikanischen Präsidenten Roosevelt war als eine Reaktion der USA auf die Tätigkeit deutscher Agenten in Brasilien und anderen süd- und mittelamerikanischen Staaten von besonderer Bedeutung. Sie zeigt, daß der Krieg in diesem Teil der Welt insbesondere von den USA als ein Wirtschaftskrieg verstanden und geführt wurde, gelang es doch, durch die »Schwarzen Listen« unliebsame wirtschaftliche Konkurrenten – vielleicht sogar auch für die Nachkriegszeit – vom Markt zu verdrängen und der eigenen Volkswirtschaft dadurch bleibende Marktvorteile zu sichern.

Machtpolitisch gelang es den USA, bereits vor dem Kriegseintritt durch ihre Militärpräsenz in Brasilien, den eigenen Machtbereich und damit die amerikanische Einflußzone unter Hinweis auf eine angebliche deutsche Bedrohung erheblich auszuweiten.

Die deutsche Abwehr unterschätzte ganz offensichtlich den Willen der Amerikaner, ihren brasilianischen Einflußbereich wegen der von ihnen als strategisch wichtig angesehenen Natal-Enge gegen jede deutsche nachrichtendienstliche Tätigkeit abzusichern.

Wegen der Wichtigkeit des »Nachrichtenplatzes Brasilien« hätte es sich für die Abwehr daher spätestens nach dem 1. September 1939 angeboten, die Arbeit ihrer »Freizeitagenten« in Brasilien durch den Einsatz gut ausgebildeter Berufsagenten zu ergänzen. Vielleicht hätten die deutschen Netze länger unentdeckt bleiben können, weil grobe Fehler vermieden worden wären.

Es überrascht, daß die Abwehr die Möglichkeit einer alliierten Funküberwachung offenbar überhaupt nicht in ihre Überlegungen einbezogen hat. Ein häufigerer Wechsel der Funkfrequenzen, der Codes und der Standorte der Funker hätte es den Gegnern schwerer gemacht, die deutschen Funksprüche zu entschlüsseln und die Standorte der Funker zu ermitteln.

Der Einsatz deutscher Segelschiffe zum Transport von Agenten und Waren nach Südamerika ist – soweit belegbar – hier beschrieben worden. Da die Kriegsgegner es lange Zeit für unmöglich hielten, daß mit solchen »Nußschalen« überseeische Verbindungen aufrechterhalten werden konnten, boten sich für die deutsche Seite angesichts der alliierten See- und Luftüberlegenheit solche Bootseinsätze geradezu an. Es ist aber nicht auszuschließen, daß weitere nicht belegbare Fahrten dieser Art nach Süd- aber auch Nordamerika durchgeführt worden sind. Dieses gilt insbesondere für die beiden KFKs 203 und 204, deren Schiffsführer, Besatzung und Einsatzziel nicht mit letzter Sicherheit zu ermitteln waren. Rätselhaft bleibt auch weiter, weshalb sich Großadmiral Dönitz selbst die Erteilung des Auslaufbefehls für den KFK 203 vorbehielt.

Der möglichen Vermutung, daß beide Boote durch Minen- oder Feindeinwirkung versenkt worden sind, kann deshalb nicht gefolgt werden, weil auch die ehemaligen Kriegsgegner nach Beendigung des Krieges lange vergeblich nach beiden Schiffen gesucht haben, da von ihren eigenen Streitkräften keine entsprechenden Versenkungsmeldungen vorlagen.

Die deutsche Politik mußte in der Irischen Republik alles unterlassen, was von den Engländern als eine Verletzung der Neutralität dieses Landes angesehen werden konnte, wollte sie nicht, was den deutschen Interessen widersprochen hätte, eine Besetzung der Republik durch die Briten herausfordern. Insofern waren den Aktivitäten deutscher Agenten in Irland sehr enge Grenzen gesetzt.

Eine Kontaktaufnahme zur RAF mit der Zielsetzung, eine ständige Funkverbindung zwischen dieser und der Abwehr herzustellen (wie es der Auftrag von Görtz vorsah), konnte von den Briten, wenn sie es erfuhren, als eine solche Neutralitätsverletzung angesehen werden. Dieses insbesondere auch deshalb, weil der RAF auf diesem Weg auch Aufträge für ihren Kampf gegen die Engländer übermittelt werden sollten.

Die Abwehr hätte daher für den Fall auftretender Komplikationen, die sich dann auch sehr schnell ergaben, die vorsorgliche Möglichkeit eines sofortigen Rücktransportes ihres Agenten vorbereiten müssen. Nachdem sich sehr bald herausgestellt hatte, daß Görtz seinen Auftrag nicht durchführen konnte, hätte ihn die Abwehr, um diplomatische Komplikationen zu vermeiden, sofort zurückbringen müssen, was nicht geschah. Offensichtlich hatte die Abwehr II, was sehr verwundert, für den Rücktransport ihres Agenten nichts organisiert.

Mehr als fragwürdig erscheint in diesem Zusammenhang daher die Frage des Amtschefs von Abwehr II, Oberst Lahousen, an das Auswärtige Amt, ob die irische Regierung von der Abholung des Agenten nicht informiert oder um ihre Mithilfe gebeten werden könnte.

Daß es nach der Verhaftung von Görtz durch die Iren, die bei einer durch die Abwehr rechtzeitig organisierten Rückkehr vermeidbar gewesen wäre, nicht zu für das Deutsche Reich unangenehmen Verwicklungen kam, lag ausschließlich an den klugen Reaktionen der Iren.

Anhang

Dokumententeil

Geheime Kommandosache   41 33

E r k l ä r u n g.

1.) Wir, die Unterzeichneten ....
verpflichte mich, über meine Tätigkeit für *Dr. Hoffmann*
.... und alles was mir aus
Anlaß meiner Tätigkeit bekannt wird, gegen Jedermann unbedingtes
Stillschweigen zu bewahren, sowie die mir gegebenen Anweisungen
gewissenhaft zu erfüllen.

2.) Ich bin darüber belehrt worden, dass

a) die mir auferlegte Schweigepflicht auch nach meinem
meinem Ausscheiden aus der Tätigkeit für ....
...*Dr. Hoffmann*................... fortbesteht,

b) die Preisgabe meiner Tätigkeit oder derartiger Kenntnisse,
wie sie mir aus Anlaß meiner Tätigkeit bekannt werden,
nach den deutschen Landesverratsbestimmungen bestraft wird,

c) die mir auferlegte Schweigepflicht und die mir unter
Ziffer 3.) auferlegten besonderen Pflichten ein Gebot
der Reichsregierung zur Sicherung der Landesverteidigung
sind und Zuwiderhandlungen, sofern nicht schwerere Strafbestimmungen verletzt sind, nach § 92 b RStGB strafrecht-
lich verfolgt werden.

3.) Ich verpflichte mich weiterhin:

Wir sind damit einverstanden, daß im Falle des Ablebens,
oder dgl. infolge Auswirkung einer von uns durchgeführten
Aktion oder einer Betätigung der freibleibenden oder
die eigenen nach den im Lande des Auftraggebers
geltenden gesetzlichen Bestimmungen erfolgt, wobei
die Rückziehung von Renten ebs. möglichst im
Lande des Auftraggebers zu gewähren ist.

Antwerpen, den
14. August 1940

Schweigeverpflichtung für die an dem »Unternehmen Wespennest II« beteiligten Flamen.

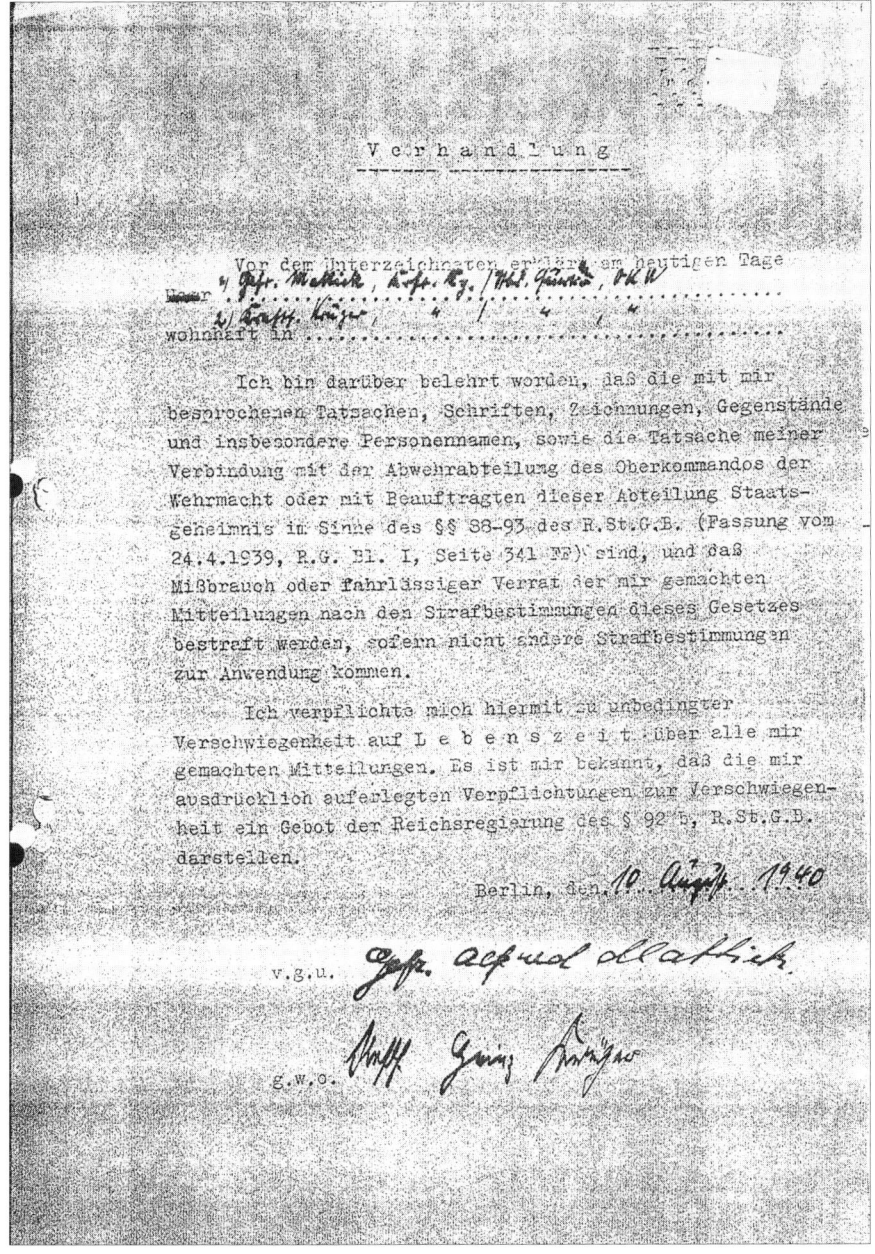

V e r h a n d l u n g

Vor dem Unterzeichneten erklärt am heutigen Tage

1/ Gefr. Mattick, Kraftf.Rg./Abt.Gruppe, OKW

2/ Kraftf. Lüge,

wohnhaft in ....

Ich bin darüber belehrt worden, daß die mit mir
besprochenen Tatsachen, Schriften, Zeichnungen, Gegenstände
und insbesondere Personennamen, sowie die Tatsache meiner
Verbindung mit der Abwehrabteilung des Oberkommandos der
Wehrmacht oder mit Beauftragten dieser Abteilung Staats-
geheimnis im Sinne des §§ 88-93 des R.St.G.B. (Fassung vom
24.4.1939, R.G. Bl. I, Seite 341 FF) sind, und daß
Mißbrauch oder fahrlässiger Verrat der mir gemachten
Mitteilungen nach den Strafbestimmungen dieses Gesetzes
bestraft werden, sofern nicht andere Strafbestimmungen
zur Anwendung kommen.

Ich verpflichte mich hiermit zu unbedingter
Verschwiegenheit auf L e b e n s z e i t über alle mir
gemachten Mitteilungen. Es ist mir bekannt, daß die mir
ausdrücklich auferlegten Verpflichtungen zur Verschwiegenheit ein Gebot der Reichsregierung des § 92 b, R.St.G.B.
darstellen.

Berlin, den 10. August 1940

v.g.u. Gefr. Alfred Mattick.

g.w.o.

Sonderschweigeverpflichtung für die an dem »Unternehmen Wespennest II« beteiligten
Soldaten.

147

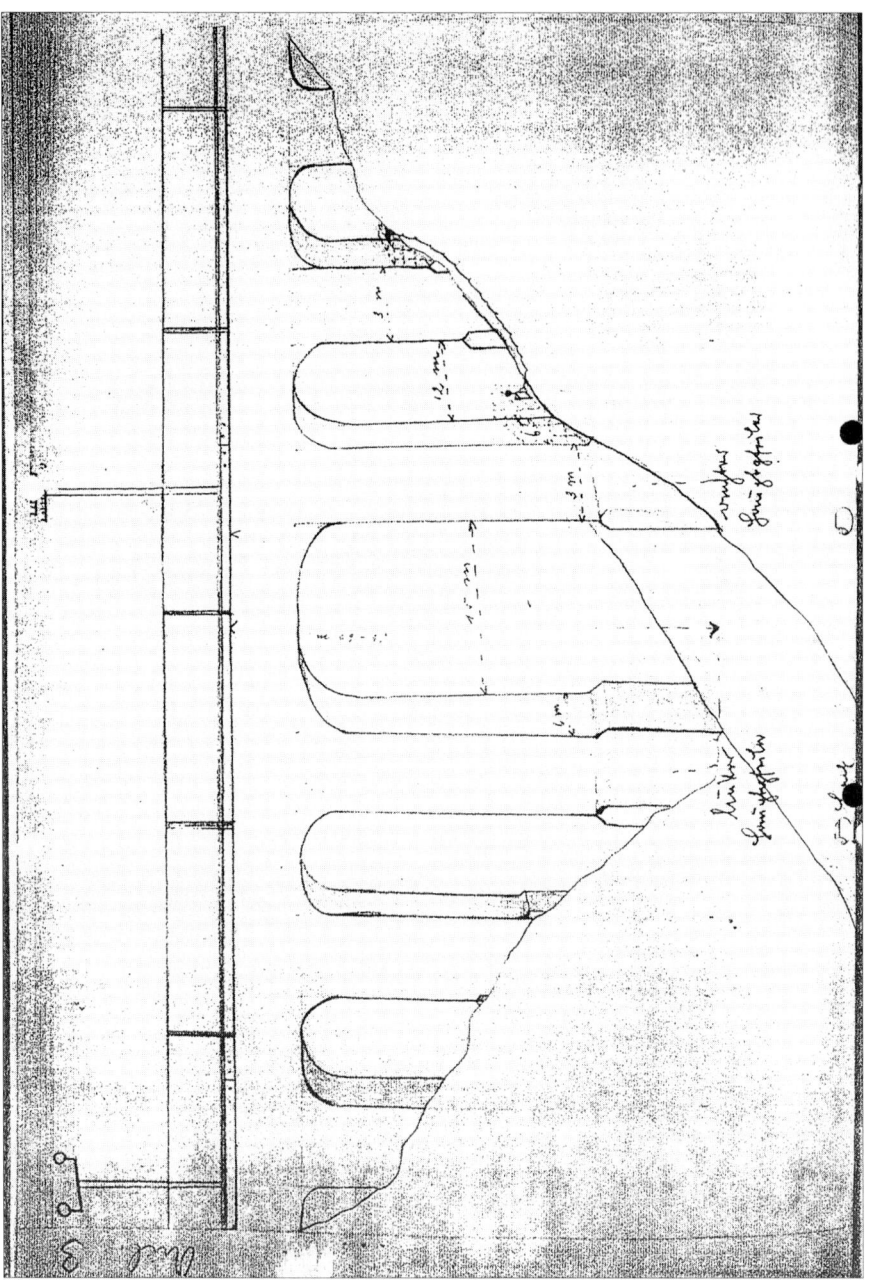

Skizzen des Sprengobjektes des »Unternehmens Wespennest II«.

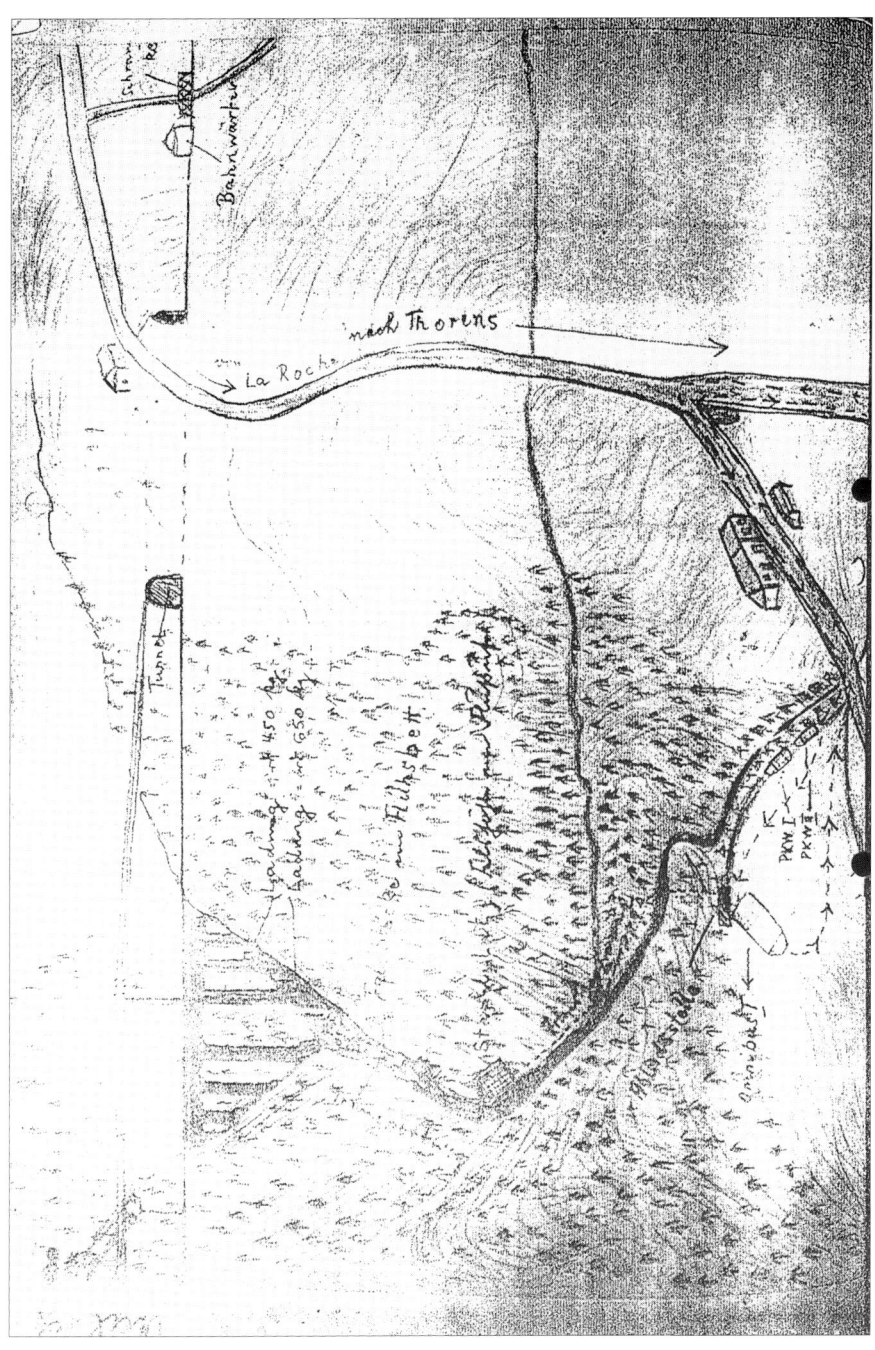

Fernschreibstelle OKW

angenommen:	abgegeben:	101 89
durch am	durch am	
von Uhr	an Uhr	

Verzögerungsvermerk:

Fernschreiben: _____

Dringlichkeits-
vermerk:

An Major H o t z e l

Ast. D i j o n

Bestätigung über Erfolg Bauvorhabens eingegangen.

Glückwunsch und Anerkennung.

Abwehrabteilung roem zwei

Maj
Obstlt.v.Lahousen

SPRUCH OHNE NR+   AN MAJOR HOTZEL
SPRUCH OHNE NR+   AN MAJOR HOTZEL

AST DIJON   BESTAETIGUNG UEBER
AST DIJON   BESTAETIGUNG UEBER

ERFOLG BAUVORHABENS EINGEG A NGEN
ERFOLG BAUVORHABENS EINGEG A NGEN

++ GLEUCKWUN SCH U ND ANERKENNUNG + + ABWEHRABTEILUN G
++ GLEUCKWUN SCH U ND ANERKENNUNG + + ABWEHRABTEILUN G

ROEM+ 2 O BERST LT+ VON LAHOUSEN ++ DURCHGEGEBEN
ROEM+ 2 O BERST LT+ VON LAHOUSEN ++ DURCHGEGEBEN

Nach Aufgabe zurück an:

Abw.II

Abt.: Abw. II

Haus 80   Stockw. Erdg. Zim. Nr. 111   Tel.: 2011

3+9+4 0   2   1   4 2 UHR   SCHLUSS
                    1   4 2 UHR   SCHLUSS

Geheime Kommandosache   2 3 *180*

Amt Ausl/Abw. Chef   Berlin, den 12. 10. 1940

Nr./374/40 Abw.II/LA g.Kdos   6 Ausfertigungen

                                                    5. Ausfertigung

Vortragsnotiz.

Aus dem Bericht eines erprobten V-Mannes geht hervor, daß die
schweizer Regierung in Bern die weitere Ausfuhr für England bestimmter Örlikon-Geschütze über Genf nach Lissabon auf Grund der
Sprengung des Eisenbahnviaduktes an der Bahnstrecke Annecy - La
Roche verboten hat.

Die S-Aktion auf die Eisenbahnstrecke hat also zu einem vollen Erfolg geführt.

Verteiler:

   Chef OKW

   OQ IV Abteilung für Heereswesen

   L

   Abw. II / LA

   Abw. II / L2

   VO bei Heeresgruppe A Major Hotzel

Vortragsnotiz des deutschen Abwehrchefs, Admiral Canaris, über den erfolgreichen Abschluß
des »Unternehmens Wespennest II«.

Ausschnitt aus " The Times " vom 6.9.40

Übersetzung:

Dass die einzige intakte Eisen-
bahnverbindung zwischen der Schweiz
und dem unbesetztem Frankreich durch
eine mysteriöse Explosion unterbrochen worden ist, mag ein Anzeichen
dafür sein, dass ein zielbewusster
Druck auf die Schweiz dahin ausgeübt
wird, dass ihre auswärtigen Verbindungen
nur über Deutschland und Italien gehen
sollen. Der Zweck kann entweder der
sein, Devisen oder Lebensmittel und
Vieh von der Schweiz zu bekommen, oder
der, die Schweiz zu veranlassen, grössere
Bewunderung für die Politik und die
Taten der Axe zu zeigen.

Dear friend

Time: 19.15 g m d = 8.15 Irish Summer time (3 gave me messenger 7.15. g.m.t p.m.

Call g. u. s. t. l.

first of the five letters Hora in any manchen (my first call was g. u. s second g ° s c)

I shall be one v v v v ... de g ü

manner

g u s ha — (figure) — (hur) adf s adf s mg e t mg e l ... ar (simple repetition) an ... grx [sans again] monday 2.h. [End of traffic]

s months to statim g my my system of your code message had somebody is petang at 1916.

Thursday my teams Friday nights was his disturber again busy. 31 started at the second 19.15

Please dispose of the 3 t as you think right.

Many Kummern

+

Brief von Dr. Görtz, seinen Funkverkehr betreffend, an den Hauptvertrauensmann der Abwehr in Irland Jim O' Donovan.

A u f z e i c h n u n g
über die Vorschläge des Gesandten Hempel für
seine Sprachregelung im Falle K.

Gesandter Hempel hat mit Drahterlaß Nr.333 vom
4. Dezember eine hier mit der Abwehr besprochene
Sprachregelung im Falle K. erhalten. Danach sollte
Gesandter Hempel alle aus Berlin gekommenen Mitteilungen über die Anwesenheit des K. abstreiten und betonen,
daß sich auf jeden Fall die Tätigkeit K.'s nicht gegen
Irland habe richten können.

Noch vor Erhalt dieser Weisung hat Gesandter
Hempel mit Walshe gesprochen und seine feste Überzeugung ausgedrückt. daß die Sorge der Irischen Regierung
wegen deutscher Aktivität gegen ihre Neutralität unbe-
gründet sei (Drahtbericht Nr. 442 vom 5. Dezember). Aus
dem Gespräch ergab sich die irische Sorge vor einer
deutschen Einmischung in innerpolitische Verhältnisse
und der Argwohn gegen K. wegen seiner engen Verbindung
zur IRA. Gesandter Hempel hat um Sprachregelung gebeten,
für den Fall, daß er von De Valera auf K. angesprochen
wird.

Mit Drahterlaß vom 6. Dezember über Sonderweg ist
Gesandter Hempel das Einverständnis mit der von ihm geführten Sprache ersklärt worden.

Unter Bezugnahme auf die Weisung vom 4. Dezember
(Drahterlaß Nr. 333) hat Gesandter Hempel am 8. Dezember (Telegramm Nr. 443) berichtet, daß anscheinend De
Valera und das Außenministerium, entgegen einigen Kabinettsmitgliedern, den Fall K. möglichst glimpflich
101364 und

K. bedeutet »Kruse«. Dieses war einer der Decknamen von Dr. Görtz.

154

2

und ohne weitere Folgen zu erledigen suchen.
Gesandter Hempel schlägt deshalb vor, die Gesandtschaft vorläufig weiterhin nach außenhin völlig aus
dem Spiel zu lassen, die weitere Entwicklung abzuwarten und in elastischer Haltung   Festlegungen
hinsichtlich konkreter Umstände des Falles K.
möglichst zu vermeiden.

    Gesandter Hempel bittet jedoch noch einmal um
~~weitere~~ Sprachregelung für einen etwaigen Besuch bei
De Valera. Allein schon die Entsendung eines deutscher
Offiziers, auch wenn er nur gegen England arbeiten
sollte, könnte bei dem Grundsatz, keine Ausnutzung
irischen Territoriums gegen England zuzulassen, als
unfreundliches deutsches Verhalten angesehen werden.
Gesandter Hempel schlägt deshalb vor, De Valera jetzt
hinreichend zu beruhigen, daß sich ein ähnlicher Fall
nicht wiederholen werde und eine Bemerkung über die
bedeutungslose Persönlichkeit K.'s zur Abschwächung
seiner Gefährlichkeit zu machen. Der Gefahr, daß die
Regierung solche Äußerungen der IRA gegenüber im Sinne
eines deutschen Desinteressements ausbützen werde,
könnte Gesandter Hempel begegnen.(Telegramm Nr. 443
vom 8.12.)

    In einem weiteren Gespräch zwischen Walshe und
Gesandten Hempel, XXXX in dem die ernstere Auffassung
des Falles K. durch die Irische Regierung wegen seiner
engen Beziehungen zur IRA, die einen Eingriff in inter
irische Verhältnisse darstelle, deutlich wurde, hat
Wals/he selbst eine offizielle deutsche Erklärung für
101365 dringend

3

dringend wünschenswert gehalten, in welcher die Irische
Regierung sowohl wegen K. wie auch wegen des künftigen
Unterbleibens ähnlicher Aktionen beruhigt werden soll-
(Telegramm Nr. 466 vom 16.12.)

1. Gesandter Hempel schlägt deshalb vor, um eine
angesichts der allgemeinen Lage dringend notwendige
baldige Beruhigung zu erreichen, die Irische Regierung
soweit möglich, offen über die Aufgabe K.'s zu unterrichten, das Ausmaß seiner Bedeutung dabei möglichst zu verkleinern und hinzuzufügen, daß ihm jede
weitere Tätigkeit, besonders solche politischen Cha-
rakters irgendwelcher Art in bezug auf die Einmischung
in irische politische Verhältnisse nicht gestattet
wäre; Wenn die Irische Regierung etwa Anzeichen zu
haben glaubt, daß K. solche ausübte, so könne sich
solche Eigenmächtigkeit nur aus der begreiflichen
Unruhe K.'s infolge seines langen Aufenthalts in Irland ohne eine Rückkehrmöglichkeit erklären;

2. zu sagen, daß K. durch seine Verbindungen zur IRA
diese ruhig gehalten hat.

Nach einem neuen Gespräch mit Walshe hat Gesandter Hempel um sofortige Weisung für eine beruhigen-
de Erklärung gegenüber der Irischen Regierung hinsichtlich K.'s gebeten (Telegramm ohne Nr. vom 16. Dezember) und vorgeschlagen, daß in einer solchen Erklärung betont wird, daß K. keinerlei Aufträge, Verbindung mit der irischen Armee aufzunehmen, gehabt hat.
Dies werde nämlich von der Irischen Regierung angenommen und als besonders bedrohlich empfunden.

Hiermit Herrn U.St.S.Dr. Woermann
weisungsgemäß vorgelegt.

101366

 va 529

Amt Ausl/Abw   Berlin, den 5.5.42
Abt.Z/ZO Nr.299/42gKdos.

                                                50 Ausfertigungen
Betr.: Entsendung von V-Leuten
       nach Irland.   53.Ausfertigung.

                        An

                    Verteiler
                ============

        Die Entwicklung der politischen Lage in Ir-
land zwingt dazu, die Entsendung von V-Leuten nach
dem irischen Freistaat aufs äußerste einzuschränken
bezw. in Fällen dringend notwendiger Einreisen die
größte Vorsicht obwalten zu lassen. Insbesondere muß
unter allen Umständen vermieden werden, daß von Abteilungen des Amtes Ausl/Abw, von Abwehrstellen oder
K.O.'s nach Irland entsandte V-Leute in diesem Lande
mit den deutschen diplomatischen oder konsularischen
Auslandsvertretungen Verbindung aufnehmen, oder die
Vertretungen sonstwie in Anspruch nehmen.
        Das Amt Ausland/Abwehr ordnet daher an, daß
alle Reisen von V-Leuten nach Irland rechtzeitig bei
der Zentralabteilung (Z) anzumelden sind.

Verteiler:
s.Seite 2

                                                30206

Anweisung des Chefs der deutschen Abwehr, Admiral Canaris, über den Einsatz deutscher Agenten in Irland.

157

Geheime Reichssache

T e l e g r a m m
(geh.Ch.V.)

Nur als Verschlußsache
zu behandeln.

Dublin, den 11. August 1942
über Bern, den 17. August 1942 10.30 Uhr
Ankunft: den 17. August 1942 11.00 Uhr

Dublin. Nr. 39₤ vom 11.8.
Bern. Nr. 1396 vom 17.8.

Auswärtiges Amt

Pol. VM 21 70 gRs
Eing. 19. Aug. 1942
Aml. (–foch) Dopp. d. Eing.

Geheime Reichssache.

Für Legationsrat Kramarz.

Höre, dass seinerzeit hier verhaftete und in Festung
Arbour Hill internierte Hermann Goerz sich neuerdings
Vorwürfe macht, und diese äussert, dass seine hiesige
Mission völliger Fehlschlag gewesen sei. Goerz erfreut
sich hier angeblich ausgesprochener Beliebtheit und
bester Behandlung, leidet aber vermutlich unter begreiflicher Depression. Wäre dankbar, wenn ihm bald einige
Worte der Anerkennung übermittelt werden könnten, die
ich an ihn weiterleiten würde. Goerz verdient solche
meines Erachtens in vollem Umfang, da er grösstenteils
unter sehr schwierigen Verhältnissen mit grösstem Einsatz
und Mut und im wesentlichen auch kluge Behandlung seiner
Aufgabe gearbeitet hat.

Hempel.

Koecher

Schreiben des deutschen Gesandten in Dublin, Dr. Hempel, an das Auwärtige Amt.

302084

Geheime Reichsfache

A. Ausl/Abw.   Berlin, den 29. 9. 1941
Nr. 1690/41 g.Kdos Abw.II/W   2 Ausfertigungen.
                        1.Ausfertigung.

Betr.: Irland
Bezug: Dort. Schreiben Nr. Pol. I M 2781 g.Rs vom 17.9.1941

> Auswärtiges Amt
> Pol. I M 2933 g.Rs
> Eing. -3. X. 1941

An   V.A.A.

     Am 17. 9. 1941 traf über abwehreigene Nachrichten-
verbindung von K. eine Nachricht ein, daß er wegen Motorschadens den Versuch, mit Schiff die französische Küste
zu erreichen, aufgeben mußte. Es kann jetzt damit gerechnet werden, daß K. einen erneuten Versuch demnächst unternehmen wird. Aus der gleichen Nachricht ging hervor,
daß offenbar die persönliche Stellung des K. in Irland
sich zunehmend schwieriger gestalte. Offenbar ist bei
den Freunden des K. der Eindruck entstanden, als bestehe
in Deutschland nicht genügend Interesse an der irischen
Frage, da weder die Organisation noch K. persönlich in
den letzten Monaten eine fühlbare Unterstützung seitens
Deutschland erhalten haben.
     Bei dem im Telegramm Nr. 265 erwähnten H. dürfte
es sich um den bisherigen Stabschef der IRA, Stephen
H a y e s , handeln.
     Da die im Schreiben vom 28. 8. 1941 unter Nr. 1690/
41 g.Kdos erbetene Geldüberweisung via Deutsche Gesandtschaft Dublin und K. nach England unmöglich ist, wird
gebeten, die ₤ 500.--- möglichenfalls an K. in Dublin
zum persönlichen Gebrauch im Sinne seines Auftrages
zur Auszahlung gelangen zu lassen. Um entsprechende
Veranlassung bei der Deutschen Gesandtschaft wird gebeten.

                     Im Auftrage:

                                   302008

159

Geheime Reichssache

Oberkommando der Wehrmacht   Berlin, den 1.12.1941
Amt Ausl/Abw.
Abwehrabteilung II
Nr. 25 46/41 g.Rs.Abw.II/Chef   2 Ausfertigungen
                                    Ausfertigung

Auswärtiges Amt
Pol.I 4 346/41 Rs
Eing. 3 XII 1941
Pol.I tot.

Betr.: Abholung des Hptm. Dr. Görtz aus Irland. ( )

An das   555/41   g.Kdos
  Auswärtige Amt
          z.Hd. Unterstaatssekretär W o e r m a n n .

          Nach Kenntnisnahme des Telegramms Nr 420 des
    deutschen Gesandten in Dublin an das Auswärtige Amt und nach Be-
    sprechung mit Herrn Clissmann, wird mitgeteilt, daß Hptm. Dr.
    Görtz nicht nur keinerlei politische Aufträge erhalten hat, son-
    dern ihm ausdrücklich auferlegt wurde, sich jeder politischen Be-
    tätigung zu enthalten.
          Aus der Verbindungsaufnahme mit General O'Duffy
    und den mit diesem geführten Verhandlungen über Gestellung eines
    irischen Militärflugzeugs geht u.a. hervor, daß Hptm. Dr. Görtz
    ohne Rücksicht auf politisch nachteilige Folgen sich verzwei-
    felt um eine neue Transportmöglichkeit zur Abreise nach Deutsch-
    land bemüht, die er nahezu seit Jahresfrist anstrebt. Die Abwehr-
    abteilung II hält es für dringend erforderlich, Hptm. Dr. Görtz
    baldmöglichst mit einem Wasserflugzeug in Nähe der irischen Küste
    abzuholen.
          Es wird gebeten, daß das Auswärtige Amt die Be-
    mühungen der Abwehrabteilung II um Gestellung eines Wasserflugzeu-
    ges durch entsprechende schriftliche Stellungnahme unterstützt.
    Da der Funkverkehr mit Hptm. Dr. Görtz seit Anfang
    dieses Monats abgebrochen ist, kann eine gegenseitige Verständi-
    gung zur Vorbereitung der Abholaktion auf direktem Wege nicht
    stattfinden. Es wird daher ferner gebeten, beim deutschen Gesand-
    ten in Dublin anzufragen, ob die erforderlichen Abreden über die
    deutsche Gesandtschaft getroffen werden können, und welche Mög-
    lichkeiten die Gesandtschaft von sich aus für den Abtransport
    des Hptm. Dr. Görtz sieht.
          Da gemäß früheren Telegrammberichten der deutschen

                                              302030

Gesandtschaft in Dublin mit der Möglichkeit gerechnet werden muß, daß Hptm. Dr. Görtz auch vom englischen Geheimdienst
überwacht wird, ist zur Vermeidung eines unter Umständen auch
politisch folgenschweren Zwischenfalles zu erwägen, ob und
inwieweit die irische Regierung von der Abholaktion in Kenntnis und ihre Mithilfe dabei sichergestellt werden soll, damit
eine englische Einwirkung auf die Überführung vermieden wird.

Der Chef des Oberkommandos der Wehrmac
Im Auftrage:

Schomsen

7.10.40

O K W / Abw. I M

Betr.: Auswirkung Dreierpaktes.

M-K. Brasilien, weisungsgemäss durch Kabel am 29.9.40 nach Auswirkung Dreierpaktes hinsichtlich Kriegsausweitung befragt, meldet am 5.10.40 via Transradio aus Rio :

Sofortige Lagebeurteilung nur über Brasiliens Haltung möglich. Brasilien nimmt offiziell keine eigene Stellung zu Dreierpakt ein, sondern nur in Verbindung mit Auswirkung desselben auf Vereinigte Staaten. Verteilung des Kräfteverhältnisses ist Abstimmung der Generalität mit Heer und Admiralität mit Flotte auf Deutschland, dagegen Aussenminister ganz auf Seiten USA, während Präsident neutral. Endgültige Entscheidung abhängt von diesem Kräfteverhältnis, also Widerstand der brasilianischen Wehrmacht einerseits und Bedeutung der Besprechungen mit USA andererseits. Vertreter Brasiliens in diesem hat den Auftrag, auf alle Fälle Brasiliens Neutralität zu erhalten.

Ast Hamburg B.Nr.7014/40 I M geh. 12.10

G

II) zurück an I M

Heeres=Fernschreibnetz

23.11.40.

Angenommen	weiter an	Datum	Uhrzeit	R.-Nr.	durch
von: _____					
_____					
durch: _____					
Verzögerungsvermerke:					

Vermerke der Fernschreibstelle

Fernschreiben

Geheim!

Dringlichkeitsvermerke:

Fernspr.-Nr. des Auflieferers:

O K W / Abw. I M
Anbleitstelle Paris
Ast Bremen

Betr.: feindl. Schiffsverkehr.

M-K. Brasilien vermittelt durch Kabel vom 22.11.4o Meldung
des A.3133 aus Kanalzone :

     In Nacht vom 14. zum 15.11. liefen durch Panamakanal
23 engl. Schiffe mit Bestimmung Australien, unter diesen befand
sich vermutlich auch D. "Queen Mary" (81.235 BRT). 2

               Ast Hamburg B.Nr.1oo25/4o I M geh.

zurück an I M

Wehrkreisdruckerei X Hamburg 13

163

19.3.1941	Heeres-Fernschreibnetz					
Aufgen. den	Weiter an	Tag	Uhrzeit	R.-Nr.	durch	Dringlichkeitsvermerk:
um Uhr						
von Lfg.						Verzögerungsvermerk:
durch						
Fernspruch						Fernsprech-Nr. des Auflieferers:
Fernschreiben						286

Geheim!

I.)   OKW.A.Ausl./Abw.(I M)

Betr.: Südamerika.

Ast X meldet erfolgreiche Herstellung
Funkverbindung mit M-K Brasilien am
19.3.41 um 04.00.

M-K meldet Beschaffung engl.Ebbe-Flut-Tabellen
aus Archiv brasil. Admiralität.

Tabellen,in wichtigsten Teilen fotografiert, befinden sich wieder im Archiv.
Negative mit nächster Lati-Post.

                    Ast Hamburg B.Nr. 1402 /41 I M g

    II.) Zurück an I M.

Meldung über die Aufnahme der Funkverbindung mit dem Meldekopf Brasilien.

164

Entwurf

Heeres-Fernschreibnetz

Dringlichkeitsvermerk:

Verzögerungsvermerk:

Fernsprech-Nr. des Ausliefrers: 166

Aufgen., den ___ Uhr

Ltg.-

von

durch

Gespräch
Fernschreiben

An

Weiter an | Tag | Uhrzeit | N.-Nr. | durch

Beamet der Schreibstube

Abwehrstelle Kiel, Ref. I M

K i e l

Spruch Nr. 011 von Lucas abgegangen 31.5. 0000 aufgenommen 31.5. 21.32 Uhr

Engl. Motors. Paroo heute morgen 7.00 Uhr von Buhia

hier angelaufen + Einzelheiten am Montag + Spruchende.

Abwehrstelle im Wehrkreis X
B.Nr. 262/41 II geh.

31.5.41 23.45 Uhr

Copies of reports from "Lucas" in Bahia.
ABWEHRNEBENSTELLE, Bremen.

12.7.41   Heeres-Fernschreibnetz **Entwurf!**

Aufgen., den		Weiter an	Tag	Uhrzeit	N.-Nr.	durch	Dringlichkeitsvermerk:
um	Uhr						**SSD**
von	Ltg.						Verzögerungsvermerk:
durch							
Fernspruch							Fernsprech-Nr. des Ausliefeters:
Fernschreiben							**286**

```
            I.)   A.Ausl./Abw. I M
                  Astleitstelle Paris
                  Ast W'haven
                  Ast Kiel
                  Nest Bremen.
                  ---------------------
```

Betr.: amerik.Kriegsmarine.

Bezug: Ast X FS B.Nr. 4132/41 I M g v.10.7.41.

MK-Brasilien meldet am 11.7. durch Funk:

```
            zu gemeldetem USA-Flottenverband in Bahia
            gehören auch Kreuzer "Cincinnati" und
                          Zerstörer "Warrington".
            Verband wird als "Patrouille der Neutralität"
            bezeichnet.
```

```
                        Ast Hamburg B.Nr. 4142/41 I M g  9.50
                        -------------------------------------
```

```
            II.) Zurück an I M
```

Es müßte hier heißen »Funkmeldekopf«.

Heeres-Fernschreibnetz **Entwurf!** 144

Aufgen., den		Weiter an	Tag	Uhrzeit	R.-Nr.	durch	Dringlichkeitsvermerk:
um	Uhr						SSD
von	Lfg.						Verzögerungsvermerk:
durch							
Fernspruch							Fernsprech-Nr. des Ausliefers:
Fernschreiben							286

I.)
A.Ausl./ Abw I M
Astleitstelle Frankreich
Ast B'haven
Nest Bremen

Betr.: feindl.Schiffsverkehr.

FMK brasilien meldet am 25.9.:

am 23.9. aus Recife für Süd-Atlantik-Patrouille

USA-Kreuzer "Milwaukee"
USA-Zerstörer "Warrington"

am 24.9. in Recife ein

USA-Kreuzer "Omaha"
USA-Zerstörer "Somers"
~~auslaufen neben~~ Marine-Tanker "Kaweah"

gingen langsut?

Ast Hamburg B.Nr. 5698 /41 I K g.

II.) Zurück an I M

Funkspruch von »Lukas«.

| 16. 2. 1942 | | Heeres=Fernschreibnetz | | | | | Entwurf! |

Aufgen., den	Weiter an	Tag	Uhrzeit	R.-Nr.	durch	Dringlichkeitsvermerk:
um ___ Uhr						S
von ___ Ltg.						Verzögerungsvermerk:
durch						
Fernspruch						Fernsprech-Nr. des Ausliefers:
Fernschreiben						549

1.) A. Ausl. Abw. IM

2.) Ast W'haven

3.) Nest Bremen

Mit Anschriftenübermittlung

-.-.-.-.-.-.-.-.-.-.-.-.-.-.-.-.-.-

Betr.: Brasilien

FMK Brasilien meldet am 15. 2.:

Lage in Rio gespannt. Haussuchungen und Verhaftungen sind häufig, ausserdem fieberhafte Suche nach Geheim=sendern.

Ast Hamburg, B.-No. 723/42 IM g. 1045

zurück an IM

Heeres-Fernschreibe**ntwurf!**

26.2.1942

Aufgen., den	Weiter an	Tag	Uhrzeit	N.-Nr.	durch	Dringlichkeitsvermerk:
um .... Uhr						*SSD*
von .... Lfg.						Verzögerungsvermerk:
durch						
Fernspruch						Fernsprech-Nr. des Auflieferers:
Fernschreiben						549

I.)   A.Ausl./Abw. I M

II.) Astleitstelle Frankreich

III.) Ast Wilhaven

IV.) Nest Bremen.

      mit Anschriftenübermittlung.

Betr.: USA.

F!K-Brasilien meldet am 25.2.:

      In Baltimore liegt gegenüber Schuppen 68 ein
neues Schlachtschiff von 47 000 tons welches
am 10.3. in Dienst gestellt werden soll.

                       Ast Hamburg B.Nr. 892/42 I M g

V.) Zurück an I M

170

7.3.1942   Heeres=Fernschreiben**Entwurf!**

	Weiter an	Tag	Uhrzeit	R.=Nr.	durch	Dringlichkeitsvermerk:
Aufgen., den _____ um _____ Uhr von _____ Ltg. _____ durch						S 〰️
						Verzögerungsvermerk:
Fernspruch Fernschreiben						Fernsprech-Nr. des Ausliefeters: 549

```
I.)     A.Ausl./Abw. I M
II.)    Astleitstelle Frankreich
III.)   Ast W'haven
IV.)    Nest Bremen
        mit Anschriftenübermittlung.
```

FTX-Brasilien meldet am 6.3.:

im Januar flogen von Natal nach Afrika
48 Flugzeuge Typ 1317 B, Bewaffnung
je 5 MG Kaliber 12,5 mm, und 6 Flugzeuge
Typ 1324 mit Kanonen bestückt.

<u>Zusatz Ast X</u>: Die Typenbezeichnung
soll vermutlich lauten: B 17 E bezw.
B 24.

<u>Ast Hamburg B.Nr.</u>   1022/42 I M g

v.) Ast X I T/Lw hat.
VI.)Zurück an I M

Marinenachrichtendienst

3317

Eingegangen	Betr. an	Tag	Uhrzeit	Rolle	durch
31.1.	Atto	WOKP	31.1	1015	11/5	
	HTk	31.1	1020	1/5	
von durch b...	HWP	31.1	1050	4/5	

Beзügeнungsvermerk

Fernschreiben von

A-Fernschreiben an OKW Abw.röm. eins M, Berlin
nachr. an Ast Hamburg
nachr. an Ast W'haven

Geheim!

F 2034 meldet per Funk aus Rio unterm 28.Januar:

"Erfahre, dass Polizei alle Radiogeräte von Angehörigen der Achsenmächte beschlagnahmen wird. Muss eventuell umziehen. Vorschlage
zwei Wochen Funkstille, bis sich erste Spionenpsychose gelegt hat.
Versuche, Einzelheiten zu erfahren."

Fernmündlich voraus an Abw.IM Berlin.

Abwehrnebenstelle Bremen, B.Nr. g.471/42/Ig

Uhr

Kriegsmarinewerft Wilhelmshaven
85000x100 BC 6.39 1074323

Heeres=Fernschreibnetz   01.02.42

	Wetter au	Tag	Uhrzeit.	R.-Nr.	durch	Dringlichkeitsvermerk:
Aufgen. den						
um ... Uhr						
von ... Pla						Verzögerungsvermerk:
durch						
Fernspruch						Fernsprech-Nr. des Auslieferers:
Fernschreiben						166

Berlin Entwurf

I)   1.) O.K.W. / A.Ausl. Abw. I M / A

            2.) D S V - G Hamburg

                         mit Anschriftenübermittlung

Betr. Wetter Südamerika

F.K Brasilien meldet am 31.01.:

Wetterbericht vom 31.01. Auswertung amtl. meteorolog. Karten:

     Hoch - westlich von Mittelchile konstant,

     Tief - suedl. von Feuerland fortschreitend nach

          oestl. von Feuerland.

Voraussage bis 01.02. - 06.00 MEZ:

     Rio : gutes Wetter lokale Gewitter, Temperatur

         gleichbleibend hoch, leichte Winde.

     Suedstaaten - Sao Paulo unbestaendig mit Regen,

Übrige Suedstaaten gut aber bewoelkt, Winde von Sued/Ost bis

Nord/Ost mit kuehlen Stroemungen.-

               Ast Hamburg B.-Nr. 534 / 42 I M g

II) zurück an I M

Beispiel für eine Wettermeldung aus Brasilien.

2. 2. 1942		Heeres=Fernschreibnetz				
Aufgen., den	Weiter an	Tag	Uhrzeit	R.-Nr.	durch	Dringlichkeitsvermert:
um Uhr						SSD
von Ltg.						Berzögerungsvermert:
durch						
Fernspruch						Fernsprech-Nr. des Aufliefers:
Fernschreiben						549

1.) A. Ausl. Abw. IM

2.) A.t Wilhven

3.) Nest Eri.on

Mit Anschrift.nübarmittlung

—.—.—.—.—.—.—.—.—.—.—.—.—.—.—.—

Betr.: Brasilien

F.K.Brasilien meldet am 1. 2.:

Zahlreiche Verordnungen gegen Achsenangehörige, in
jedem Bundesstaat anders. Benutzung der Achsensprache in Wort und Schrift ausser Hause verboten.
Durch Gesetz wurde Aufhebung der Freizügigkeit und
Ablieferung von Waffen verfügt.

Agt Hamburg, B.-No. 541 /42 IM g.

zurück an IM

Marinenachrichtendienst

3548

| Eingegangen | 2.12. | 1645 | durch | BR |

Weiter an	Tag	Uhrzeit	Rolle	durch
1) WOKA	2/2	1840	I/5	Chi
2) HHH3	"	1830	I/5	Son
3) MWAW	"	1930	II/5	Chi

Bezugsvermerk

Fernschreiben von

A-Fernschreiben an O.K.W. Abw. Röm. eins M, Berlin,
1) nachr. an Ast Hamburg
2) nachr. an Ast W'haven.

Geheim!

F 2361 meldet aus Quelle Rio de Janeiro vom 30.Januar:

"Die Polizei hat 21 führende Mitglieder der Grünhemden-Partei verhaftet. Der Führer dieser Partei ist Plinio Salgado, der sich zur Zeit in Lissabon im Exil befindet. Unter den Verhafteten befindet sich der Hauptmann des Heeres Alquerque und auch seine Gattin. Es sollen wirk bei ihm zahlreiche Gewehre beschlagnahmt worden sein."

Fernmündlich voraus an Abw. Röm. eins M, Berlin.

Abwehrnebenstelle Bremen, B.Nr. 6111/42/Ig

Uhr
JS

Outgoing ABWEHR reports from NESt Bremen, concerning U.S.A. & South America from 24 Jan. 1942 to 5 Nov. 1942

15.2.42   Heeres-Fernschreibnetz   Entwurf?

	Weiter an	Tag	Uhrzeit	R.-Nr.	durch	Dringlichkeitsvermerk:
Aufnen., den						SSD
um	Uhr					Verzögerungsvermerk:
von Ug.						
durch						
Fernspruch						Fernsprech-Nr. des Auflieferers:
Fernschreiben						156

```
1.)    A.Ausl./Abw. I M
2.)    Astleitstelle Frankreich
3.)    Ast W'haven
4.)    Nest Bremen
mit Anschriftenübermittlung
```

Betr.: Feindl.Schiffsverkehr.

FMK Brasilien meldet am 14.2.:

Geheimroute aller für USA auf Südamerika

fahrenden Handelsschiffe: Nach Verlassen

Nordküste Brasiliens innerhalb Territorial-

gewässer von Cayenne bis Caracas, dann direkt

nach der Strasse zwischen Cuba und Haiti, dann

direkt nach Charleston Hatteras und jetzt zwo

Meilen innerhalb der Leuchtschiffe bis Baltimore.

Ast Hamburg B.Nr. 713/42 I M

Bitte

zurück an I M

176

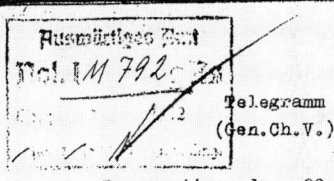

Telegramm
(Gen.Ch.V.)

Buenos Aires, den 29. März 1942   18.28 Uhr
Ankunft: "   30.   "   "   2.40   "

Nr. 920 vom 29.3.42   C i t o !

Für O.K.W. Abwehr eins M.
Für Stein Geheim. Anschluss 51 g Kommandosache.

 1.) Botschaft bat in meinem Namen Auswärtiges
Amt um E uere Unterrichtung über ihr Telegramm Nr.915
vom 28. März. In dem Namen weiterer in Rio de Janeiro
verhafteter Personen angegeben. Bitte wegen Meyer
(Firma Stoltz) und Muth auch Ausland IV unterrichten.

 2.) Zeitungsnachricht United Press aus Rio de
Janeiro vom 28. März: Als Chef deutscher Nachrichten-
zentrale in Rio de Janeiro wird von brasilianischer
Polizei Däne Niels Christiensen bezeichnet.Dieser war
Chef Funkdepartements der deutschen Admiralität und
verfügte über Hunderte von Spionen in USA, England,
Brasilien, Argentinien, Uruguay, Afrika und anderen+)
sowie an B rd alliierter Handelsschiffe. Mit seiner
Verhaftung und der von 200 Komplicen Organisation
zerstört, die für Schiffsversenkung im N rd- und
Südamerika Atlantic verantwortlich.

 Polizei beschlagnahmte Geheimkode der deutschen
Marine, benutzt für Verbindung Rio de Janeiro, Berlin.
Dampfer Hermes habe 1941 Reise von B rdeaux nach
Rio de Janeiro zu ausdrücklichem Zweck gemacht,
Christiensen ins Land zu bringen.

 Polizei fand im Besitz von Christiensen Text
der Instruktionen der deutschen Admiralität be-
züglich gewünschter Nachrichten: Einschiffung von
Mineralien von Südamerika nach USA, Kanada und England.
Schiffahrt zwischen USA und Rotem Meer, (Gr. verst.)...
Ladung, Tag Auslaufs, Bestimmungshafen und Fahrtroute.
Flaggenwechsel von Schiffen. Angabe, ob einzelne Fahrt

         oder

fehlt eine
Gruppe ?

355193

H. Graf
H. Geyer   nzeyer
H. Stein   H. Litter

177

- 2 -

oder im Konvoi. Ferner wichtige Angaben über Passieren von
anderen Schiffen (Nationalität, etwaiger Signalwechsel).
Bezüglich Reise nach Rotem Meer auch bis 3 Monate (Gr.
verst.).... Nachrichten von Ungehörigkeiten. Kontrollen bei
Eintritt ins Rote Meer, Benutzung des Kanals von Mozambique
oder der Route um Madagaskar, Verwendung eines Speziallotsen.
Sichten von Kriegsschiffen (Nationalität Schiffsort).
Rückfahrt-Routen. Frage, ob Minen um Trinidad. Neutrale
Kriegsschiffe in allen Häfen und ihre Bewegungen. Angaben
über USA Luftstreitkräfte in Südamerika, über Zivilfliegerei
und Tarnung der Flugzeuge. -

Marineattaché 188 geheim.

Meynen.

355194

zu Pk.5 Nr. 8189 /Rx

A.Ausl.Abw.IM/A
B.Nr. 20420 Sp   Geheim!   Berlin,den 31.3.42

In
    Ausl.   2 x
    I Luft   4 x
    I Wi   2 x
    Abw.II   2 x
    Abw.III   2 x
    ZKV   1 x

V-Mann der Nest Bremen meldet:Die Zeitung "Informaciones" ist in Rio
eine Sp.-Zentrale ausgehoben.Es sind verhaftet die Deutschen
Friedrich Kempter, Rudolf Heiner und der Ungar Josz Nagy. Es wurden
Geheimsender gefunden, mit denen Berichte über Bewegung deutscher
Schiffe in Hafen Rio nach Deutschland weitergegeben wurden. Die
Organisation soll sich auf ganz Südamerika erstrecken.Ferner wurden
in New Jersey und New Haven umfangreiche Verhaftungen vorgenommen,
u.a. der frühere Trainer des Boxers Schmeling,Henry Kohlhart.
At Hamburg hat.
Bremen 652   Im Auftrage

355206

A. Ausl. Abw. IM/A　　　　　　Berlin, den 13. April 1942
B.Nr.: 21 383/42

G e h e i m !

An

Ausland　　　　2 x
I Luft　　　　　2 x
I Wi/KO　　　　2 x
Abw.III　　　　2 x
I G　　　　　　1 x
I i　　　　　　1 x
V.A.A.　　　　 1 x
Ast Hamburg　　2 x
Ast Kiel　　　 1 x

Im Folgenden wird Auszug einer Meldung des Mar.Att. Buenos Aires
weitergegeben, die dieser durch Schlüsseltelegramm aufgrund von
getarnten Briefen des Mil.Att. in R i o erstattet hat:

1.) " Grillo" Nacht 6./7. verhaftet, aber nichts gefunden.
Versuche, Netz wieder aufzubauen.

2.) Presse Rio veröffentlichte 6.IV. erstmalig nähere Angaben über " Humberto ", ferner, dass " Stein " Deckname für O.K.W., das durch " Christiensen " und
" Kempter " direkte Verbindung mit Rio hatte. Hörte
vertraulich, dass sie 6 Funksprüche an Vorgenannte
aufgenommen und entziffert hat. Dieser Schlüssel, sowie
Tinten und Entwickler Polizei bekannt.

Mar.Att. 59 g Kdos."

Im Auftrage

355223

Arbeitsexemplar

Auswärtiges Amt
Pol. III (Ala.) *2965*
Eing. 21. APR. 1942
Aut-f (ach) / Bepp. d. Ring.

T e l e g r a m m

(Geh.Ch.V.)

Buenos Aires, den 20. April 1942 – 17.47 Uhr
Ankunft: " 21.   "   1942 – 1.05 Uhr

Nr. 1198 v. 20. 4.

    Für O.K.W.Abwehr I.

    Im Anschluß an Nr. 217 geheim Ziffer 2 .

          Zeitungsmeldung R. aus Rio de Janeiro
16. April .. .   .. Christiensen machte Polizei
.Enthüllungen. War bei Öffnung Schließfaches im
Banco Mercantil zugegen. Darin interessante Dokumente,
u.a. Kopien der Radiomeldungen, die C. nach Deutschland gefunkt hatte. Mit Dechiffrierung wurde begonnen.
Ferner darin Betrag 1000 Konto, die C. wahrscheinlich aus Deutschland erhält, um vorhergesehene Reisen
zu bestreiten.
                    Marineattaché 249 geheim.

                    Meynen.

Vermerk:

Durch Fernschreibstelle an O.K.W.-G.-
Schreiber weitergegeben.
Tel.-tr.,den 21. 4. 42

```
A.Ausl.Abw.IM/A
B.Nr. 24769 Sp              Geheim!              Berlin,den 6.5.42
```

ORB Ausl Meldesammelstelle

Eingang ..../....... Uhr/........ Anl.

Hauptreferent:

Ferner haben Nebenabdruck:

```
                An
                Z.K.V.
                III/West
                I Wi
                I Luft
                Ausland
                Abw.III
                Ast Hamburg
                Ast Kiel
                Nest Bremen
                Nest Köln
```

Mar.Att.Buenos Aires gibt den Inhalt eines Tarnbriefes seines
Gehilfen in Rio vom 30.4. wie folgt weiter:
"Obwohl direkte Beweise nicht vorliegen,zieht sich Netz um
Alfredo durch Geständnisse Clastuy (Clasen?) Christiensen und
zum Teil wohl durch nachträgl.entzifferte Sprüche immer mehr
zusammen. Starke Freunde mit Nachdruck an Arbeit mit Ziel Frei-
lassung, Erfolg wird jedoch immer problematischer.
Neue Verhaftungen: Engling, Thiel, Schlegel.
Mar.Att.76 gKdos.

                                              Im Auftrage

355253
```
```

Dalila v. Doderer
Diplom-Übersetzerin

Öffentlich bestellte
und allgemein beeidigte
Übersetzerin für die
portugiesische Sprache

Böhmerwaldstr. 45
D-85737 Ismaning
Telefon- und Fax-Nr.
(089) 96 96 76

Ü B E R S E T Z U N G

Hohes Oberstes Militärgericht

HANS KURT WERNER MEYER-CLASON erscheint vor diesem

hohen Gericht, vertreten durch seinen unterzeichneten Rechtsanwalt,

um gegen das Urteil Revision einzulegen, mit dem ihn das aufgelöste

Gericht für Nationale Sicherheit am 1. Oktober 1942 schuldig im Sinne

des § 21 in Verbindung mit § 67 des Gesetzesdekrets Nr. 4766 gespro-

chen hat.

Er stützt die Revision auf das Gesetzesdekret Nr. 8186 vom 19. No-

vember 1945, welches das Sondergericht aufgelöst und dessen Zustän-

digkeiten dem Hohen Obersten Militärgericht übertragen hat, sowie auf

§ 324, Absatz c der Militärstrafprozeßordnung, dessen Inhalt lautet:

> § 324 „Das Rechtsmittel der Revision ist zulässig ...
>
> c) wenn das Urteil auf einer Verletzung des Ge-
> setzes beruht."

Hohes Gericht

Der Beschwerdeführer hebt zunächst hervor, daß er in erster Instanz

freigesprochen, dieses Urteil aber in zweiter Instanz von dem mittler-

weile aufgelösten Gericht für Nationale Sicherheit in erstaunlicher

Mißachtung der Urteilsgründe aufgehoben wurde.

Der Beschwerdeführer stellt daher den Antrag, das Urteil der zweiten

Instanz aufzuheben und das erstinstanzliche Urteil des Richters Pereira

Braga wieder in Kraft zu setzen.

Revisionsantrag von Meyer-Classon gegen das gegen ihn ergangene Urteil des Gerichtes für
»Nationale Sicherheit« vom 1.10.42. Seinem Revisionsantrag wurde stattgegeben.

2

Hohes Gericht

Der Beschwerdeführer wurde auf Grundlage des Gesetzesdekrets Nr. 4766 verurteilt, das in seinen § 67 besagt:

„ Dieses Gesetz tritt im Falle von Verbrechen gegen die äußere Sicherheit ab dem Datum des Abbruches der diplomatischen Beziehungen mit Deutschland, Italien und Japan rückwirkend in Kraft.“

Das rückwirkende Inkrafttreten des Gesetzes ist somit an ein bestimmtes Datum gebunden, d.h. an das Datum des Abbruches der diplomatischen Beziehungen Brasiliens zu den Achsenmächten, mithin an den

28. Januar 1942.

Wie den Unterlagen (Bl.) zu entnehmen ist und das beigefügte Dokument beweist, wurde der Beschwerdeführer

am 29. Januar 1942

inhaftiert.

Daher steht unwiderleglich fest, daß er eine Straftat im Sinne des Gesetzesdekrets Nr. 4766, wie sie ihm zur Last gelegt wird, im Zeitraum

   — zwischen dem Nachmittag des 28. Januar 1942 und

   — dem Morgen des 29. Januar 1942, dem Tag, an dem er von der Polizei in Rio Grande do Sul (in Porto Alegre) verhaftet und verhört wurde,

begangen haben müßte.

Als Tatzeit für die ihm zur Last gelegte Straftat kommt somit nur die klar begrenzte Frist vom 28. bis 29. Januar 1942 in Frage.

Eben diese Zeitspanne unterstellt auch das zweitinstanzliche Gericht als Tatzeit der dem Beschwerdeführer zulastgelegten Straftat. Die Verurteilung in zweiter Instanz gründet auf der entscheidenden Voraussetzung, daß die Tat

3

zwischen dem 28. und 29. Januar in Recife, der Hauptstadt von

Pernambuco,

verübt wurde. Allein wegen Straftaten in Recife wurde der Beschwerdeführer in der zweiten Instanz angeklagt und verurteilt.

Hohes Gericht

Aus den Akten und den beigefügten Dokumenten geht hervor, daß der
Beschwerdeführer am 29. Januar 1942 von der Polizei in Porto Alegre
verhaftet wurde. Die ihm angelastete Straftat hingegen mußte:

    a) zwischen dem vom 28. und 29. Januar 1942,

    b) in Recife, der Hauptstadt des Bundesstaates Pernambuco,
       begangen worden sein.

Um die Tat zu begehen, hätte der Beschwerdeführer somit während der
Nacht vom 28. auf den 29. Januar 1942 von der entlegenen Hauptstadt
des Nordostens bis nach Porto Alegre transportiert werden müssen.

Hohes Gericht

Bekanntermaßen beträgt die Entfernung zwischen Recife und Porto
Alegre nicht mehr und nicht weniger als 3800 km. Der Beschwerdeführer hätte deshalb nur dann am 28.01. die Straftat in Recife begehen und
am 29. in Rio Grande do Sul sein können, wenn er sich in der alten
Stadt Mauricía in Richtung der Provinz S. Pedro an Bord einer Rakete
begeben oder die Flügel des Blitzes genutzt hätte.

Diese Vorstellung ist so phantastisch, daß wir sie als bewiesenen Sachverhalt eher akzeptieren würden, wenn sie der Vorstellungskraft eines
Jules Verne und nicht den juristischen Formulierungen eines mittlerwei-
le aufgelösten Gerichts für Nationale Sicherheit entsprungen wäre...

Nachdem somit die physische Unmöglichkeit der Ausübung einer
Straftat im Sinne des Gesetzedekrets Nr. 4.766 durch den Beschwerdeführer bewiesen wäre, könnte er gut Abstand davon nehmen, den ihm
zur Last gelegten Sachverhalt zu überprüfen, auf den sich das Urteil

4

des aufgelösten Gerichts stützt, den das Urteil aber nur andeutungswei-
se darlegt. Die Darstellung des Sachverhalts ist derart substanz- und
haltlos, daß der Beschwerdeführer sie ohne Schwierigkeit widerlegen
könnte. Im übrigen sei daraufhingewiesen, daß seine Erklärungen in
den Folterkammern der politischen Polizei von Rio Grande do Sul auf
Befehl von Herrn Ernani Baumann während der Diktatur erpreßt wurden, und der Beschwerdeführer angeklagt und verurteilt wurde, ohne
jemals einem Richter vorgeführt worden zu sein.

Hohes Gericht

Der Beschwerdeführer fürchtet nicht, sondern wünscht im Gegenteil
eine gründliche Untersuchung des Sachverhalts, auf dem das Urteil
beruht. Dennoch beschränkt er sich darauf, folgendes festzuhalten:

1. daß die angeblichen Dokumente von Blatt 139 bis 236, die in Wirklichkeit eine einfache Handelskorrespondenz darstellen, im Einklang
   mit dem Urteil „alle aus den Jahren 1940 und 1941" (siehe Wortlaut
   de Urteils) stammen;

2. daß der erstinstanzliche Freispruch des Richters Pereira Braga eben
   diese Feststellung stützt, daß die angeblichen Aktivitäten des An-
   tragstellers, die sich niemals gegen Brasilien oder seine äußere Sicherheit gerichtet haben, vor dem Abbruch der diplomatischen Beziehungen, das heißt vor dem Datum des rückwirkenden Inkrafttretens des Gesetzesdekrets 4766 stattfanden;

3. daß von Seiten der Staatsanwaltschaft kein neues Beweismitteln in
   die Berufungsverhandlung eingebracht wurde, das eine Aufhebung
   des erstinstanzlichen Freispruchs gerechtfertigt hätte;

4. daß laut den Ergebnissen des polizeilichen Verhörs der wegen Aktivitäten in Pernambuco angeklagte Antragsteller diesen Bundesstaat
   im Februar 1940 verlassen und seit dem Jahre 1941 Rio Grande do
   Sul nicht mehr verlassen hat;

5

5. daß nicht nachvollziehbar ist, warum das zweitinstanzliche Urteil Teile von Aussagen heranzieht, ohne sich an deren Daten zu halten, die im Verhör mit so viel Genauigkeit festgehalten wurden und welche die Zeit der vermeintlichen Aktivitäten, die in Pernambuco ausgeübt wurden, auf November 1939 bis Februar 1940 festgesetzen;

6. daß offenkundig ist - und zwar als unanfechtbare wie als unangefochtene Tatsache, die im polizeilichen Verhör anerkannt wurde -, daß dem Antragsteller lediglich Taten zwischen 1940 und 1941 zu Last gelegt werden - also für eine Zeit ein Jahr vor dem Datum des rückwirkenden Inkrafttretens des Gesetzesdekrets Nr. 4766;

7. daß der Richter der 1. Instanz eben dies feststellt, wenn er ausführt, daß „der Bericht über jenes Verfahren ihm lediglich eine Verletzung des Gesetzesdekrets Nr. 1561 vom 2. September 1939 vorwirft, die aber keine strafrechtliche Sanktionen nach sich zieht.

Hohes Gericht

Angesichts des dargelegten Sachverhalts ist anzuerkennen,

– daß das zweitinstanzliche Urteil auf einer Verletzung des Gesetzes beruht,

– daß der Beschwerdeführer ein Opfer unbilliger Justiz ist und schon seit mehr als fünf Jahre in einem Gefängnis eine Straftat verbüßt, die er nicht begangen hat und

– daß er deshalb ein gerechtes Urteil verdient, das er hiermit von den Richtern des Militärgerichts erbittet.

Dies wird beantragt

Rio de Janeiro, am 9. Juli 1947

gez. Prof. Alcebiades Delamare Nogueira da Gama

E N D E   D E R   Ü B E R S E T Z U N G

```
31.1.41          Heeres-Fernschreibnetz          Entwurf!

Aufgen., den.        Weiter an   Tag  Uhrzeit  R.Nr.  durch   Dringlichkeitsvermerk:
um            Uhr                                                    S
von      Ltg.                                                  Verzögerungsvermerk:
durch
Fernspruch                                              Fernsprech Nr. des Auslieferers:
Fernschreiben                                                        549
```

I.) A.Ausl./Abw. I M
     Ast "haven
     Nest Bremen.
     -.-.-.-.-.-.--.-.

Betr.: Feindl.Schiffsverkehr.

MK-Argentinien meldet am 30.12. via FMK-Brasilien:

           25.12. in Baires von England:
                  engl.Kühlschiff" Viking Star" 6445 BRT
           26.12. in Baires von Cardiff:
                  engl.D."Saltersgate" 3940 BRT
           26.12. aus Baires für New York:
                  amerik.D."Brazil" 20 614 BRT
           26.12. aus Baires für Rio:
                  norweg.D."Scobeli" 3025 BRT
           26.12. aus Bahia Blanca für USA:
                  amerik.D."Nemaha" 6501 BRT
                           Ast Hamburg B.Nr.   7429/41 I M R

           II.) Zurück an I M

Beispiel für eine Meldung aus Argentinien, die noch 1941 über den FMK Brasilien nach
Deutschland abgesetzt werden mußte.

Aufgen., den		Weiter an	Tag	Uhrzeit	N.-Nr.	durch	Dringlichkeitsvermerk:
um	Uhr						
von	Lfg.						Verzögerungsvermerk:
durch							
Fernspruch							Fernsprech-Nr. des Anlieferers:
Fernschreiben							286

17.4.41 Heeres-Fernschreibnetz   Geheim!

18/4. 41

I.) A.Ausl./Abw.(IM)

Betr.: Südamerika.

Ast X meldet erfolgreiche Herstellung
Funkverbindung mit IK-Chile (Condor)

Ast Hamburg B.Nr.2082/41 I M R 12.45

II.) Ast X I i hat.
III.) Zurück an I M

Copies of reports from Agent(FMK)
in Chile. ABWEHRNEBENSTELLE, Bremen.

Erst im April 1941 gelang es offenbar, eine Funkverbindung zum Netz »Condor« in Chile herzustellen.

Beispiel für eine Meldung aus Equador, die noch 1942 über den FMK Brasilien nach Deutschland weitergegeben werden mußte, weil es offenbar keine Funkverbindung zwischen den deutschen Agenten in Ecuador und dem Reich gab.

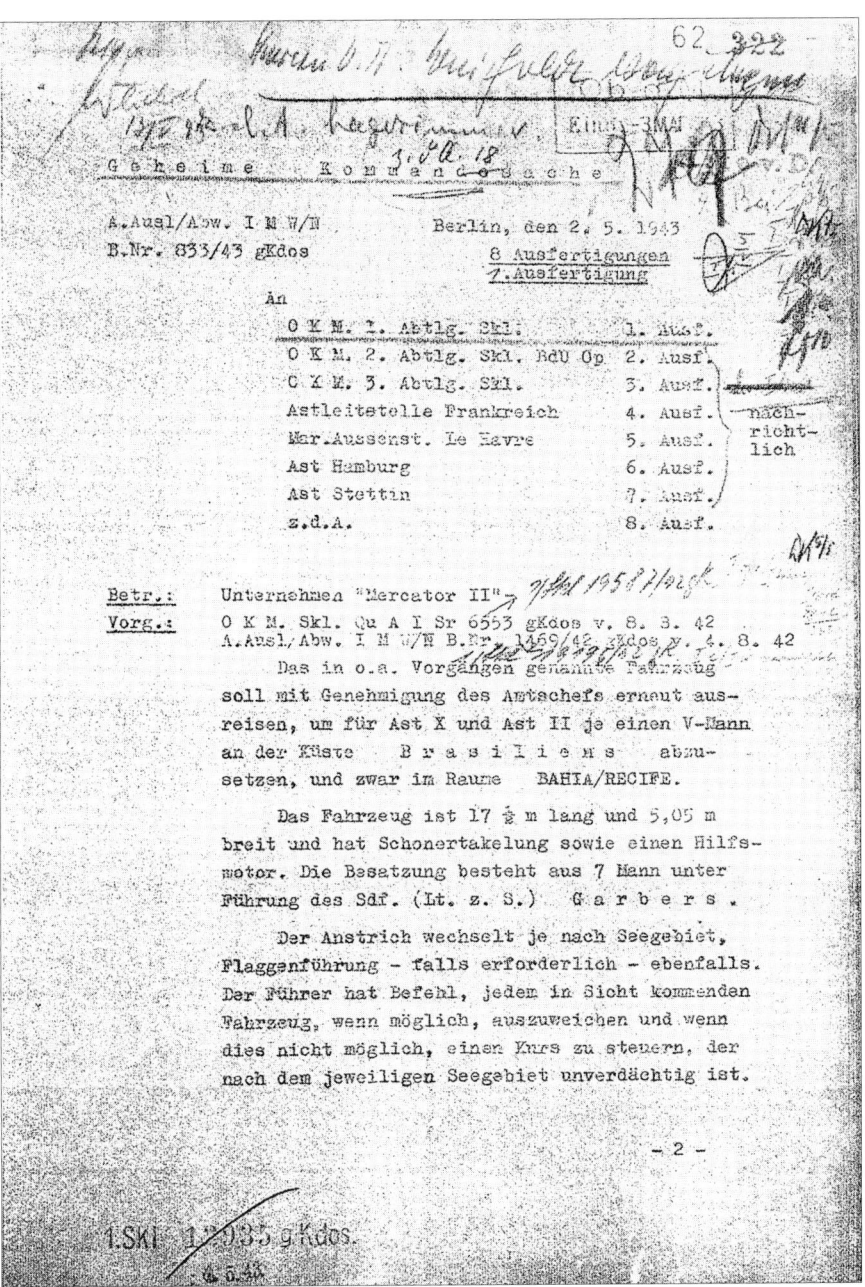

Grundsatzbefehl zur Vorbereitung des »Unternehmens Mercator II«.

- 2 -

Auf der Ausreise befinden sich an Deck 10 Eisenfässer
(5 an jeder Seite) mit Brennstoff für den Hilfsmotor. Diese
Eisenfässer sind in halber Länge über der Verschanzung von
aussenbords sichtbar. Im freien Seegebiet trägt das Fahrzeug
ausser seiner normalen Schonerbesegelung Ballonklüver,
Spinnacker und Stagsegel, innerhalb der Küstengebiete ein
vorgeheistes Fischernetz als Tarnung.

Die Besatzung ist marine-blau eingekleidet, trägt an
Bord jedoch Fischerkleidung, dem jeweiligen Seegebiet
angepasst. Als Bewaffnung befinden sich 2 SMG, 2 MP und
2 Kisten Handgranaten unter Deck an Bord. Die Besatzung
hat strengen Befehl, Waffengebrauch nur wenn unbedingt
nötig und erfolgversprechend nach vorherigem Hissen der
Reichskriegsflagge vorzunehmen. Sollte das Anlaufen eines
neutralen Hafens erforderlich werden, geschieht dies nur nach
sicherer Versenkung der militärischen Ausrüstung, damit sich
die Besatzung als Seeleute-Heimkehrer tarnen kann.

Das Schiff hat Funkausrüstung und soll seine Position
nur nach Passieren der Höhe der Azoren und der Kap Verden
melden, steht jedoch stets auf Empfang, um blind abgesetzte
Funksprüche zu erhalten. Das Gleiche gilt für die Rückreise. Funkverkehr über Marine-Aussenstelle Le Havre,
bei Ausfall dieser, durch Funkstation der Astlt. Frankreich.

Auslaufen aus A r c a c h o n ist für den
15./20. 5. 43 vorgesehen. Gr. West wurde um Auslaufgenehmigung gebeten; Fliegerführer Atlantik, Luftflotte III
haben Kenntnis durch Astlt. Frankreich.

Beabsichtigt ist, das Schiff unter der franz. Küste
bis in Sichtweite der spanischen Küste nach Süden laufen zu
lassen, von dort in Sichtweite der spanischen Küste bis
zur Höhe von F i n i s t e r r e , um dann mit südwestlichem Kurs in den NO-Passat zu gelangen. Der Äquator
soll in ca. 23°/25° W geschnitten werden, von wo die Reise
nach Erreichen des SO-Passates nach Süden führt bis zur

- 3 -

324

- 9 -

Breite von   B a h i a .   Mit nordwestlichen Kursen
wird die Küste angesteuert und dann die Rückreise angetreten,
mit Kursen, wie sie die Wind- und Wetterverhältnisse er-
fordern. Rückkehr wird östlich der   A z o r e n   Anfang September erwartet.

Im Auftrage:

Fls. _____

(RUBRICA DO DELEGADO)

POLICIA CIVIL DO ESTADO DO RIO DE JANEIRO
DELEGACIA DE ORDEM POLITICA E SOCIAL

Termo de declarações que presta Wilhem Heimrich Koepff

Aos ____nove____ *dias do mês de* ___outubro___
do ano de mil novecentos e ___quarenta e tres___, nesta cidade de Niteroi, Capital do Estado do Rio de Janeiro, em o cartorio da-

Delegado de Ordem Politica e Social, onde se achava o respectivo Delegado, Doutor
Ary Uasar Sucena

comigo escr ivão a seu cargo _____ *adeante declarado, presente*
Wilhalm Heimrich Koepff

filho de ___Wilhelm Koepff___

e de ___Christine Koepff, quando casada, em solteira Christine___
Schutt
natural de ___Hamburgo -Alemanha___

com ___quarenta e tres___ *anos de idade,*
estado civil casado *profissão* comerciante

_____ *residente* rua Passagem Garcia Calde-
ron, numero cento e noventa e um-Lima-Perú

trabalhando rua Bodegones-Lima

_____ *e*

sabendo ler e escrever, o qual, inquirido *disse* que depois de estar esta-
belecido no Perú, foi por duas vezes a Alemanha, a primeira no
ano de mil novecentos e trinta e cinco e a segunda no ano de mil
novecentos e trinta e oito; que da primeira vez levou em sua com-
panhia a mulher com o fim de fazer uma visita aos seus pais, aos

Auszug aus den Gerichtsakten von Köpff.

194

348

MINISTÉRIO DA GUERRA

ESTADO MAIOR DO EXÉRCITO

2a. Secção
OF/N.493-B(C.E.S.)
S E C R E T O.

Rio de Janeiro, 29.IX.1944.

`.. Chefe do Estado Maior do Exército.`

Exmº. Sr. Presidente do
ao Tribunal de Segurança
Nacional.

Assunto: Espiões alemães (Informações sôbre)

I - Cientificado, por ofício do Delegado de Ordem Política e Social do Estado do RIO DE JANEIRO, que essa Repartição já en-
caminhou a êsse Egrégio Tribunal o processo relativo a WI-
LHELM HEINRICH KÖPFF e WILLIAM MARCUS BAARN, dois espiões a-
lemães que foram desembarcados em uma praia do litoral do Estado do RIO DE JANEIRO, na noite de 9 para 10 de Agosto do a-
no findo, apresso-me a levar ao conhecimento do Tribunal de
Segurança Nacional as informações abaixo, que se prendem ao
caso:

a)- O Estado Maior do Exército, por intermédio de dois oficiais especializados em assuntos dessa natureza, conse-
guiu desvendar o código que deveria ser empregado pelos
espiões para suas comunicações com a ALEMANHA.
Êsse resultado foi obtido não só através de meticuloso
estudo das instruções encontradas em poder dos mesmos
como, ainda, em consequência de habeis e pacientes inter-
rogatórios a que submeteram WILHELM HEINRICH KÖPFF.

b)- Estudando atentamente as outras instruções apreendidas, e
comparando-as com as declarações de KÖPFF, passaram a-
queles oficiais a observar a conduta das autoridades a-
lemãs incumbidas de entrar em contacto com os espiões,
já que êstes, como lhes fôra prescrito, deveriam aguar-
dar que as estações de rádio da ALEMANHA começassem a
mencionar, nas horas e frequências pré-determinadas, os
indicativos de chamada que lhes corresponderiam, de acôr-
do com os respectivos códigos.

c)- Confirmados os resultados obtidos, e verificada a possi-
bilidade de ser estabelecida uma comunicação clandestina
com a ALEMANHA, resolveu o Estado Maior do Exército auto-

por su parte debia ofrecerme inmediatamente protección, ya se

particular ó otra casa á su elección.

El desembarque en la praia de Gargahú fué resuelto por el Capitán Ga.

y mi tal como mencionado antes. Efectivamente padecia yo ya demasiado

bajo"la Furunkelose" sin poderla atender por falte de remedios eficaces,

más que al Capitán y especialmente la tripulcación jambien estaban nervo-

sissimos por la presencia del avion americano á la altura de BAHIA, imagi-

nándose todos que al acercarse á la altura de CABO FRIO á 60 millas más ó

menos seria apénas posible no ser visto, peor al cruzar por las afueras

de la Bahia de Guanabara y más allá hasta la altura dela praia de Gávea.

Que á bordo teniamos libros para touristas alemánes editadas por la Cia.

Maritima que cuyos barcos como CAP ARCONA, CAP POLONIO etc. hicieron en

época de paz la travesia á Rio de Hamburgo. En estos libros estava detalla-

damente explicadas todas los portos, praias, con cidades costeras resp. hast

100 millas tierra á dentro. Eligimos la praia de Gargahú(dónde fuimos pres

más tarde) pues nos ofrecio una bahia absolutamente tranquila y dónde seg.

nuestro libro las pequeñas embarcaciones buscan refugio al presentarse

fuertes vientos del sur. Más por la corta distancia hacia el pueblo de

Saõn Joãn da Barra, de dónde seg. el libro se podria utilizar una conducão

que conducia á la cidade de Campos. Más indicaba el libro que de Campos

las touristas podrían utilizar el ferrocarril 2 dias la semana para dirigir

se en tren directamente para Nieteroi-Rio. Yo podria eligir á propia volun-

tad si yo queria quedarme para la curación dea Campos ó seguir directamente

el viaje á Rio, dónde el Gerente mencionada antes de todos modos tendria

que prestarme apoyo.

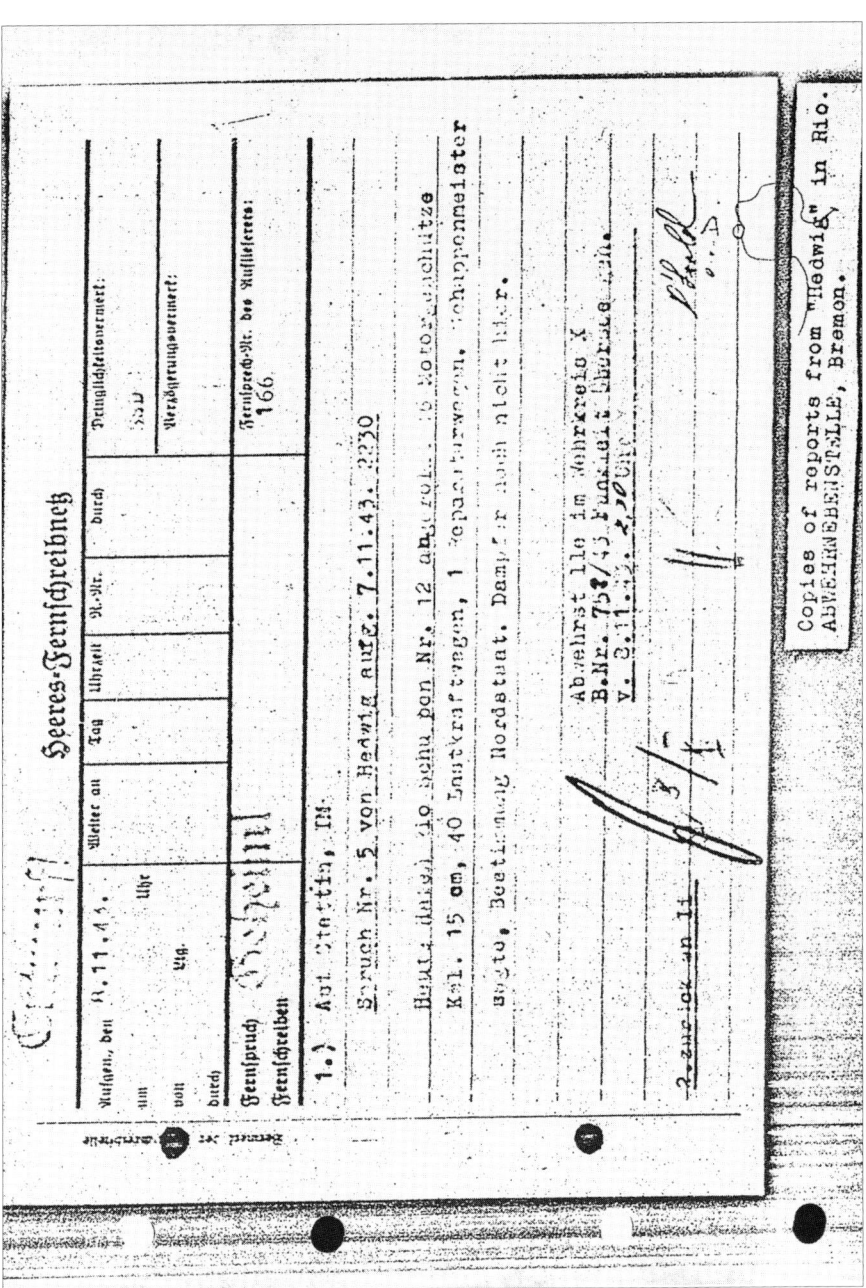

Funksprüche von Köpff (Hedwig).

14.11.43   Heeres-Fernschreibnetz   Entwurf

	Weiter an	Tag	Uhrzeit	R.-Nr.	durch	Dringlichkeitsvermerk:
Aufgen., den						3
um Uhr						
von Ltg.						Verzögerungsvermerk:
durch						
Fernspruch						Fernsprech Nr. des Ausliefernd:
Fernschreiben						166

1.) an   Ast.Stettin, I.M.   Geheim!

Spruch Nr. 6 von Hedwig, aufgen. 13.11.43, 22.14 Uhr

Heute Besuch Marinearsenal Kobrainsel durch Reporter

Zeitung Globo. Dezember Stapellauf zwo Zerstörer Klasse

Amazonas Araguaja. Bestückung folgt.

Spruch Nr. 7 von Hedwig, aufgen. 13.11.43, 23.00 Uhr

Je 1376 Tons 35,5 Meilen. 4 Geschütze 5 Zoll. 8 M.G.S.

12 Torpedorohre. Bombenwerfer. Werftarbeiter 7000 Mann.

2 turns.

                    Abwehrstelle im Wehrkreis X

                    B.Nr. 772/43 Funkltr.Übersee geh.

2.) zurück an Ast I 1.

Heeres-Fernschreibnetz

		Weiter an	Tag	Uhrzeit	R.-Nr.	durch	Dringlichkeitsvermerk: SSD
Aufgen., den							
um	Uhr						Verzögerungsvermerk:
von	Lfg.						
durch							Fernsprech-Nr. des Ausliefers:
Fernspruch Fernschreiben	FS						1966

Geheim!

Entwurf!

An
Abwehrstelle Stettin Ref. I M

Kontr.Nr. 880, Spruchnr. 25 von Hed ig,
abgeg. 25.1.44, aufgen. 25.1.44 22.10 Nr.15 Gr. 34

Hafenüberwachung Rio durch Ports Marineflugzeuge
Lage von Sperren noch nichts erfahren. Dort 17 Ende nicht
verstanden scheint verstümmelt.

Abwehrstelle im Wehrkreis X

B.Nr.: 102/44 geh. Funklt.Übersee

2348

Copies of reports from "Hedwig" in Rio.
ABWEHRNEBENSTELLE, Bremen.

Vertraulich

Naval Patrol had sighted a "JOLLE" off Antofagasta but had
... it." Available collateral information sheds no light on
this incident, but it is believed that this was probably a
U-boat contact.

On 30 March 1944, Berlin informed SARGO and LUNA that the
vessel to be used was "not a JOLLE but a cutter." ** Possibly
Berlin had realized that SARGO was under the impression that a
submarine was to be used and was attempting in this way to
correct his error. It is equally likely, however, that Berlin
was merely informing the agents that something other than a
...-manned vessel would be used. At any rate, SARGO still seem-
ed to be thinking of a U-boat, for on 13 April he stated that
"the cutter must submerge because an aircraft base is quite
nearby." ***

Whatever the reason for this seeming confusion, it is
clear that JOLLE in the recent operation was a sailing vessel,
and that since the meeting SARGO has used the term when referring
to such a vessel. ****

```
"     CO3-1955, Argentina to Berlin #382, 16 September 1943.
**    CO4-4014, Berlin to Argentina #913-14, 30 March 1944.
***   CO4-4223, Argentina to Berlin #306-07, 13 April 1944.
****  In July, 1944, SARGO informed Berlin that airmen had
who had been landed in Brazil by "JOLLE" in August, 1945, were
under arrest. It is known that a two-master sailing vessel
used in this operation. (See Part 3, text.)
```

Auszug aus dem »Jolle-Report«.

200

26
cop 1/7 NB

(handwritten left margin: PASSIM 1 1944 Gabers! Cargo List Passim 1 /1944 ...)

Inventory of cargo believed to have been carried by JOLLE.

Note: This list contains those items requested by SARGO and
LUNA which were not definitely cancelled by Berlin.
Items which Berlin specifically stated would be sent
are indicated by an asterisk (°).

I. Cargo sent to SARGO's organization.

A. For LUNA.
3 cipher devices, large or small.
°2 trunk transmitters, about 80-watt.
15 stabilizers, 220-30, with ferro-hydrogen resistances
and sockets for tubes.
1 Wheatstone tape perforator.
° 2 complete small tape transmitters.
50 ceramic rotary dial condensers HESCHO, about
75 picofarad.
10 millimeters, 200 M. small size.
4 sets of crystals, each with 6 pieces on same wave.
Frequency when combined 8500 to 13000.
1 Microphotographic installation.
Photographic equipment.

B. For resale by the agents.

1. ONLY (?) needles for silk stockings, resale value:
25,000 pesos.
40,000 type "Komet"   15B   3650   012
10,000 type "Komet"   15B   3050   0 2
25,000 type "Autoexpress" 510B 4250   075
25,000 type "Autoexpress" 510B 4250   C 3
10,000 type "Stibbe"   58
10,000 type "Stibbe"   58

2. Installation plans of patented process for making
wood gas generators.
3. 100-200 100-watt transmitting tubes. Siemens type
291, 391 or 664D, or more modern types. To supply a small com-
pany the agents proposed to set up to sell to the Argentine
armed forces.

C. Miscellaneous

*1. Counterfeit English bank notes
2. Small gifts for 62 collaborators:
"SS" and Hitler Youth literature.
"SS" candlesticks and rings.
Songbooks.
Popular literature.
Wood cuts.
Picture cases.

Vertraulich

KONTROLLIERT 0 3. Feb. 199

Unternehmen »Wollin«.
Von den Amerikanern vermutete Ladeliste des Bootes von Heinrich Garbers, die von ihnen aufgrund aufgefangener und entschlüsselter deutscher Funksprüche zusammengestellt wurde.

C

27

Cop 1/27/29

II. Cargo sent to Telefunken worth 15,000 pesos or less, to be paid to SARGO group.

* 100 meters tungsten wire 1.2 mm, for "RS" 250, 255, etc.
   30 Cathode ray tubes.
* Incandescent filaments for Osram search light lamps:
   20 #555909   55 volts, 5 kilowatts.
    5 #555757D   1.5 kilowatts.
   20 #555852   3 kilowatts.
    5 #555751D   1.5 kilowatts.
   20 #555907   26 volts, 4.5 kilowatts.
   Filaments preferably to have "complementary compression base"(?)
   100 Steel cutting pencils /Stahlschneidestift/.
   LAZ 005-1

III. Cargo sent to Siemens worth 16,500 pesos, to be paid to SARGO group.

   4 Kilos CONSTANT wire   0.05 enameled
   6 Kilos CONSTANT wire   0.06 enameled
   5 Kilos CONSTANT wire   0.07 enameled   12,000 pesos
   200 Grams Copper Wire   0.03 enameled
   5 Kilos Copper Wire   0.05 enameled
   12 Kilos Copper Wire   0.06 enameled
   5 Kilos Copper Wire   0.07 enameled   3,000
   10 (Measuring type loop reflectors?):
      Type 0.5 X 1; 1 X 1; 1 X 2.   1,500
                                                16,500 pesos

IV. *Cargo sent to Merck Chemical Co., value 85,570(?) pesos, to be paid to SARGO group.

   (Number refers to preparation in MGR catalogue for which the preparation is to be used)

   10 Grams at 10 Basico Crist (Alexado)   for 893/15
   200 Grams Chlorhidratro de Carbaminhilculona for 940
   5 Kilos Papaverina Basica para Summit   for 164
   20 Kilos Papaverina Chlorhidrato para Tabletas for 163
   2 Kilos Papaverina Basica para Ampollas   for 884
   2 Kilos Papaverina Xetarsulfonote   for 884

   (Following numbers refer to catalogue AE)
   3 Kilos Anerrixa Substancia   1269
   100 Grams Digitolina Crist   23044
   250 Grams Arecolinat Bromhidrato   1495
   250 -- ------ Puris   7305

Vertraulich

Mit Hilfe des Funkwagens (F I) abgesetztes Fernschreiben des BdU an das Führerhauptquartier vom 25. März 1945.

Eingegangen 24.4.1945
1/Skl. B. Nr. 877

+FRR MBBZ 02569 23. 4. 1830=

KR Ob. d. M =
KR Adm. z.b. V. beim Ob.d.M.
KR Chef Skl =

Gkados- Chefsache- Nur durch Offizier-

Lageunterrichtung 235.5: (4.) 1.) Ostlage:

(HINWEIS 23.4.45/18

KOPF: MARINENACHRICHTENDI
Chefsache! Nur durch Offi:

Eingegangen 24.4. 1040
Eingang Funkraum 1215 Uhr
Entschlüsseltes Fernschre
Eingegangen 24.4.1945

Infolge Nachrichtenschwierigkeiten nur unvollkommenes Tagebild.
Feind versucht als Schwerpunktaktion, Berlin zu umfassen und abzu-
riegeln. Dazu starke Stösse nördlich und südlich der Hauptstadt nach
Westen, deren Spitzen nach Nachrichtenmeldungen bei ??Butzow und
??Butzow und Schönwalde stehen. Feind ist von Norden nach Süden im
ganzen näher herangekommen, eigene Eingreifreserven konnten sich
aber im Norden auswirken und eine Reihe von wichtigen Punkten
zurückgewinnen. Stadtmitte, besonders Gegend um Reichskanzlei,
weiter unter dauerndem Artilleriebeschuss. Divisionen Armee Wenck
zum Ersatzangriff für die Reichshauptstadt angetreten. Gegner hat s
(s)eine Brückenköpfe südlich Stettin erweitern können. Von Ostpreussen
und Kurland keine Meldungen.

2.) Westlage

Im holländischen Raum keine Veränderungen. Stoss nach Nord-
deutschland steht mit Spitzen bei "Rollinghorst" und 10 km nördlich
??Frisoythe, konnte ostwärts "Delmenhorst" wieder abgewiesen
werden. An Elbefront nach Süden weiter auffallend Ruhe. Ansicht
Reichsaussenminister über Demarkationslinie bisher durch Gegner-
verhalten bestätigt. Dessau in Feindeshand. Tiefer Feinddurch-
stoss auf Sul?bach und aus Raum "Nürnberg" nach Südosten wird
ernst beurteilt. Eigene Gegenstösse laufen. Gestern gemeldeter
Durchstoss ostwärts "Crailsheim" mit Spitzen bei "Dillingen".
Weiter westlich Gegnerdurchstoss mit Spitzen bei "Ulm". Gegner hat
zwischen "Schaffhausen" und Bodensee schweizer Grenze erreicht.

3.) Italienfront:

sehr kritische Lage im Raum "Bologna" und schwierige Lage zu
Fumaccio See, wo Zusammenhang eigener Front nicht mehr besteht,
kann in Kürze zu schwerwiegenden Entschlüssen für Zurück-
nahme Gesamtfront führen. Auch aus diessem Frontabschnitt infolge
Nachrichtenschwierigkeiten kein einwandfreies Bild.

4.) Südostfront:

Nicht ????wesentliches.
5.) Reichsleiter Bormann bittet Verstärkung Berliner Funktrupps
um 2 Uffz. und 7 Funker. Meldung Wilhelmstrasse 53.
Unterstützung Kriegsmarine für Reichsleiter in augenblicklicher Lage
dringend.   (HINWEIS:TEXT weiter auf Rückseite im Original):=

6.) Wenn möglich bittet WFST. um Aufstellung weiterer Marine-
Funktruppe für WFST. in Krampnitz, da bisher zur Verfügung
gestellter Trupp in Reichskanzlei eingesetzt.
7.) Adm. FHQu. seit 22.4. in Reichskanzlei   (HInweis=Adm.VOS
                Adm. FHQu. gez. Voss, Vizeadmiral
                                BNr. 16/45 Gkados Chefsache+
Zusatz FRR Berlin: Lagemeldung bereits teilweise durch Funk
                abgesetzt, wird nicht weitergegeben.
Zusatz Funkraum Krokodil:
Muss wahrscheinlich heissen: Lagemeldung 23.4. und
unter Ziffer 7 .... seit 22.4......
Verteiler: Ob.d.M., Adm. z b V., Chef Skl

Übertragung des Fernschreibens vom Nr.877 v.24.4.1945

[illegible] [illegible] [illegible] [illegible] Verfügung stehenden Nachrichten[illegible] [illegible] [illegible], die bisher zur Verfügung [illegible] [illegible] in Reichskanzlei eingesetzt.

12.) Adm. [illegible] seit 22.4. in Reichskanzlei.

[illegible] 7 U Ch. gez. [illegible], Vizeadmiral

Nr. 76/45 Gkdos. Chefsache +

Zusatz BdU Berlin: Lagemeldung bereits teilweise durch Funk [illegible], wird nicht weitergegeben.

Zusatz [illegible] [illegible]:
[illegible] [illegible] Lagemeldung 23.4. und
unter Ziffer 7.) [illegible] seit 22.4. [illegible]

Verteiler: Ob.d.M., Adm. z b V. , Chef SKL

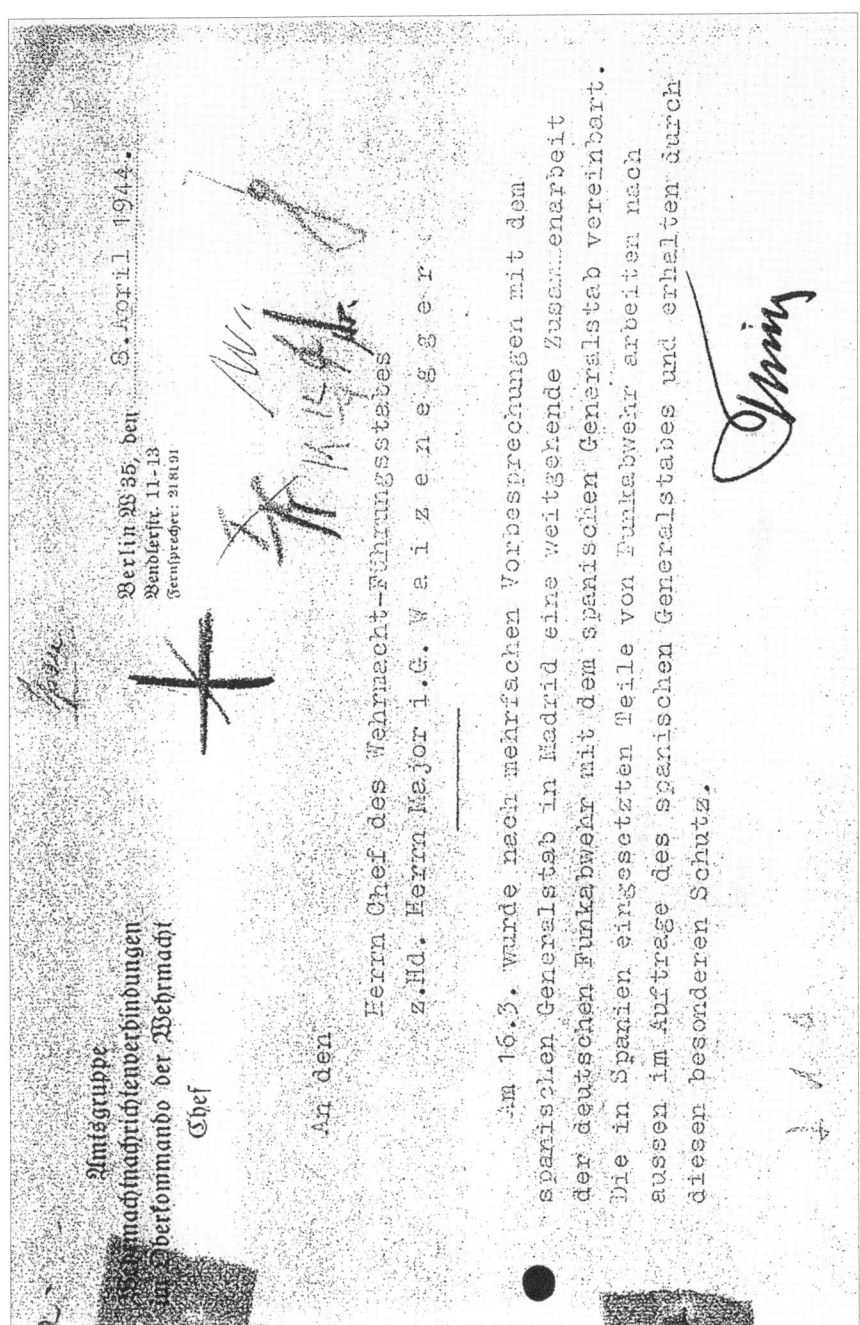

Amtsgruppe
Wehrmachtnachrichtenverbindungen
im Oberkommando der Wehrmacht

Chef

Berlin W 35, den 8. April 1944.
Bendlerstr. 11-13
Fernsprecher: 218191

An den

Herrn Chef des Wehrmacht-Führungsstabes
z.Hd. Herrn Major i.G. W e i z e n e g g e r .

Am 16.3. wurde nach mehrfachen Vorbesprechungen mit dem spanischen Generalstab in Madrid eine weitgehende Zusammenarbeit der deutschen Funkabwehr mit dem spanischen Generalstab vereinbart. Die in Spanien eingesetzten Teile von Funkabwehr arbeiten nach aussen im Auftrage des spanischen Generalstabes und erhalten durch diesen besonderen Schutz.

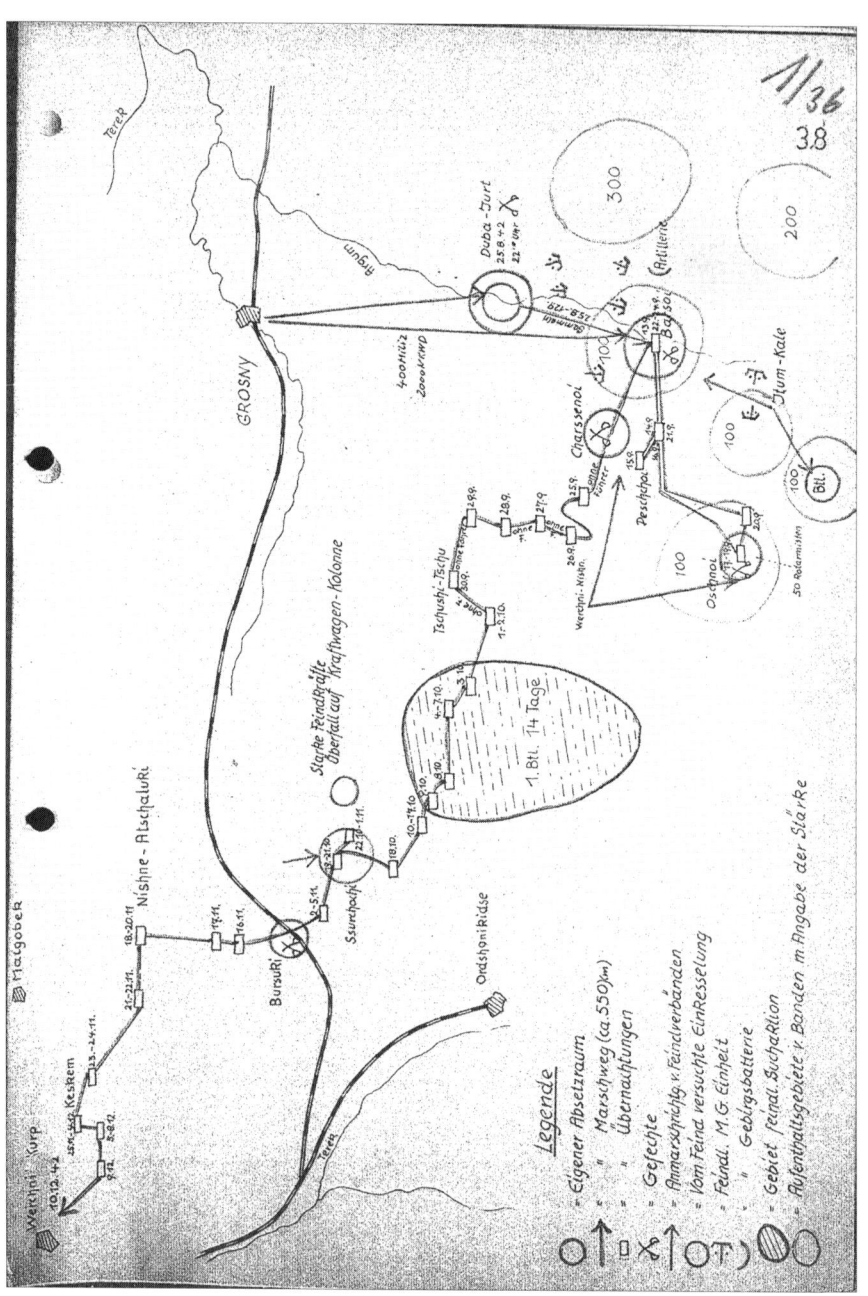

Der Weg des Gruppe Lange während des »Unternehmens Schamil«.

Seekriegsleitung   Berlin, den *13.* Mai 1943.
B.Nr.: 1.SKL. I Op.: *145.14/43* Geheim

V f g .

I.) Vermerk:
_____

        Betr.: ~~Sonderverband Brandenburg~~.
               Unternehmung - Reisernte.

                                    zur Division
        Die Küstenjägerabteilung "Brandenburg" hat für *die*

Durchführung der Unternehmung "Reisernte" die Kapitäne

N i s s e n und S c h l i m m b a c h vorgesehen.

Beide sind bereits über ihre Aufgabe unterrichtet und

eingewiesen. Die Freigabe von Kapitän N i s s e n wird

von der Küstenjägerabteilung selbst veranlasst. Frei -

gabe von Kapitänleutnant S c h l i m m b a c h wird

von der SKL. erbeten.

        II.) Schreibe an:

                        M P A

        Betr.: Kapitänleutnant Schlimmbach.

                ~~Es wird gebeten, den~~ Kapitänleutnant S c h l i m m -

        b a c h für eine Sonderaufgabe ~~vorübergehend~~ (voraus-

        sichtlich etwa 8-10 Monate) zur Division "Brandenburg"

        (Küstenjägerabteilung) ~~zu kommandieren.~~

        III.) I Op   1.SKL.

                                          Ia

                                              I Op/

Allgemeines Marinehauptamt   Berlin, den 18. Mai 1943
M.Wehr.Ia.Nr. 1952/43 Gkdos.

Geheime Kommandosache

An

As I /9   Skl Qu A I S   Prf. 1
       v. D./Skl I op   "   2

Betrifft: Unternehmen "Reisernte".
Vorgang: 1) 1/Skl I op 12255/43 Gkdos. v. 26.4.43.
             2) Skl Qu A I Sr 2696/43 Gkdos. v. 29.4.43.

Vom 2.A.d.N. sind die nachstehenden Soldaten namhaft gemacht,
von denen 7 für das Unternehmen Reisernte bestimmt sind:

Mtr.Ob.Gefr. K i n z e l, N 5053/40 ES (36 Jahre),
H a l b r o t h, N 2160/39 ES (37 Jahre),
F i e d l e r, NO 27805 MS (36 Jahre),
S c h e l l e r , NO 807/41 ES (39 Jahre),
K u e h l, NO 25591 MS (22 Jahre),
Mtr. I B o e d e c k, MSTA 5311 S (35 Jahre),
Mtr.Ob.Gefr. M o l l e r , NO 22225 MS (36 Jahre),
Mtr.Gefr. M a i n z, N 3044/42 (20 Jahre),

Der 2.A.d.N. ist angewiesen, die Soldaten auf Abruf bereitzu-
halten.

Es wird um baldige Unterrichtung gebeten, ob an die Soldaten
besondere gesundheitliche Bedingungen (Tropendiensttauglich-
keit) gestellt werden, damit das Erforderliche veranlaßt werden kann. Ferner ist eine baldige Entscheidung darüber erforderlich, ob und gegebenenfalls welche besondere Ausrüstung
die Soldaten haben müssen.

                        Im Auftrage
                 Im Entwurf gez. B a e c k e r

                                Für die Richtigkeit

1 Skl   Bürohilfsarbeiter

Seekriegsleitung

Skl Qu A I S r 6302/43 Gkdos.   Berlin, den 24. Mai 1943

~~Geheime Kommandosache!~~

                                                     8 Ausfertigungen
                                                     3. Ausfertigung

An

         K V M   Ast A v D.
         K I K
         nachr.:   an I
         1/SKl
         Skl Qu A II
         Skl Qu A VI
         M Wehr (I)
         Oberkommando der Wehrmacht Amt Ausland Abw. Sonderverband
         Brandenburg
         Division Brandenburg

Betr.: Unternehmen "Reisernte".

Vorg.: 1) Besprechung bei Chef Skl Qu A I S am 22.5.43
          2) Skl Qu A I S r 2696/43 Gkdos. v. 29.4.43
             (nur an Skl Qu A VI, M Wehr I)
          3) 1/Skl I op 12255 Gkdos. v. 28.4.43
          4) Division Brandenburg Abtlg. Ia 200/43 Gkdos. v. 27.4.43.

1) Für das Unternehmen "Reisernte" werden gem. Rücksprache mit Kapitän
   Nissen 2 Kriegsfischkutter der Burmester-Werft, Swinemünde, zur
   Verfügung gestellt, da die 5 bereits vorgeschlagenen Fahrzeuge sich
   nach Angabe von Kapitän Nissen für dieses Unternehmen nicht eignen.

2) Kapitän Nissen sucht im Einvernehmen mit K V M und K I K die beiden
   Kriegsfischkutter in Swinemünde aus. Kriegsfischkutter, die für die
   Überführung nach dem Südosten bestimmt sind, kommen nicht in Frage.

3) Die ausgesuchten 2 KFK sind beschleunigt zum Umbau nach der Werft
   Eckmann, Finkenwärder, zu überführen. K I K wird gebeten, das Erforderliche zu veranlassen.

4) Kapitän Nissen ist angewiesen, die Umbauforderungen beschleunigt
   herzugeben.

5) Diese beiden Kriegsfischkutter erhalten die Bezeichnung:
   "Fischkutter", dazu nur die Bau-Nummer.
   Um baldigste Mitteilung der Bau-Nummern der ausgesuchten KFK's
   wird gebeten.

1.Skl. 15120 g.Kdos.   - 2 -
    2 4. Mai 1943

- 2 -

6) Umbau und Ausrüstung müssen so rechtzeitig beendet sein, daß die erforderliche Ausbildung am 15.8.43 beendet ist. Zu diesem Termin müssen die beiden Fischkutter auslaufbereit sein.

7) Auf die besondere Geheimhaltung über den Verwendungszweck der beiden Boote wird hingewiesen.

Im Auftrage
gez. Mirow

Für die Richtigkeit:

Krüger
Angestellter.

Oberkommando der Kriegsmarine   Berlin W 35, den 28.5.1943
K I Ks Nr. 1481/43 g.Kdos.

Geheime Kommandosache!

An   14 Ausfertigungen
                                        9. Ausfertigung
      Bauaufsicht der Kriegsmarine
      b.d.Ernst Burmester Schiffswerft KG. Swinemünde
      Maureb. Swinemünde
      Bauaufsicht der Kriegsmarine
      b.d.Fa. Stülcken & Sohn   Hamburg
      Kriegsmarine-Arsenal   Hamburg
      O.K.W. Amt Ausl/Abw., Sonderverband Brandenburg
      Division Brandenburg   Ast/wD.

Jm Hause: Skl Qu A I S, K V M, 1/Skl, Skl Qu AII, Skl Qu A VI,
          M Wehr I, N Wa, A Wa.

Betrifft: Kriegsfischkutter KFK 203 und 204.
Vorgang: Skl Qu A I Sr 6302/43 gKdos. vom 24.5.43
          (nur an Stellen im Hause außer N Wa und A Wa).

Die Fischkutter Nr. 203 und 204 von der Schiffswerft Ernst
Burmester KG., Swinemünde, sind nur soweit fertigzustellen, wie
von Kapitän Nissen am 23.5. angegeben. Die Fischkutter sind in
dem von Kapitän Nissen geforderten Zustand von der Maureb
Swinemünde sofort nach Hamburg-Finkenwärder zur Bootswerft
Jonni Eckmann zu schleppen. - Die Schiffswerft Ernst Burmester
ist von der Bauaufsicht entsprechend zu benachrichtigen.

Die beiden Fischkutter sind von der Firma Jonni Eckmann,
Hamburg-Finkenwärder, nach Angaben von Kapitän Nissen in den von
ihm gewünschten Zustand zu versetzen und auszurüsten. Die Bauaufsicht bei Stülcken & Sohn sowie das Kriegsmarine-Arsenal
Hamburg haben Kapitän Nissen in jeder Weise zu unterstützen,
damit die Fertigstellung der beiden Schiffe unter allen Umständen
bis spätestens 1. 8. erfolgt ist. Die Umbauforderungen werden
unmittelbar von Kapitän Nissen mit der Bauaufsicht b. Stülcken
& Sohn und mit der Firma Eckmann geklärt und dem OKM baldigst
vorgelegt. Die Ausführung der Zeichnungen erfolgt durch die
Firma Maierform.

1.Skl 15641/g.Kdos.   Auf
                                 29 5 43

Der Admiral
er Kriegsmarinedienststelle Hamburg
Verwaltung

Nr. R 26 84/43 v B4 H.　　　　Hamburg, den 8. November 1943

Verfügung.

1.) v B4　Zur Buchung geb.: ½a.

E.n.b.

Grund d. Anfdg. (Abgabe)
K I Ks 1244/43 geb.v.11.6.43
Genehm. Vfg. Nr. _____ v.
Bed.Gruppe 3033
Verhandlung d. _____
Luftr.Nr. 7033/3051/43
Verbuchung bei Kap. ____ Tit.

Begleit-
schein
Anforderungs-
Einn. Nr.
der KMW W.haven V.L.V. X C96730
an KMA Hbg. I As für K.F.K. 203/204

Lfd. Nr.	Menge	Rechnungs- einheit	Bezeichnung der Gegenstände	Verausgabt				Zurückgenommen 203/204				Einheits- Preis		Gesamt- Preis	
				Waren Nr.	Lgb. Nr.	Seite	Zelle	Waren Nr.	Lgb. Nr.	Seite	Zelle	für	RM	Pf	RM	Pf
1	1														
			M 175 T 22												
2	23														
			motor												
			Übertrag												

Kriegsmarinewerft Wilhelmshaven.
10000x100 3d 5. 41. 3632/331 ffortn

Vau 532 00 (Vdr A 5

12.Nov.1943
Nov. 1943

3.) Die Amtskasse wird angewiesen, die zweite Ausfertigung als Zahlungsanweisung zu entnehmen und die Zahlung zu veranlassen zu Lasten Kapitel VIII E 230 M 16 — A —

4.) Zur Akte K.F.K. 203 _____ bei v B4.

v B4 (-2 - x)/　　　　　8./11.1943

Ausrüstungsbelege für den KFK 203 und KFK 204.

214

Der Admiral
er Kriegsmarinedienstftelle Hamburg
Verwaltung

. Nr. R 2684/43 v B 4 H.   Hamburg, den   8. November 1943

Verfügung.

1.) V B4   Zur Buchung geb.: 7/4
                 ref.: E.   E.n.b.
   Neubildung
Kb 11244/43 geh.v.11.6.43 Begleit/
Gruppe 3033 ─────────────── schein   Einn. Nr.
r.Nr. SS 7033/3061/43 Anforderungs-
                  des K. Hbg. I As f r K.F.Z. 203
                  an K.M Hbg. V.L.V.

$\overline{\underline{X}}$ C 90235

Menge	Rechnungs-einheit	Bezeichnung der Gegenftände	Verausgabt			Vereinnahmt				Einheits- Preis		Gesamt-
			Waren Nr.	Lgb. Nr.	Seite Zeile	Waren- Nr.	Lgb. Nr.	Seite	Zeile	für RM Rpf		RM Rpf
2o	St	. Batterien f.Taschenlampen flach										
3c		Batterien f.Taschenlampen rund, dick										
2o		Glühbirnen f.Taschenlampen										
		Übertrag										

egamarinewerft Wilhelmshaven.
500×100 yd s. 11. 1510/150 f/0014   Dfn A 5

2 Nov. 1943
Nov. 1943

3.) Die Amtskaffe wird angewiesen, die zweite Ausfertigung als Zahlungsanweisung zu entnehmen und
    die Zahlung zu veranlaffen zu Laften Kapitel VIII K 250 M 16 — A —

4.) Zur Akte K.F.K. 203   bei V B4.
                  V B4(2 x)   8./11.1943

                              N.

Wehrkreisdruckerei X. Hamburg 13

Vfg.

29.Januar 1944

1.) Schreibe an:
gef.28.1.44

R 95/44

,Verwaltung
VB4 II

An das
Ober-Kommando der Wehrmacht,Abwehr

P o s t o r t.

Betr.:Rechnungserledigung F.F.Kutter"K.F.K.2o4"

Anliegende Rechnung der Fa:Jacobsen & C
Hamburg über RM 3o.oo vom 12.1.44 wird mit der Bitte zur direkten
Erledigung zugesandt.

Im Auftrage
VB4

2.) Zu d.Akt.M.F.Kutter K.F.K.2o4" VB4

Vertraulich

UNITED STATES FLEET
HEADQUARTERS OF THE COMMANDER IN CHIEF
NAVY DEPARTMENT
WASHINGTON ..., D.C.

9.   MISCELLANEOUS

   (a)   Five Letter Group Traffic:

            Six messages in 5 letter code intercepted between 14 and 20 February may be connected with the small 8 knot auxiliary yacht "Mary" which sailed from Germany at the end of December. She is known to have passed Rourvik, north of Trondheim, on 20 January but probably did not depart Norway before 13 February at which time a message was sent to U/Boats prohibiting attack on fishing vessels and sailboats in the European Arctic and North Atlantic Ocean. Her destination and mission are unknown.

   (b)   Dunkirk:

            By signal 2349/9 February the Naval High Command advised MOK West (Naval Chief Command, West) that Dunkirk would be provisioned by a fishing smack which was at Scheveningen (near The Hague) ready to sail.

         (Note: On the evening of 10 February an enemy
                 fishing vessel enroute Dunkirk carrying
                 a cargo of butter was intercepted by
                 Allied light naval forces.)

            All U/Boat skippers were told by 2329/13 that attack of all fishing smacks and sailboats in the European Arctic Ocean and North Atlantic was forbidden.

         (Note: This order may have been given to protect
                 the Dunkirk and similar provisioners or
                 the PRINZ ALBRECHT , a 300 t schooner
                 expected to sail from Norway carrying
                 agents to Canada or South America. The
                 latter's sailing was indefinitely delayed
                 on 26 January due to compromise of agent's
                 names by the testimony of Gimpel and
                 Colepaugh, who landed from U-1230 at
                 Frenchman's Bay on 29 November 1944.)

            The resumption of provisioning of Gironde fortresses from Spain is considered a "matter of life or death" to them since a great loss of provisions was caused by the air raid 5 January. (R.I., Pt II, 16 February).

         (Note: Previous provisioning from Spain has
                 been accomplished with the "Vulcano"
                 a small sailing craft.)

Vertraulich

Dringlichkeitsvermerk: SSD. **Geheime Kommandosache!**

Fernschreibnummer: MBBS 09278

Uhrzeitstempel: 18/12 2230

Marine=Nachrichten=Dienst

weiter an:	Tag	Uhrzeit	Rolle	durch	Fernsprech-Nr. des Bearbeiters: 620.
MNOF	18/12	2255		1a	

Zur Beachtung:

1. Fernschreiben Telegrammstil — kein Brief.
2. Nur dringende Nachrichten, sonst Kurzbrief oder Brief.
3. Genügt Vorlage bei Empfangsbearbeiter am nächsten Tag (Dienstbeginn) nur Rangbezeichnung „A" und „LT" anwenden.
4. Dringlichkeitszeichen „KR" und „SSD" nur bei Operativen- und Nachschubnachrichten zulässig. Dringlichkeitszeichen „S" nur bei Nachrichten deren Inhalt sofortige Vorlage auch Nachts erfordert.
5. Maschinenschrift! Erspart Nachfragen und schließt Lesefehler bei Abgabe aus. Maschinenschrift hat sichere und schnelle Übermittlung zur Folge.
6. Unleserliche, unvollständige, unwichtige, zu lange Fernschreiben und solche, deren Verfügungsdatum nicht mit dem Aufgabedatum übereinstimmen, werden vom MNO zurückgewiesen.
7. Fernschreiben ohne Telegrammstil kürzt MNO ohne Benachrichtigung.

Neu 1.SKL. I Op 3732 /44 Chefs.
(Abteilung)   (B. Nr.)

Berlin, den 18. 12. 1944.

Chefsache!
Nur durch Offizier!

Vfg.

Fernschreiben an:

MOK. Norwegen.

--GKdos--Chefsache! Nur durch Offizier!

R.S.H.D. beabsichtigt zu frühstmöglichem Termin Verbringung von V-Leuten mit Segel-Fahrzeugen nach Süd-Amerika.
Als Unterlage für Vorbereitung Unternehmung umgehend
fernschriftlich Vorschlag für günstigsten Abgangshäfen und
Marsch durchs Nordmeer unter Berücksichtigung derzeitiger
Feindlage hergeben.

                          Seekriegsleitung.
                          1.SKL. I Op. 3732 /44 Chefs.
                          (Koralle).

II.) Abschrift an: I b
                   I West.

III.) Z.d.A. - I.Op.

          + 1/SKL.
                 i.A. Ia

                              I Op.

Geheime Kommandosache

MBBS 02281 Marinenachrichtendienst

Eingegangen	Weiter an	Tag	Uhrzeit	durch
19/12 1242				
von MNO durch WA				
Verzögerungsvermerk				

Fernschreiben von

Eingegangen am 19. III 44
1/Skl. 9. Nr. 3737/44
mit ...... Anl.

rSSD MNO

GKDOS -CHEF... DURC OFFIZIER-

AUF 1.SKL 1 OP 3752/44 GKDOS CHEFS V 18/12 44

1) MIT SEGELFAHRZEUG GUENSTIGSTER ABSPRUNGHAFEN

HARSTAD. AUSLAUFEN ENTSPRECHEND ERFAHRUNGEN

MIT '' ZUGVOGEL '' MIT NW KURS BIS ETWA AB

46, VON DORT SUEDWESTL KURSE U DURCHBRUCH

DAENEMARKSTRASSE OD SUEDL ISLAND. -

2) DURCHFUEHRG UNTERNEHMENS WENIG ERFOLG

VERSPRECHEND , DA FEINDL BEWACHER NOERDL U

SUEDL ISLAND EINGESETZT. AUSSERDEM

VORHERRSCHENDE ... DES S.

ISLAND FUER SEGLER SEHR UNGUENSTIG.

MOK NORWEGEN FUEHSTB GKDOS CHERS 1388 F EINS+

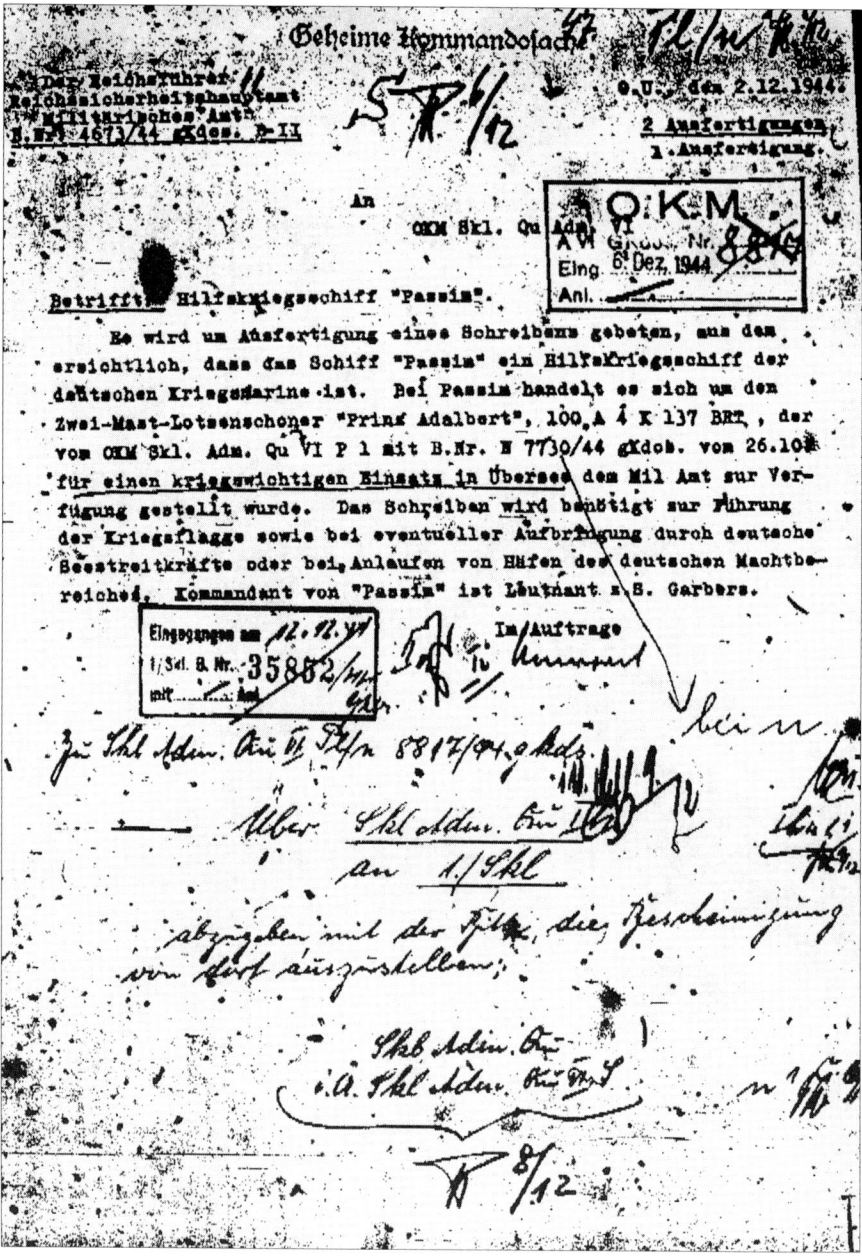

Dokumente zum geplanten Verbringen deutscher Agenten nach Südamerika durch Heinrich Garbers mit dem Lotsenschoner »Prinz Adalbert/Passim«.

Seekriegsleitung 368...

Zu B-Nr.1.Skl.I i 35.852/44.gKdos,

Gehoim! Kommandosache!

Vis.

I.) Vo...erk

Betr.: Hilfskriegsschiff "Passim".

Der Antrag des Reichsführers SS wurde am 18.d.M.
zwischen Ia, I i und Kapt. Dischler vom Militärischen Amt
des Reichsführers SS dahin besprochen, dass die Skl. an sich 2a
mit einverstanden ist, dass das neue Fahrzeug (Ersatz für den bereits 2 Jahre lang im Dienst befindlichen "Mercator") Hilfs-
kriegsschiffscharakter erhält, dass der Reichsführer SS aber
der 1.Skl. zunächst noch das Einsatzgebiet usw. des Fahrzeuges
schriftlich mitteilt. Weitere diesbezügliche Äusserung des
Reichsführers SS bleibt zunächst abzuwarten, da Kapitän Dischler auf eine diesbezügliche Rückschrift unsererseits verzichtet hat.

II.) I i

1.Skl.I i

221

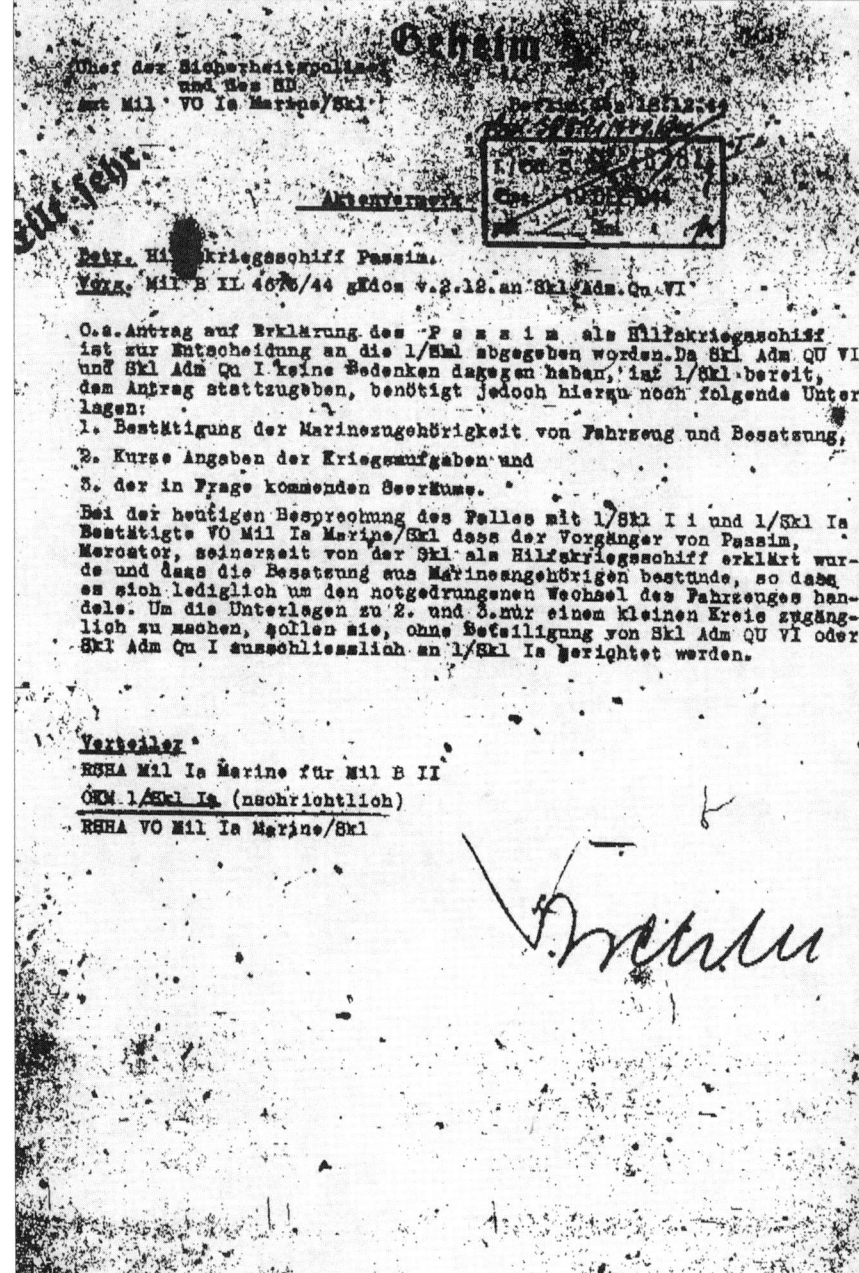

Geheim

Chef der Sicherheitspolizei
und des SD
Amt Mil VO Ia Marine/Skl

Nur für...

Aktenvermerk

Betr. Hilfskriegsschiff Passim.
Vorg. Mil B II 467.../44 gKdos v.2.12. an Skl/Adm.Qu VI

O.a.Antrag auf Erklärung des P a s s i m als Hilfskriegsschiff
ist zur Entscheidung an die 1/Skl abgegeben worden.Da Skl Adm QU VI
und Skl Adm Qu I keine Bedenken dagegen haben, ist 1/Skl bereit,
dem Antrag stattzugeben, benötigt jedoch hierzu noch folgende Unterlagen:
1. Bestätigung der Marinezugehörigkeit von Fahrzeug und Besatzung,
2. Kurze Angaben der Kriegsaufgaben und
3. der in Frage kommenden Seeräume.

Bei der heutigen Besprechung des Falles mit 1/Skl I i und 1/Skl Ia
bestätigte VO Mil Ia Marine/Skl dass der Vorgänger von Passim,
Mercator, seinerzeit von der Skl als Hilfskriegsschiff erklärt wurde und dass die Besatzung aus Marineangehörigen bestünde, so dass
es sich lediglich um den notgedrungenen Wechsel des Fahrzeuges han-
dele. Um die Unterlagen zu 2. und 3. nur einem kleinen Kreis zugäng-
lich zu machen, sollen sie, ohne Beteiligung von Skl Adm QU VI oder
Skl Adm Qu I ausschliesslich an 1/Skl Ia gerichtet werden.

Verteiler:
RSHA Mil Ia Marine für Mil B II
OKM 1/Skl Ia (nachrichtlich)
RSHA VO Mil Ia Marine/Skl

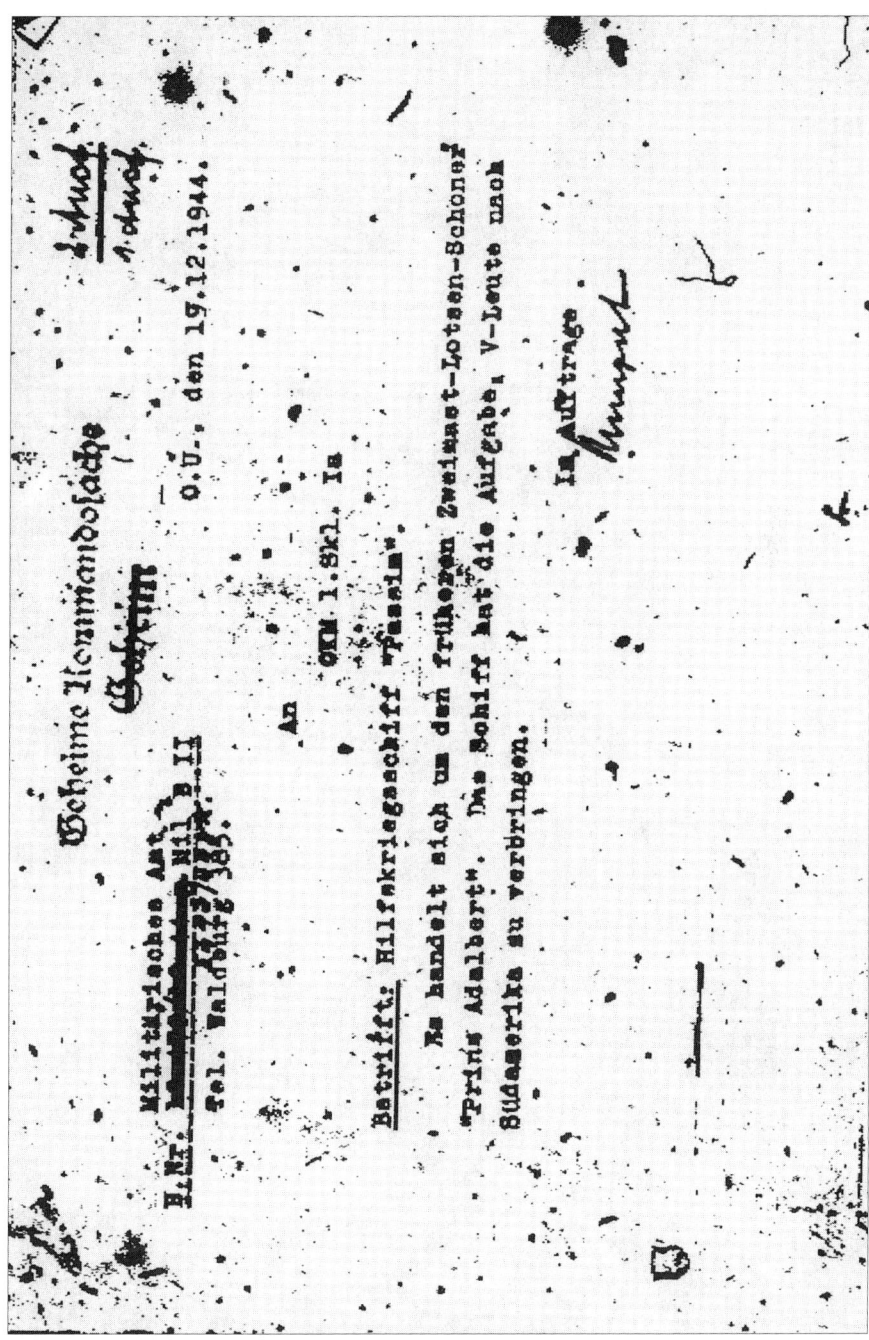

Geheime Kommandosache

Geheim

Militärisches Amt
H.Nr. _____ Mil B II
Fel. Waldburg 1123/385.

O.U., den 19.12.1944.

OKM 1.Skl. Ia

An

Betrifft: Hilfskriegsschiff "Passim"

Es handelt sich um den früheren Zweimast-Lotsen-Schoner "Prinz Adalbert". Das Schiff hat die Aufgabe, V-Leute nach Südamerika zu verbringen.

Im Auftrage
[Unterschrift]

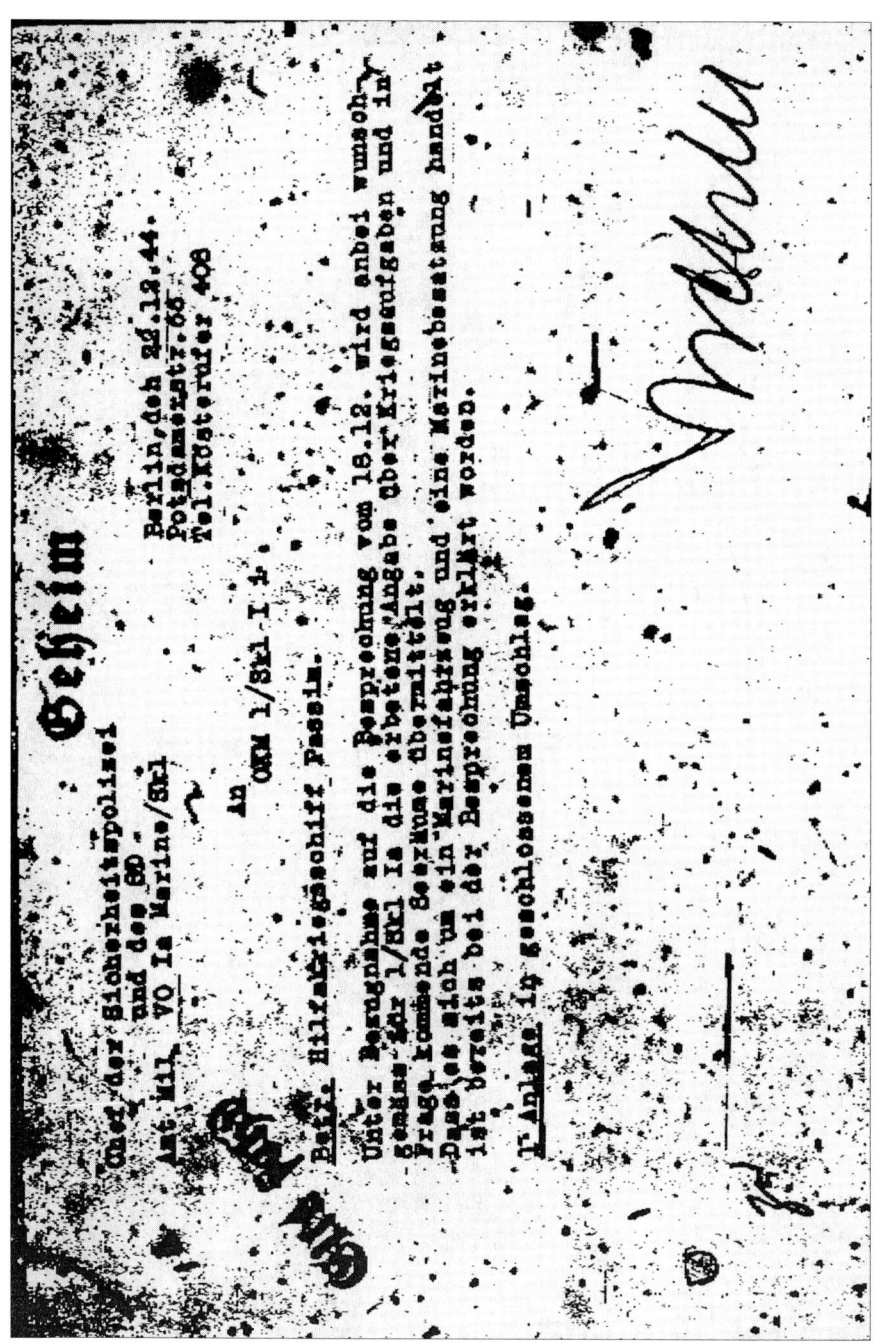

Oberkommando der Kriegsmarine   Berlin, den 6. Dezember 1944

Az.: B-Nr.1.Skl.I 36041/44 gKdos.   **Geheim! Kommandosache!**

I.) Schreiben an den

       Chef der Sicherheitspolizei und des SD
           - Amt Mil. VO La Mar/Skl. -

               B e r l i n
               Potsdamer Str.66.

Vorg.:B-Nr. 4673/44 gKdos. BII vom 2.12. und
       B-Nr. 5242/44 gKdos. BII vom 19.12.44.

Betr.:Hilfskriegsschiff "Passim".

       Die gewünschte Bescheinigung ist beigefügt.

II.) Fertige folgende Bescheinigung aus:

       Oberkommando der Kriegsmarine   Berlin, den 25.12.1944
       B-Nr.1.Skl.I i 36041/44 gKdos.

             Bescheinigung

       Das Oberkommando der Kriegsmarine bestätigt, dass das
Fahrzeug "Passim" ein Hilfskriegsschiff der deutschen
Kriegsmarine ist.

III.) Füge die zu I.) genannte Ausfertigung
       dem Schrb. zu I.) bei.

IV.) I i

Fosto v. D.

Dr. Hermann Görtz im Oktober 1946 nach seiner Entlassung aus dem Internierungslager in Athlone.

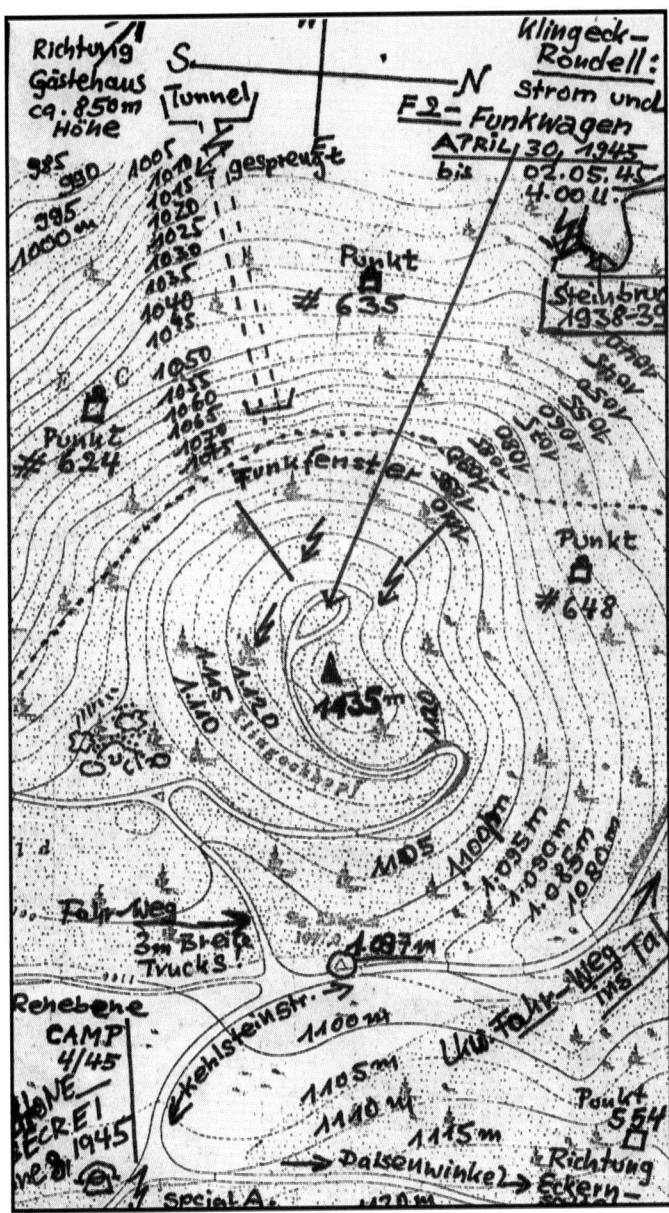

Skizze des Klingelkopfgebietes mit dem Standort des Funkwagens F 2 vom 30. April bis zum 2. Mai 1945. Die Funker des Wagens benutzten hier ein »Funkfenster«, über das ihr Funkverkehr deutlich und störungsfrei abgewickelt werden konnte.

Straße am Klingelkopf/Berchtesgaden mit dem Standort des Funkwagens F 2 am1./2. Mai 1945 heute.

War dieses Schiff der KFK 204?

Dr. Reichert, der als Meteorologe zu den Kleinkampfverbänden in Norwegen abkommandiert war, berichtete, daß dieser Segler vom Kommando der Kleinkampfverbände unter dem Namen »Doris« als Wetterzentrale übernommen wurde. Nach Beendigung des Krieges wurde die »Doris« gegenüber den Engländern als Fahrzeug des »Deutschen Hydrographischen Instituts« ausgegeben. Dadurch gelang es, eine Beschlagnahme des Schiffes durch die Briten zu verhindern. Später überführte eine deutsche Besatzung die »Doris« nach Hamburg. Ihr weiteres Schicksal ist unbekannt.

235

Abkürzungsverzeichnis

A.A.	Auswärtiges Amt
A.d.K.	Admiral der Kleinkampfverbände
Abw.	Abwehr
Abw.Kdo.	Abwehrkommando
ADAP	Akten zur Deutschen Auswärtigen Politik
AFU	Agentenfunk (-Gerät)
AIB	Acao Integralista Brasiliera (Brasilian. Integrationsaktion; faschistische Bewegung)
A.K.	Armeechor
AMA	Allgemeines Marineamt
AOK	Armeeoberkommando
Ast	Abwehrstelle
BA-MA	Bundesarchiv-Militärarchiv
BdU	Befehlshaber der U-Boote
BSC	British Security Coordination
Chefs.	Chefsache
d.R.	der Reserve
FBI	Federal Bureau of Investigation (US-Bundeskriminalpolizei)
FCC	Federal Communication Commission
Fw	Feldwebel
Gefr.	Gefreiter
gKdos	geheime Kommandosache
Gr.	Gruppe
Hbg.	Hamburg
HGr.	Heeresgruppe
IRA	Irish Republican Army (Irisch-Republikanische Armee)
KFK	Kriegsfischkutter
KJA	Küstenjägerabteilung
K:Kpt.	Korvettenkapitän
Kptlt.	Kapitänleutnant
Kpt.z.S.	Kapitän zu See
KTB	Kriegstagebuch
LATI	Linee Aeree Trancontinentali Italiane (Ital. Luftverkehrslinie)

LR	Legationsrat
Lt.	Leutnant
M.E.K.	Marineeinsatzkommando
MOK	Marineoberkommando
MVO	Marineverbindungsoffizier
Nest	(Abwehr-) Nebenstelle (auch Anst)
Oblt.	Oberleutnant
O.d.M. (recte Ob.d.M.)	Oberbefehlshaber der Kriegsmarine
OKM	Oberkommando der Kriegsmarine
Op.Abt.	Operationsabteilung
OKW	Oberkommando der Wehrmacht
OvD	Offizier vom Dienst
PKW	Personenkraftwagen
Pz.AOK	Panzer-Armeeoberkommando
RAD	Reichsarbeitsdienst
RAF	Royal Air Force
RSHA	Reichssicherheitshauptamt
SD	Sicherheitsdienst (der SS)
SIS	Special Intelligence Service
Skl	Seekriegsleitung (Teil des OKM; entspr. Admiralstab)
	1. Skl = Operationsabteilung der Skl
	3. Skl = Abteilung Marineauswertung der Skl
Uffz.	Unteroffizier
UKW	Ultrakurzwelle
V-Mann	Vertrauensmann (der Abwehr; Agent)
WFSt	Wehrmachtführungsstab
z.S.	zur See (Dienstgradzusatz bei bestimmten Marineoffizieren)
I c	3. Generalstabsoffizier (in dt. militär. Stäben vor 1945 für die Feindlage zuständiger Bearbeiter)

Quellen- und Literaturverzeichnis

Ungedruckte Quellen
Bundesarchiv-Militärarchiv
RW 5/499, 497, 499, 449, 489, 166, 160, 430
RM 7/1078, 1074
RW 48/374
RW 49/558, 661, 559, 603, 143
N 316 v. 84

Schweizerisches Bundesarchiv
Militärjustiz/98/1940/520
»Antidemokratische Tätigkeit« in der Schweiz in der Zeit
des Zweiten Weltkrieges (BBL 1946, Bd. 1)

Politisches Archiv des Auswärtigen Amtes
Pol.IM/R 101850, 101879, 302032
Archiv E. Stephan

National Archives Washington, DC
»Jolle Operation«, FBI Special Intelligence Report, US-Depart-ment of Justice, Federal Bureau of Investigation, Washington DC, April 1945, o.Sign.
US-Fleet/Cominch File/F-21/75 Hq. of the Commander in Chief Navy Department
Ultra Top/o. Sign.
State Department, Special Interrogation Mission, v. 11. November 1945/Vernehmung Niebuhr, o.Sign.
FBI-Report, Totalitarian Activities, Brazil Today National Archive/RG 59
FBI-Report, German Espionage in Latin America, Juni 1946, National Archive/RG 59

Andere Archive
Ministy of Defense/Naval Staff Sect./Foreign Doc. Section, London, o.Sign.

Deutsche Dienststelle Berlin
verschiedene Personalien

Marine-Personal- und Dokumentationszentrale, Hamburg
verschiedene Personalien

Dokumente aus privatem Besitz
Meyer-Clason, Revision vom 9. Juli 1947

Archiv des Obersten brasilianischen Militärgerichtes
Ministro Da Guerra 2a, Seccoo/OF Nr. 493-B (C.E.S.)

Berichte
Aufzeichnung Lange über das »Unternehmen Schamil«

Mitteilungen
Meyer-Clason vom 24.7.1998 und 30.7.1998

Gedruckte Quellen
Das Kriegstagebuch der Seekriegsleitung, Januar und Februar 1945, Verlag E.S. Mittler & Sohn, Berlin, Hamburg, Bonn 1996
Das Kriegstagebuch des Oberkommandos der Wehrmacht, Bd. I, Frankfurt/M. 1965
ADAP Serie E, Bd. I, Serie D Bd. IX, XIII
Görtz, Hermann, Mission to Ireland, Irish Times, Dublin, August 1947
Domarus, Max, Hitlers Reden und Proklamationen, Bd. 4, Leonberg 1988

Zeitungen und Zeitschriften
DNB vom 14.9.1940
Heye, Hellmuth, Marine-Kleinkampfmittel, in: Wehrkunde Nr. 8 August 1959
von Hoek, Kees, Secret Agents in Ireland, in: Sunday Chronicle, London, Mai 1954
Irish Press vom 25.5.1940 und vom 27.6.1940
Journal Francaise vom 13.9.1940
New York Times vom 17. Oktober 1938

Literaturauswahl
Beierl, Florian M., History of the Eagle's Nest, Berchtesgaden 1998
Bekker, C., Einzelkämpfer auf See, Oldenburg 1968
Berle, Beatrice B. & Travis, Jacobs (Hrsg.), Navigating the Rapids 1918-1971, From the Papers of Adolf A. Berle, New York 1973
Brammer, Uwe, Spionageabwehr und »Geheimer Meldedienst«. Die Abwehrstelle im Wehrkreis X Hamburg 1935-1945. Freiburg i. B. 1989
Buchheit, Gert, Der deutsche Geheimdienst. Geschichte der militärischen Abwehr. München 1966
Clark, Ronald, The Man who broke the Purple: The Life of Colonel William, F. Friedman, Boston 1977
Dönitz, Karl, Zehn Jahre und zwanzig Tage, Koblenz 1985
Farago, L., The Game of the Foxes, New York 1971
Frank, Wolfgang, Die Wölfe und der Admiral, Oldenburg 1953
Fuhrer, Hans Rudolf, Spionage gegen die Schweiz. Die geheimen deutschen Nachrichtendienste gegen die Schweiz im Zweiten Weltkrieg 1939-1945. Frauenfeld 1982
Gellermann, Günther W., Moskau ruft Heeresgruppe Mitte, Koblenz 1988
Gellermann, Günther W., Der andere Auftrag, Agenteneinsätze deutscher U-Boote im Zweiten Weltkrieg, Bonn 1997
Hilton, Stanley E., Hitlers Secret War in South America 1939-1945, Baton Rouge 1981
Höttl, Wilhelm, Einsatz für das Reich, Koblenz 1997
Horthy, Nicholas, Memoirs, New York 1957

Joachimsthaler, Anton, Hitlers Ende, Legenden und Dokumente, Berlin 1999

Levine, Robert, The Vargas Regime: The critical years 1934-1938, New York 1970

Lewin, Ronald, Entschied Ultra den Krieg? Alliierte Funkaufklärung im Zweiten Weltkrieg, Koblenz 1981

Lochner, L.P., The Goebbels Diaries, New York 1948

Maurer, M., Paszek, L.J., Origin of the Laconit Order, in: Air University, Alabama 1974

Médlicott, W.N., The Economic Blocade, 2. Vol., London 1952 und 1959

Montagu, E., Beyond Top-Secret Ultra, New York 1978

Popov, Dusko, Spy and Counterspy, The Autobiography of Dusko Popov, New York 1974

Ritter, Nikolaus, Deckname Dr. Rantzau. Die Aufzeichnungen des Nikolaus Ritter, Offizier im Geheimen Nachrichtendienst, Hamburg 1972

Schwarz, Urs, Vom Sturm umbrandet, Der Preis der Unabhängigkeit der Schweiz im Zweiten Weltkrieg, Stuttgart 1981

Stephan, Enno, Geheimauftrag Irland, Oldenburg 1961

Stephenson, William A., A Man called Intrepid, New York 1976

Watson, Mark S., Chief of Staff, Prewar Plans and Preparations, Washington 1950

Whitehead, Don, The FBI-Story, A Report to the People, New York 1956

Wichmann, Herbert (Kpt.z.S. a.D., 1939-45 bei der Ast Hbg, seit 1939 als Leiter). 45 Jahre danach. Bericht des . . ., München 1981 (als Manuskript gedruckt)

Winterbotham, F.W., The Ultra Secret, New York 1974

Bildnachweis

Bundesarchiv-Militärarchiv, Koblenz
Privatarchiv Gellermann
Archiv E. Stephan
Archiv Hofmann
Archiv Selinger

Personenregister

Nicht aufgenommen sind Namen im Dokumententeil sowie in rein bibliographischen Angaben. Decknamen sind in An- und Abführungszeichen gesetzt, in der Regel mit Verweis auf den Klarnamen. Bei einer Reihe von Namen, die z. B. in Dokumenten genannt werden, läßt sich nicht ermitteln, ob es sich um Vornamen oder Decknamen handelt.

Historische Literatur für Kenner und Liebhaber

Günther W. Gellermann
...und lauschten für Hitler
Geheime Reichssache!
Die Abhörzentralen des Dritten Reiches
320 Seiten und 12 Bildtafeln, zahlreiche Fotos
und Dokumente. Geb. ISBN 3-7637-5899-2
Wer waren die Nachrichtendienste, von denen
hier die Rede ist? Hier werden unbekannte
oder weniger bekannte Tatsachen zur
Geschichte, mit zum größten Teil unveröf-
fentlichten Dokumenten, ans Tageslicht
gebracht.

Günther W. Gellermann
Der Krieg der nicht stattfand
Möglichkeiten, Überlegungen und Entschei-
dungen der deutschen Obersten Führung zur
Verwendung chemischer Kampfstoffe im
Zweiten Weltkrieg. 264 Seiten, 33 Ab-
bildungen. Ln. ISBN 3-7637-5804-6
„Überraschung des Jahres."   *Der Spiegel*

Fritz Hahn
Waffen und Geheimwaffen
des deutschen Heeres 1933-1945
2., überarbeitete Auflage/Sonderausgabe.
552 Seiten, 372 Fotos, Zeichnungen und
Skizzen. Geb. ISBN 3-7637-5915-8
Infanteriewaffen, Pionierwaffen, Artillerie-
waffen, Pulver, Spreng- und Kampfstoffe,
Panzer- und Sonderfahrzeuge, „Wunder-
waffen", Verbrauch und Verluste. Dieses
Werk stellt einen besonders wichtigen Teil-
aspekt der deutschen Militärgeschichte dar.
Zahllose Detailinformationen machen es zu
einem Standard-Nachschlagewerk.

Johannes Denecke
Tarnanstriche des deutschen Heeres
1914 bis heute
112 Seiten, über 100 Farb- und Schwarzweiß-
abbildungen. Geb. ISBN-3-7637-5990-5
Das Buch gewährt einen geschlossenen
Überblick über die Tarnfarbgebung im
Kaiserlichen Heer, in der Reichswehr, der
Wehrmacht, der Bundeswehr und liefert
umfangreiches Hintergrundwissen zur jeweiligen Farbauswahl.

Dieter Martinez
Der Gaskrieg 1914-1918
Entwicklung, Herstellung und Einsatz chemischer Kampfstoffe. 200 Seiten und 20 Bildtafeln, 67 Fotos, zahlreiche Graphiken und
Tabellen. Geb. ISBN 3-7637-5952-2
Dieses mit Fleiß und Akribie erarbeitete Werk
basiert auf fundierten Quellen; es wird von
einem ausführlichen, sehr übersichtlichen
Anhang unterstützt. Die umfassende
Bebilderung und die Vielfalt der Arten des
neuen „Kampfmittels Giftgas" wirken beein-
druckend-abstoßend. Der Gaseinsatz war ein
grausames Experiment, das die Gefahren in
zukünftigen Kriegen erahnen ließ, vielleicht
auch dazu beitrug, Deutsche und Alliierte von
einem nicht kalkulierbaren Einsatz im
Zweiten Weltkrieg abzuhalten.

Karl Unruh
Langemarck
Legende und Wirklichkeit
3. Auflage. 216 Seiten und 8 Bildtafeln,
10 Abbildungen, 2 Kartenskizzen. Brosch.
ISBN 3-7637-5949-2
Mit diesem Werk wird der auf dem
Schlachtfeld von Flandern im November
1914 geborene und lange nachwirkende
Mythos Langemarck auf die bittere Wahrheit
zurückgeführt.
„Die Lektüre ist erschütternd, aufwühlend
und nicht so schnell zu verdrängen...
verdienstvolle Untersuchung."   *Die Welt*

Erich von Manstein
Soldat im 20. Jahrhundert
4. Auflage. 437 Seiten und 16 Bildtafeln, 42
Abbildungen, 13 Kartenskizzen. Geb.
ISBN 3-7637-5214-5
Eine militärisch-politische Nachlese, ein
Blick auf Zusammenhänge und Wechsel-
wirkungen zwischen Persönlichkeiten und
äußerem Geschehen.

Diese Titel bilden nur eine Auswahl aus unse-
rem umfangreichen Buchprogramm. Fordern
Sie bitte unverbindlich weitere Informationen
zu den Themenbereichen Geschichte/
Politik/Wehrwesen/Luftfahrt und Marine an.

Bernard & Graefe Verlag · Heilsbachstraße 26 · D-53123 Bonn